Exemplaire-mapas

AF339173

CORRESPONDANCE INTIME

DE

L'Amiral de LA RONCIÈRE LE NOURY

avec sa femme et sa fille

(1855-1871)

publiée pour la première fois

pour la SOCIÉTÉ de l'HISTOIRE de FRANCE

(*Série postérieure à 1789*)

PAR

JOSEPH L'HOPITAL et LOUIS DE SAINT-BLANCARD

TOME PREMIER

(2 Avril 1855 — 25 Janvier 1861)

A PARIS

LIBRAIRIE ANCIENNE HONORÉ CHAMPION

Libraire de la Société de l'Histoire de France

64.

MDCCCCXXVIII

PRIX :

20 Francs

Exercice 1928
1ᵉʳ Volume
(VOIR AU DOS)

Le Siège Social de la Société de l'Histoire de France

est à PARIS, rue des Francs-Bourgeois, nº 60

Toutes les publications sont en vente chez M. Ed. CHAMPION
Libraire de la Société, quai Malaquais, nº 5

VOLUMES RÉCEMMENT PARUS

(Série antérieure à 1789)

Exercice 1925

409. Histoire universelle d'Agrippa d'Aubigné. Supplément inédit. } Distribué en octobre 1925
410. Mémoires du cardinal de Riche- lieu, t. VI. } Distribué en décembre 1925
411. Annuaire-Bulletin, 1925.

Exercice 1926

412. Historia Albigensis, t. I. } Distribué en juin 1926
413. Mémoires du cardinal de Riche- lieu, t. VII. } Distribué en décembre 1926
414. Annuaire-Bulletin, 1926.

Exercice 1927

415. Grandes Chroniques de France, t. IV. } Distribué en avril 1927
416. Mémoires du cardinal de Riche- lieu, t. VIII. } Distribué en décembre 1927
417. Annuaire-Bulletin, 1927.

CORRESPONDANCE INTIME

DE

L'AMIRAL DE LA RONCIÈRE LE NOURY

avec sa femme et sa fille

(1855-1871)

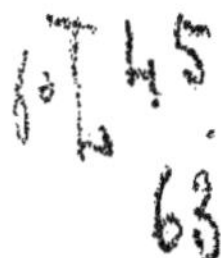

ACQUISITION N° 292229

Le Capitaine de Vaisseau Clément de la Roncière
Baron Le Noury

Commandant la Station navale du Levant (1860).

CORRESPONDANCE INTIME

DE

L'Amiral de LA RONCIÈRE LE NOURY

avec sa femme et sa fille

(1855-1871)

publiée pour la première fois

pour la SOCIÉTÉ de l'HISTOIRE de FRANCE

(Série postérieure à 1789)

PAR

JOSEPH L'HOPITAL et LOUIS DE SAINT-BLANCARD

TOME PREMIER
(2 Avril 1855 — 25 Janvier 1861)

A PARIS
LIBRAIRIE ANCIENNE HONORÉ CHAMPION
Libraire de la Société de l'Histoire de France

64.

MDCCCCXXVIII

EXTRAIT DU RÈGLEMENT

Art. 14. — Le Conseil désigne les ouvrages à publier, et choisit les personnes les plus capables d'en préparer et d'en suivre la publication.

Il nomme, pour chaque ouvrage à publier, un Commissaire responsable, chargé d'en surveiller l'exécution.

Le nom de l'éditeur sera placé en tête de chaque volume.

Aucun volume ne pourra paraître sous le nom de la Société sans l'autorisation du Conseil, et s'il n'est accompagné d'une déclaration du Commissaire responsable, portant que le travail lui a paru mériter d'être publié.

Le Commissaire responsable soussigné déclare que le tome premier de la Correspondance intime de l'amiral de La Roncière Le Noury *avec sa femme et sa fille,* préparé *par MM. Joseph* L'Hopital *et Louis* de Saint-Blancard, *lui a paru digne d'être publié par la* Société de l'Histoire de France.

Fait à Paris, le 31 décembre 1928.

Signé : Geoffroy de Grandmaison.

Certifié :

Le Secrétaire de la Société de l'Histoire de France.
H. Courteault.

AVANT-PROPOS

Les lettres que nous nous proposons de publier ici, en
deux volumes, sont extraites de la correspondance quo-
tidienne que l'amiral de La Roncière Le Noury entrete-
nait avec sa femme ou sa fille lorsqu'il était séparé
d'elles. Écrites au courant de la plume et sans aucun
souci de la forme, elles expriment pensées et jugements
sans ménagements et sans détours; elles ont un caractère de franchise absolue, et très certainement celui qui
les a écrites n'a jamais cru qu'elles dussent un jour
être soumises au public. C'est ce qui, à nos yeux, constitue leur charme et, pour une grande part, leur intérêt; c'est aussi ce qui pouvait constituer leur danger.

Il nous a fallu éliminer les lettres qui nous paraissaient inutiles, élaguer dans celles que nous conser-
vions certaines épithètes trop vives, supprimer des redites.
Des résumés historiques, placés en tête des onze rubriques
sous lesquelles les lettres sont groupées, rappellent les
événements qui se sont passés dans les périodes pendant
lesquelles l'amiral n'a pas écrit.

Je n'aurais pu, pour bien des raisons, suffire seul à
une pareille tâche, et j'aurais sans doute renoncé à l'entreprendre si un petit-cousin de l'amiral, M. Louis de
Saint-Blancard, ne m'avait pas proposé sa collaboration.
Il est venu à mon aide avec un dévouement dont je
lui demeure infiniment reconnaissant.

La situation distinguée qu'il occupe dans la presse

parisienne, l'estime de tous ses confrères et les nombreuses amitiés qu'il a su acquérir et conserver dans l'exercice de sa délicate profession, enfin l'obligation où il est de passer presque toute l'année à Paris permettaient à M. de Saint-Blancard d'assumer la tâche longue et difficile des recherches, des vérifications et des résumés. Cette tâche, il l'a menée à bien, avec autant de tact que de compétence. C'est à lui que sont dus la plupart des notes et les aperçus synthétiques qui relient entre elles les différentes parties de la correspondance.

Ayant tous deux un même culte pour la mémoire de l'amiral, nous avons travaillé de notre mieux à le faire revivre : heureux si nous avons pu contribuer à lui assurer la grande place qu'il doit occuper dans l'histoire (1).

J. L'H.

(1) Les lettres comprises dans ces deux volumes s'échelonnent entre les années 1855 et 1871. L'amiral n'étant mort qu'en 1881, il y aurait matière, avec les lettres qu'il écrivit à sa femme et à sa fille de 1871 à 1881, à un troisième volume, dont l'intérêt serait grand : elles contiennent, en effet, les impressions de leur auteur sur les assemblées de Bordeaux et de Versailles, les négociations et le traité de paix, la Commune, les premières années de la Troisième République, au cours desquelles député, puis sénateur de l'Eure, et, en 1875, commandant de l'escadre de la Méditerranée, il a encore joué un grand rôle. Il a paru préférable, pour l'instant, de remettre à plus tard la publication de ce troisième volume : les éditeurs de la *Correspondance intime* de l'amiral de La Roncière le tiendront à la disposition de la Société de l'Histoire de France, si elle estime pouvoir le comprendre un jour dans le cadre chronologique de son programme.

PRÉFACE BIOGRAPHIQUE

Le 2 novembre 1829, un jeune élève de la Marine de seconde classe, nommé à la fin du mois précédent, quittait la sous-préfecture de Montargis avec une feuille de route pour Brest. Sur cette pièce officielle, délivrée par le sous-préfet faisant fonction de sous-intendant militaire, il était ainsi qualifié : *Clément Delaroncière, fils de François-Marie et de Adélaïde Declacuville, né à Thurin, ci-devant département du Pot (royaume de Sardaigne).*

Le 14 mai 1881 mourait à Paris le vice-amiral baron de La Roncière Le Noury. Le lendemain, le comte Clément de Ris, son beau-frère, me priait de l'accompagner à la mairie du 1er arrondissement pour déclarer le décès.

L'employé de l'état-civil nous demanda le lieu de naissance, nous répondîmes : « Turin, département du Pô »; il crut que nous nous moquions de lui. Clément de Ris lui fit alors un petit cours d'histoire qu'il écouta avec méfiance, après quoi il écrivit intrépidement, comme cinquante-deux ans plus tôt le scribe de Montargis : *département du Pot.* Il fallut alors lui faire un cours d'orthographe et de géographie. Ainsi s'est ouverte et fermée, entre deux coquilles, la carrière d'un grand marin.

Camille-Adalbert-Marie était fils du second mariage du général comte Clément de La Roncière. Son frère aîné,

Emile, qui devait, en 1835, être victime d'une erreur judiciaire demeurée célèbre, avait pour mère une Hollandaise protestante, avec laquelle le général put divorcer sans contrevenir aux lois de l'Eglise catholique. Il épousa, en 1811, Adélaïde-Victoire, fille de Louis Le Noury, sieur de la Grignardière, et de Marie-Françoise-Henriette de Bence de Cracouville. Il en eut deux enfants, le futur amiral, et une fille, Louise, qui mourut veuve de M. Muiron, petit-fils de l'aide de camp du Premier Consul.

Le sang militaire qu'il tenait de chacun de ses parents prédisposait Adalbert de La Roncière au métier des armes. La mère du général, demeurée veuve avec onze enfants, aurait voulu que ce fils-là fût d'église; elle aurait même obtenu pour lui, en 1788, alors qu'il venait d'avoir quinze ans, un canonicat à la cathédrale de Verdun ; mais la vocation n'y était pas. Le trop jeune chanoine jeta l'aumusse aux orties, sauta à cheval au début de 1793 et ne cessa plus de galoper et de se battre. Général de brigade en 1809, il mena, à la tête de ses cuirassiers, les charges furieuses qui décidèrent du gain de la bataille d'Eckmuhl : il reçut onze coups de sabre, dont l'un brisa sur sa poitrine sa croix de commandeur de la Légion d'honneur, et eut le bras gauche cassé d'un coup de pistolet. On vint annoncer à l'Empereur qu'il était mort. « J'en suis fâché, dit Napoléon, c'était un brave. » On rapporte le propos au blessé, à qui le chirurgien Ivan va couper le bras ; il en éprouve une joie qui domine ses souffrances. Il a perdu son bras ; il s'en console en soulignant son blason de cette devise : *Pro patria adhuc alterum*, et il se remet assez vite pour rejoindre à Vienne, dès le commencement de juin, l'Empereur, qui le nomme général de division. Voilà le père.

Voici maintenant l'oncle. Issu d'une vieille famille d'épée, le général baron Le Noury a fait, comme son camarade Clément de la Roncière, toutes les campagnes de la République et de l'Empire dans l'arme de l'artillerie ; colonel à Austerlitz, général de brigade à Saragosse, où il entre l'un des premiers, général de division après Leipzig, il demeure à Waterloo seul debout de son état-major. Il était sans alliance : lorsqu'il vit confirmée la vocation de son neveu, il lui laissa son domaine de Cracouville, son titre et son nom.

Aussi bien, le futur amiral avait reçu l'uniforme militaire dès sa naissance, le 31 octobre 1813. Madame de La Roncière, surprise par les douleurs pendant une promenade en voiture, l'avait mis au monde sur les marches du grand escalier du palais royal de Turin ; le général, empruntant la pelisse de l'un des cavaliers de son poste d'honneur, en avait enveloppé le nouveau-né.

Le jeune aspirant, parti de Montargis le 2 novembre, embarqua le 15, à Brest, sur l'*Orion*, vaisseau-école de la marine. Le général l'avait recommandé à son cousin M. de La Rochassière, commandant en second, et lui avait assuré une pension de 10 francs par mois, qui ne devait pas lui permettre de faire à terre le grand seigneur. Il fut donc très heureux lorsque, à la fin de 1830, les élèves de l'*Orion* furent embarqués sur la frégate l'*Aurore* à destination de Toulon. Cette première traversée, qu'il raconte en détail dans une lettre à sa mère, l'amarina tout à fait et lui donna l'habitude de réfléchir, l'ambition de commander.

La frégate l'*Herminie*, commandant de Villeneuve, était en partance pour les mers du Sud, et d'abord pour Rio-Janeiro, où elle devait conduire la marquise de Loulé, belle-sœur de l'empereur du Brésil. La Roncière obtint d'y être embarqué avec onze de ses camarades, parmi lesquels Didelot et Ducrest de Villeneuve qui, comme lui, devaient s'élever aux étoiles ; les futurs amiraux Gasquet et de Tinan étaient parmi les officiers. Il ressort de la correspondance que la marquise traita le jeune aspirant avec une particulière bienveillance.

A Callao il quitte l'*Herminie* pour la *Vestale*, est nommé élève de première classe et revient à Rio-Janeiro, où il embarque sur la corvette l'*Orithye*, qui le ramène à Brest.

Les lettres qu'il écrit à sa famille pendant cette longue navigation sont pleines de jeunesse et de vie ; elles témoignent d'un goût croissant pour le métier, d'une passion précoce de voir, de connaître et de juger, d'une volonté très ferme de se distinguer et d'arriver.

Réembarqué aussitôt sur le brick goëlette la *Capricieuse*, il est promu le 6 janvier 1834 au grade d'enseigne de vaisseau ou, comme on disait alors, de lieutenant de frégate. En septembre de la même année, on le trouve à Toulon sur la gabarre le *Finistère*, puis, en décembre 1835, sur la corvette la *Bonite* qui doit rejoindre la station du Brésil, commandée par le contre-amiral Dupotet.

Mais il a été recommandé à un de ses parents, le capitaine de vaisseau baron de La Susse. Celui-ci le prend sous ses ordres, d'abord sur le vaisseau la *Ville-de-Marseille*, puis sur le *Montebello*.

Après une croisière de sept mois en Méditerranée, il est mis à la disposition de la Majorité générale à Toulon ; mais il ne se soucie pas de rester longtemps à terre. Le poste de second à bord du brick la *Cigogne* est vacant ; il l'obtient et le garde de février 1838 au printemps de 1840. Il débarque le 16 mars à Malaga pour rentrer en congé en France.

Il y reste peu de temps, assez cependant pour tomber amoureux de sa cousine Clémentine Clément de Ris. Elle est orpheline, sans autre famille que deux frères, trop jeunes pour lui être une protection. Elle est charmante ; l'exquise distinction qui fera d'elle plus tard une grande dame s'allie en elle à la grâce rieuse de la jeunesse. Lui est un officier de haute mine, d'aspect calme et résolu, d'excellentes manières et très séduisant : tous deux sont faits pour se prêter au doux roman des promesses d'amour. D'un court voyage qu'ils font ensemble à Londres, chaperonnés par M. Weygel, tuteur de la jeune fille, ils reviennent fiancés.

Cependant, le baron de La Susse ayant été nommé contre-amiral, La Roncière le rejoignit à Toulon et servit sous ses ordres de 1840 à 1843, d'abord en qualité d'aide de camp sur le *Montebello*, puis sur l'*Inflexible*, comme major de la division du Levant. Il prit part aux évolutions de la grande escadre commandée par le vice-amiral Lalande et destinée, en cas de guerre suscitée par le réveil de l'éternelle question d'Orient, à faire triompher notre pavillon dans la Méditerranée, puis aux opérations de la station du Levant, qu'il devait plus tard lui-même commander.

C'était, pour un jeune officier avide de s'instruire et de se distinguer, une admirable occasion ; il n'eut garde de n'en pas profiter. La marine française était alors de beaucoup la première après celle de l'Angleterre, et capable de lui tenir tête en Orient; un grand enthousiasme animait les états-majors et les équipages. Mis en rapport par ses fonctions avec les grands chefs, chargé par l'amiral de transmettre ses ordres et d'assurer ses relations avec les représentants des marines étrangères, il s'étudia à observer, à comparer, à comprendre, en même temps que se développaient en lui, par la fréquentation assidue d'une élite, ses goûts naturels de discipline, d'ordre et d'autorité.

Chevalier de la Légion d'honneur et lieutenant de vaisseau en 1843, aide de camp du préfet maritime de Cherbourg, auteur d'un ouvrage remarqué sur les navires à

voiles et à vapeur de la France et de l'Angleterre, il se
sentait destiné à un bel avenir militaire lorsqu'il épousa,
le 9 mai, sa fiancée. Il eut en elle une épouse et une admi-
ratrice passionnée qui, loin d'entraver sa carrière, s'y
sacrifia toutes les fois qu'il le fallut, et demeura pour lui,
jusqu'à sa mort, une amie intelligemment dévouée dont
il écoutait toujours et suivait souvent les conseils.

Le 9 août 1844, La Roncière, réclamé à nouveau par le
vice amiral de La Susse, embarquait à Cherbourg sur la
frégate le *Gomer* comme aide-major de la division navale
qui se formait dans la Manche pour accompagner le roi
Louis-Philippe en Angleterre. Il assistait aux fêtes de
Portsmouth avec de nombreux officiers qui devaient
laisser un nom dans la marine française, tels que Bouët,
capitaine de corvette. Penhoat, Dieudonné, Coupvent des
Bois, capitaines de vaisseau ; il ramenait à Cherbourg le
brick royal la *Marie-Amélie* et reprenait ses fonctions
d'aide de camp du préfet maritime.

Envoyé en mission en Angleterre au commencement
de 1845, par le baron de Mackau, ministre de la Marine,
il y passa plus de six mois et se fit des amis dans l'aris-
tocratie anglaise ; ses lettres, ses rapports sur le brise-
lames de Brighton, sur les équipages des navires anglais,
sur la marine à vapeur britannique lui valurent les plus
flatteuses félicitations du ministre. Il revint en juillet à
Cherbourg, où venait de naître sa fille Marguerite-Hen-
riette, et le 9 mars 1846 il était nommé au commandement
du cutter le *Renard*, chargé de protéger la pêche côtière
dans les parages de Granville. Commander ! n'avoir
au-dessus de soi personne, être le maître sur son bateau,
prendre des initiatives et des responsabilités, manœuvrer
librement avec audace, c'était depuis longtemps son rêve ;
ce sera la passion de toute sa vie, comme aussi celle
d'étudier les hommes, de les connaître et de traiter les
grandes affaires avec ceux qui les conduisent.

Cependant l'heure était venue où tous ses vœux de marin et de diplomate allaient être comblés. Nommé le 9 mai 1847 au commandement du *Ramier*, il se préparait à lever l'ancre lorsque, le 10 juin, il reçut du nouveau ministre de la Marine, duc de Montebello, l'ordre de se rendre à Toulon et d'y prendre le commandement de l'aviso à vapeur la *Vedette*, destiné à stationner dans le Bosphore à la disposition du baron de Bourqueney, ambassadeur de France à Constantinople. Il devait rester en Orient jusqu'au printemps de 1849 et ne quitter son poste d'observation que momentanément, une première fois en janvier 1848 pour prendre au Pirée M. Piscatory, nommé ambassadeur à Madrid, et l'emmener en France, une seconde fois pour rallier en mars 1848 l'escadre d'évolutions, commandée par le vice-amiral de La Susse, et assister en rade d'Alger à l'arrivée du général Cavaignac, nommé gouverneur général de l'Algérie.

Sa jeune femme l'avait accompagné à Constantinople ; elle contribua à l'éclat des réceptions et des fêtes tandis que lui, conscient du rôle dominant que la France jouait là-bas, se perfectionnait dans la connaissance des hommes et des choses de l'Orient, tout en entretenant des relations de courtoisie et d'amitié avec les membres du corps diplomatique et les représentants les plus distingués de la colonie française de Constantinople.

Peu démocrate par tempérament, il apprit sans enthousiasme la Révolution de février : heureux d'être loin du pays et militaire, il ne songea qu'à maintenir le prestige du drapeau, facilita par son attitude correcte et par ses relations le rôle du général Aupick, envoyé à Constantinople à la suite du départ de M. de Bourqueney, et acheva de rendre populaires les matelots français et leurs officiers en combattant avec énergie et décision, à la tête de l'équipage de la *Vedette*, un incendie terrible à Péra, en octobre 1848. En même temps il ne permettait pas qu'on l'oubliât à Paris : il y envoyait, en avril 1848, une note sur la marine militaire ottomane et, en mars 1849, un précieux mémoire sur la marine russe dans la mer Noire.

Rentré en France, il trouva le Parlement agité par une fièvre de réformes ou plutôt de changements. Il défendit la marine dans un article qui parut le 15 décembre 1849 dans la *Revue des Deux Mondes* ; il y fit preuve d'indépendance et d'impartialité, se livrant aux études comparatives les plus intéressantes sur les marines européennes et démontrant l'inanité de la plupart des griefs articulés à la tribune, non sans toutefois retenir les critiques qui, sur certains points, lui paraissaient fondées. L'amiral Romain-Desfossés rendit hommage à sa compétence et à son caractère en le nommant, en mars 1850, rapporteur de la Commission chargée de reviser l'Ordonnance du 31 décembre 1825 sur le service à la mer ; le décret du 15 août 1851 est en grande partie son œuvre. Le marquis de Chasseloup-Laubat qui, plus tard, sous l'Empire, devait faire de lui son chef d'état-major, le prit pour aide de camp en 1851.

En septembre de la même année, il est nommé capitaine de frégate ; en janvier 1852, réclamé à nouveau par son cousin le vice-amiral de La Susse, il embarque à Palerme sur le vaisseau amiral la *Ville-de-Paris*, avec Bourgois, de Fauque de Jonquières, Penaud, Pothuau, Dubuisson.

Promu chef d'état-major et officier de la Légion d'honneur, il reçoit, en juin 1853, au moment où les affaires se brouillent en Orient, l'ordre de prendre le commandement de la corvette à vapeur le *Roland*.

La première étape de sa carrière est terminée, celle que tout jeune officier doit franchir avant de clore sa destinée dans les rangs inférieurs de la hiérarchie ou de prendre son vol vers les hauteurs. Cette étape, La Roncière l'a franchie d'une façon normale, sans avoir obtenu de ses services et de sa valeur plus qu'un avancement honorable ; il a vingt-deux années de services effectifs lorsqu'il reçoit son quatrième galon. Remarqué par le prince de Joinville qui le recherchera après 1870, en bons rapports avec Victor Hugo dont la femme est amie d'enfance de la sienne, recommandé par son père au Prince Président, il est demeuré résolument en dehors de la politique ; en se maintenant sur le terrain militaire et aussi sur celui du monde, il a su gagner par la finesse de son esprit et la parfaite distinction de ses manières des amis dans tous les partis. La guerre de Crimée va révéler en lui un chef, lui valoir l'appui d'une amitié alors puissante et donner à sa carrière un grand essor.

Envoyé dans la mer Noire dès les premiers symptômes de la guerre, le *Roland*, lorsque l'expédition de Crimée fut décidée, prit à son bord les officiers généraux chargés de reconnaître le point le plus favorable au débarquement des troupes, et longea hardiment le littoral. Un jour, le commandant de La Roncière fut averti par son second que la machine ne fonctionnait plus ; on était à quelques encâblures de la terre et sous le feu de l'ennemi ; d'un instant à l'autre le navire pouvait être jeté à la côte. Le commandant donna tranquillement ses ordres à voix basse et continua à causer sans qu'aucun de ses interlocuteur se doutât du danger. Plus tard, après avoir concouru au transport de l'armée, il explora dans son canot les embouchures du fleuve et indiqua le gué par où devait passer la division Bosquet, dont le mouvement décida de la journée de l'Alma.

Lorsque le siège de Sébastopol fut résolu, ce fut lui qui, après avoir reconnu la baie de Kamiesh, la fit accepter, à force d'insistance et de volonté, comme lieu d'abri

pour la flotte de ravitaillement et de communications avec
l'armée ; or, c'est à la baie de Kamiesh que nous dûmes
de pouvoir passer l'hiver en Crimée, de maintenir le
siège et finalement de nous rendre maîtres de Sébastopol.

Ces opérations particulières n'empêchaient pas le
Roland de prendre part aux opérations générales de la
flotte et au bombardement de la ville assiégée ; il escor-
tait des convois et rapatriait un grand nombre de soldats
turcs atteints du choléra sans que son équipage, conti-
nuellement tenu en haleine et astreint à une intelligente
hygiène, eût à souffrir du fléau. L'activité du commandant, son habileté manœuvrière, son impassible sang-
froid avaient valu à son navire une sorte de popularité
glorieuse qui justifia la promotion de La Roncière au
grade de capitaine de vaisseau et son entrée au Conseil
d'amirauté en février 1855.

Cependant un fait nouveau s'était produit, pour lui de
la plus haute importance, et qui influa sur une partie de
sa vie : il avait fait la connaissance du prince Napoléon.

En mars 1854 le *Roland*, rappelé momentanément à
Toulon et mis à la disposition du cousin de l'Empereur
nommé au commandement d'une division de l'armée,
l'avait conduit à Constantinople, puis en Crimée, avec
plusieurs personnages de sa maison et de son intimité
d'alors. tels que le baron Mariani, M. Nesmes-Desmarest,
le comte Branicky et le fameux général Prim, que les
événements d'Espagne devaient bientôt faire connaître et
discuter.

Le Prince aimait la mer ; son esprit, mobile comme les
flots, ne trouvait un calme et un repos relatifs qu'au
milieu de leur agitation ; on le verra jusqu'à la fin de
l'Empire. emporter sur les immensités des océans, comme
pour les y perdre et les y noyer, les indignations, les iro-
nies, les amertumes, les révoltes et les continuelles con-

tradictions qui bouillonnaient, pour son malheur, dans son puissant cerveau. Le commandant de La Roncière, d'abord sur la réserve, fut étonné, puis bientôt charmé d'avoir à son bord une Altesse impériale qui s'intéressait à la marine; et l'Altesse, qui s'entendait à faire la conquête de ceux qui lui plaisaient, le séduisit par l'étendue de ses connaissances, la finesse de ses critiques, l'imprévu et parfois l'éclat lumineux de ses idées.

De là naquit entre ces deux hommes, encore plus différents peut-être de tendances et de caractère qu'éloignés par le rang social, une amitié qui résista à tous les événements et fut plus forte que tous les désaccords. Elle suscita beaucoup d'envieux au futur amiral, mais ne facilita pas toujours sa carrière ; il lui fallut manœuvrer entre la petite cour du Palais-Royal et celle des Tuileries sur un terrain difficile ; et il aurait pu payer de son avenir le prix d'une disgrâce ou la rançon d'une réconciliation, si le prince Napoléon avait moins apprécié la franchise de ses conseils, que, d'ailleurs, il ne suivait guère, et si l'empereur Napoléon III n'avait pas été incapable de faire descendre jusque sur les amis de son cousin l'irritation toujours passagère que lui causaient ses écarts.

La prise de Sébastopol, le congrès de Paris et la paix qui le suivit avaient fait du nouvel Empereur l'arbitre de l'Europe; l'ère des révolutions semblait close ; l'opposition se taisait ; et si quelques esprits distingués, regrettant ce silence, pleuraient le régime parlementaire, la presque unanimité du pays en portait le deuil avec une insouciance qui touchait à l'allégresse. A cette paix brillante, à ce bonheur de vivre dans une illusion de sécurité, dans un rêve de gloire, Paris, centre d'un milieu social et mondain alors renaissant, offrait ses plaisirs sans qu'une grimace de malaise ou une ride de révolte vînt encore rendre orageuse sa triomphale beauté. Le commandant de La Roncière Le Noury aimait le monde ; sa naissance, ses relations, sa réputation dans la marine lui ouvraient toutes les portes. Il en profita et promena au travers des réceptions et des fêtes un regard connaisseur et amusé.

Il avait retrouvé à Paris le prince Napoléon, qui, après avoir commandé bravement sa division sur le champ de bataille de l'Alma, s'était tout à coup dégoûté de la Crimée et en était revenu trop tôt, affrontant la médisance et la critique avec l'insouciance du qu'en dira-t-on qui devait lui valoir une croissante impopularité.

Il s'était passionné pour l'Exposition universelle, ouverte aux Champs-Élysées dans le nouveau Palais de l'Industrie ; président du jury des récompenses, il s'adjoignit La Roncière, qui, sans cesser de prendre une part active aux travaux du Conseil d'amirauté, lui apporta le plus intelligent concours et se trouva tout à fait en faveur auprès de lui. Cette faveur, il l'appréciait, sans doute, mais il était trop bon manœuvrier pour n'en pas apercevoir les écueils possibles ; le Palais-Royal ne lui faisait pas oublier que son avenir militaire dépendait des Tuileries Aussi, le dimanche, lorsque l'Empereur sortait de la messe, il lui arrivait parfois de passer devant un capitaine de vaisseau dont la tenue, à la fois aisée et respectueuse, le frappait, et qu'il se rappelait avoir déjà vu.

L'Exposition, le travail dans les bureaux du ministère, le monde et les plaisirs parisiens ne pouvaient retenir longtemps un marin qui aimait passionnément son métier. La Roncière, au bout de peu de mois, en eut assez et demanda un commandement à la mer. On ne pouvait guère le lui refuser ; cependant il se défiait de l'amiral Hamelin, ministre de la Marine, dont il n'était ni l'élève ni le favori.

Dans quelle escadre allait-on l'envoyer? Sous quel amiral allait-il servir? Homme de discipline, il savait obéir; mais il avait des idées trop personnelles pour ne pas préférer de beaucoup commander; et puis il était naturel que, arrivé près du soleil, il craignît d'en être éloigné. Bien lui en prit que le prince Napoléon voulût naviguer.

Le Prince, qui avait l'humeur voyageuse, s'intéressait aux recherches scientifiques et se complaisait à être pour certains savants comme pour certains littérateurs et certains philosophes une sorte de Mécène; il souffrait, en outre, de n'être pas assez consulté en matière politique. Il songea à faire une longue croisière dans les mers arctique. à explorer l'Islande, le Groënland, à revenir par la Norvège, choisit pour l'accompagner une petite élite de techniciens et sollicita l'agrément de l'Empereur. Celui-ci mit avec empressement un navire à sa disposition et agréa pour commander l'expédition le commandant de La Roncière. C'était combler ses vœux : tout lui souriait dans cette croisière, jusqu'aux dangers d'une navigation difficile et aux responsabilités qui allaient peser sur lui. Son esprit hardi et sa confiance en lui même, qui le poussaient aux initiatives rapides, le défendaient contre toute crainte d'insuccès et ne laissaient aucune ombre à la joie qu'il éprouvait de visiter des pays presque inexplorés et de parcourir des mers encore mal connues. Le 18 mai 1856 il prit le commandement de la corvette la *Reine-Hortense*. que devait accompagner le vapeur le *Cocyte*.

La fortune qui lui souriait au départ ne le trahit ni pendant le voyage ni au retour.

Après avoir parcouru en moins de quatre mois, le plus souvent au milieu des glaces, près de 13.000 milles marins, après avoir abordé l'Ecosse, l'Islande. s'être approché de l'île de Jan-Mayen défenduc par la banquise, avoir jeté l'ancre dans les fjords du Groënländ, avoir touché la Norvège, la Suède, le Danemark, la *Reine-Hortense* rentrait à Cherbourg sans avoir éprouvé la plus légère avarie, et son commandant revenait à Paris, où l'attendait la croix de commandeur de la *Légion d'honneur*.

Il n'y demeura pas longtemps ; dès le début de janvier il était à Toulon, commandant le vaisseau l'*Eylau*, dans l'escadre de la Méditerranée. Mais son étoile ne l'abandonnait pas ; le 13 février il était appelé au ministère et mis à la tête de la division de Terre-Neuve.

Il y avait alors, entre la France et l'Angleterre, au sujet des pêcheries de Terre-Neuve, des difficultés qui menaçaient de devenir aigües. Il fallait que nos droits fussent défendus, que nos pêcheurs fussent protégés ; et, en même temps, le gouvernement français, toujours très désireux de conserver l'amitié anglaise, souhaitait vivement l'apaisement du conflit. Il importait donc qu'une force suffisante pour faire respecter notre pavillon fût présente là-bas et qu'elle fût confiée à un officier aussi courtois que ferme, capable de négocier avec les représentants de l'Angleterre à Terre-Neuve et dans la Nouvelle-Ecosse.

La Roncière arbora son guidon de chef de division sur le *Gassendi*, quitta Brest à la fin d'avril 1858 et toucha à Cadix pour y attendre le *Ténare* qui devait faire route avec lui. Il retrouva là M. Piscatory, qu'il avait connu ministre de France à Athènes sous le gouvernement de Juillet, et profita de cette relâche pour faire une courte excursion jusqu'à Séville, où résidait le duc de Montpensier.

L'on vit alors un spectacle assez curieux : le commandant d'une division de la marine impériale, ami particulier du prince Napoléon, allant rendre visite à un fils du roi Louis-Philippe. Si peu officielle que fût cette visite, il fallait, pour la faire, avoir de l'indépendance et du caractère ; le commandant n'en manquait point. Très fin, très habile, sachant au besoin, mieux que personne, manœuvrer les puissants et ménager les circonstances, il n'était pas homme à s'abstenir lorsqu'il lui plaisait d'agir ni à se taire quand il voulait parler : il n'accepta jamais le rôle de flatteur ni celui de complaisant. Cette attitude haute ne lui nuisit point sous l'Empire, parce que le souverain avait assez de grandeur d'âme pour l'apprécier et parce qu'il avait son franc parler avec le cousin ; mais elle devait plus tard, sous la troisième République, causer la fin brutale de sa carrière de marin.

Il appareilla de Cadix par un soleil déjà brûlant et entra dans la rade de Saint-Pierre à la fin de mai, c'est-à-dire encore en hiver ; il se mit aussitôt à l'œuvre. Jusqu'en octobre, où il rejoignit Brest, il ne cessa d'inspecter nos pêcheries, de faire à leur profit la police des côtes de Terre-Neuve en écartant du French Shore les Anglais qui s'y étaient établis, et de négocier diplomatiquement à Sydney et à Halifax avec les autorités britanniques.

Afin d'affirmer là-bas non seulement l'intérêt que portait la France à ses nationaux, mais aussi la puissance et la valeur de la marine française, il affronta lui même et imposa aux navires sous ses ordres les explorations les plus audacieuses. Déjà familiarisé avec la navigation arctique par sa croisière sur la *Reine-Hortense* et, cette fois-ci, n'ayant pas de prince à bord, il donna toute carrière à ses qualités de chef. Il étonna, effara même quelquefois les rudes marins qu'il avait ralliés et qu'il entraînait dans la brume et les tourbillons de neige au milieu des courants et des récifs, jusque dans des havres où jamais n'étaient entrées que des barques et où la plus petite faute pouvait perdre un bateau.

Cette campagne de Terre-Neuve valut à La Roncière une réputation de manœuvrier qu'il devait porter au plus haut degré quelques années plus tard, lorsqu'il commanda

nos premiers cuirassés, et lui conquit, de la part de ses
officiers d'alors, devenus depuis ses amis, une admiration
qui, chez quelques-uns, s'élevait jusqu'à l'enthousiasme.
Ceux qui ont eu l'honneur de connaître l'intrépide amiral
Pierre savent quel souvenir il avait gardé du marin qu'il
regardait comme son maître.

Lorsque La Roncière toucha Brest avec la pensée de
recommencer la campagne au printemps suivant, le ciel
diplomatique s'était assombri et les grondements précur-
seurs de la guerre d'Italie se faisaient entendre à l'horizon. Trop lié avec le prince Napoléon pour n'être pas
mis par lui dans la confidence de ce qui se préparait, il
comprit que l'Empereur voulait la guerre avec l'Autriche.

Le Prince, ministre de l'Algérie et des Colonies depuis
le 24 juin, songeait à l'appeler auprès de lui, mais il ne
s'en souciait guère, prévoyant que ce ministère ne serait
pas de longue durée.

Loin de lui garder rancune de ses hésitations, le Prince
le recommanda à l'Empereur, qui cherchait un homme
sûr pour une mission diplomatique secrète.

Coup sur coup, le commandant fit, en plein hiver, deux
voyages à Saint-Pétersbourg porteur de lettres confi-
dentielles du souverain français au tsar Alexandre. Il
s'agissait d'obtenir de la Russie, sinon une alliance, tout
au moins une neutralité bienveillante, afin de contenir
l'Allemagne et d'obliger l'Autriche à immobiliser des
troupes sur ses frontières de l'Est. Il s'acquitta de sa
mission avec une promptitude et un tact qui lui valurent
aux Tuileries de hauts témoignages de satisfaction ; et, à
peine de retour à Paris, il repartit pour Turin, où il
assista, le 3o janvier 1859, au mariage du prince Napoléon
avec la princesse Marie-Clotilde. Peu de jours après, la
baronne de La Roncière Le Noury était nommée dame
d'honneur de la nouvelle Altesse impériale.

Au moment où allait commencer la campagne d'Italie, La Roncière était donc également en faveur auprès de l'Empereur et auprès du Prince. Et cependant, il n'approuvait pas cette guerre ; il ne se cachait pas pour dire qu'il la trouvait inopportune. Qu'une pareille attitude n'ait pas indisposé le souverain, que l'amitié du cousin n'en ait pas été diminuée et que La Roncière ait obtenu un très beau commandement, voilà qui est à l'éloge des deux princes, quelque opinion qu'on puisse avoir sur leur politique.

Cependant la guerre était déclarée ; les armées entraient en campagne et très vite engageaient le fer.

La marine était chargée des opérations contre Venise ; déjà le contre-amiral Jurien de la Gravière bloquait Chioggia ; le vice-amiral Bouët-Willaumez réunissait à Toulon une grande escadre, et le commandant de La Roncière Le Noury, nommé au commandement de la flottille des canonnières, les armait fiévreusement ; toutes ces forces étaient placées sous le commandement supérieur de l'amiral Romain-Desfossés.

La Roncière ne pensait plus à critiquer la guerre ; il n'avait qu'un désir : arriver à temps au fond de l'Adriatique pour aller s'embosser en avant-garde aux endroits les plus dangereux et faire parler ses canons. Aussi, comme il s'irrite des retards, comme il s'en plaint, comme il en souffre ! Cependant l'escadre appareille ; les grands navires prennent les canonnières à la remorque ; le gros temps oblige à larguer les amarres. Horriblement secoués, La Roncière et ses petits bateaux ont peine à suivre ; enfin, toute la flotte arrive indemne en rade d'Antivari, puis à Lossini, où elle attend. Qu'attend-elle ? La Roncière est exaspéré ; il s'emporte contre la routine des escadres ; tout va être manqué !... On va partir !... Trop tard ! Une dépêche arrive : c'est la victoire de Solférino, c'est l'armistice. Honte pour la marine ! s'écrie le commandant au désespoir. Il va ramener à Toulon ses canonnières sans avoir pu utiliser la puissance de leur artillerie et l'élan dont il avait pénétré leurs équipages.

A cette cruelle déception vint bientôt s'ajouter dans son esprit une désapprobation croissante pour la politique de Napoléon III, qui était pourtant, et à un moindre degré, celle du prince Napoléon.

Lors de l'apparition de la brochure intitulée *Le Pape et le Congrès*, il crut de son devoir de parler ; il demanda une audience à l'Empereur et le supplia de ne pas laisser toucher au Pape. Le souverain le reçut avec sa bienveillance habituelle et l'écouta avec patience, mais ne lui répondit pas.

Il put bientôt se rendre compte qu'on ne lui en voulait pas de sa franchise : à la fin de 1859 il était nommé à un commandement ordinairement réservé à un contre-amiral : celui de la station navale du Levant ; le 16 décembre il appareillait de Rochefort pour Gibraltar et le Pirée sur la frégate la *Zénobie*.

De grandes difficultés l'attendaient en Orient et allaient lui fournir l'occasion d'exercer d'une manière particulièrement brillante ses talents de marin, de diplomate et de chef. Son rôle dans les affaires de Syrie, qui ressort avec détails de sa correspondance, a été admirablement résumé dans une notice biographique écrite en 1881 au lendemain de sa mort et distribuée par sa veuve à ses amis.

« Le commandant de La Roncière, écrit M. de Jancigny, se retrouvait sur un théâtre qui n'avait rien de nouveau pour l'ex-aide de camp de l'amiral de La Susse dans la station du Levant, pour l'ancien capitaine de la *Vedette* à Constantinople. Si les parages où il allait naviguer étaient bien connus du marin, les traditions de notre politique et des intérêts français en Orient n'avaient plus de secrets pour le diplomate. Il devait aussi rencontrer là, dans les plus importantes situations, plusieurs de ceux qui l'avaient connu, sans que l'absence eût affaibli des souvenirs ou interrompu des relations sans cesse entretenues par la correspondance. C'était en effet une des qualités de M. de La Roncière de ne jamais oublier ses amis et de trouver, au milieu des occupations les plus absorbantes, le temps de leur écrire une de ces lettres où il avait le don d'être aimable et de dire beaucoup de choses en peu de mots. Aussi l'accueil fait au nouveau chef de la station sur tous les points de la vaste étendue des côtes qu'il avait à surveiller fut plein de distinction et de déférence. M. de La Roncière regagnait, et au delà, par le prestige calme et puissant qui se dégageait de sa personne, celui qui pouvait lui manquer encore du côté du grade. A la cour du roi de Grèce, à Smyrne, à Beyrouth, à Alexandrie, le simple capitaine de vaisseau était reçu comme le représentant de la France et prenait, sans effort de sa part, sans contestation de la part des autres, le rang auquel lui donnaient droit ses éminents services et ses grandes manières.

« Cette position si large et si haute que se fît, dès le début, M. de La Roncière favorisait singulièrement la solution des affaires ; elle répandait, en outre, sur sa vie comme sur celle de ses subordonnés dont il faisait des amis, un charme inexprimable et de précieuses facilités pour l'exécution de toutes choses. Qu'il s'agît d'une excursion aux ruines d'Eleusis, d'une visite aux carrières de marbre du Pentélique ou à la plaine de Marathon, d'une descente dans la grotte d'Antiparos, d'un pèlerinage aux couvents du Liban, à Jérusalem, à Bethléem ou au monastère du Mont-Carmel, d'un voyage d'Alexandrie au Caire ou à Suez, les obstacles s'abaissaient, les portes s'ouvraient, tout allait comme de soi; et il fallait réfléchir pour avoir la perception nette du bon vouloir qui avait prévu et aplani les difficultés.

« Au milieu de cette existence si belle et si utile à la

fois, sous le doux et splendide azur du ciel de la Syrie,
éclatèrent les scènes tragiques qui devaient désoler le
Liban. Le fanatisme des uns, la politique bassement
égoïste des autres avivaient dès longtemps les haines
séculaires et fomentaient la guerre civile : aussi musulmans et Druses se trouvèrent-ils, à la même heure, debout pour le meurtre et l'incendie.

« Les ruines fumantes de Djezzin, de Rechaya, de Has-
baya, de Deir-el-Kamar, de Zaleh, couvrant vingt mille
cadavres ; deux cent mille chrétiens de toutes les commu-
nions errant sans asile, sans vêtements, sans pain : telle
se posa la question de Syrie devant l'Europe épouvantée.

« Ce fut pendant la semaine de la Pentecôte, le 27 mai
1860, que les flammes s'allumèrent et que le sang coula
pour la première fois. M. de La Roncière accourut devant
Beyrouth avec la *Zénobie* et les autres bâtiments de la
station. Sans son courage et sa présence d'esprit,
l'émeute terrible qui éclata le 20 juin dans les rues de la
ville se serait terminée par le massacre général des chrétiens. Mais M. de La Roncière tenait l'épée de la France
et elle était en bonnes mains ; il l'étendit entre les bour-
reaux et les victimes. Sa protection couvrait jour et nuit
les fugitifs qui venaient chercher l'abri de son pavillon ;
sa bourse était ouverte aux malheureux ; en un mot, son
intrépidité et son cœur l'élevèrent, pendant de longues
semaines, à la hauteur de ses responsabilités redoutables. A chaque ligne, les documents authentiques du
temps citent le nom de La Roncière pour l'exalter et le
bénir C'est M. Lenormant qui écrit de Beyrouth, le
1er juillet : « Il y a ici quelqu'un qui nous donne brillam-
« ment l'exemple : c'est M. de La Roncière Le Noury, le
« commandant de nos forces navales. Il est impossible de
« soutenir plus dignement qu'il ne le fait l'honneur du
« drapeau français. Energique et calme, humain, géné-
« reux, charitable, il est au fond ici l'homme de la situa-

« tion, celui que les Turcs craignent et honorent le plus ».
C'est Mgr Lavigerie. alors directeur de l'Œuvre des
Écoles d'Orient, qui s'écrie : « Honneur à ce brave et gé-
« néreux commandant de La Roncière Le Noury qui, ré-
« sumant en lui tous les instincts bienfaisants de notre
« marine, a réussi par d'admirables efforts à prévenir
« tant de désastres et à réparer tant de maux ! »

« Dès son arrivée à Beyrouth, le commandant de la station avait télégraphié au gouvernement; et c'est au reçu
de sa dépêche que fut décidé l'envoi sur la côte de Syrie
d'une division de l'escadre de la Méditerranée et d'un
corps expéditionnaire de 6.000 hommes. L'arrivée de ces
forces rendait inutile la présence de la *Zénobie*, et M. de
La Roncière partit pour la côte de la Palestine, rentrant
ainsi dans l'exercice de son commandement général en
Orient, que les circonstances l'avaient amené à concen-
trer un instant en Syrie. »

L'arrivée du contre-amiral Jehenne devant Beyrouth
avait été pour La Roncière une déception. Sans doute
avait-il espéré que les vaisseaux envoyés sur les côtes de
Syrie seraient placés sous ses ordres. Son commandement allait finir; il n'en demanda pas le renouvellement.

Les étoiles de contre-amiral (4 mars 1861) et le poste
de chef d'état-major et de directeur des mouvements de
la flotte au ministère de la Marine l'attendaient à Paris.
Le marquis de Chasseloup Laubat allait avoir en lui, de
1861 à 1865, un collaborateur éminent. et on peut dire
que. pendant ces quatre années, il fut une sorte de
sous-ministre dont l'influence et l'autorité ne firent que
s'accroître jusqu'au jour où le ministre, représenté comme
ne voyant que par les yeux de son chef d'état-major,
voulut montrer, en le renvoyant à la mer, qu'il pouvait
se passer de lui.

Tout de suite le nouveau contre-amiral avait apporté
dans les bureaux du ministère ses habitudes d'initiative

et d'activité, et imposé au personnel une grande somme
de travail qu'il savait se faire pardonner en témoignant à
ses subordonnés beaucoup de bienveillance et d'intérêt.
Il prit là une habitude qu'il devait conserver toute sa vie,
celle de recevoir des audiences. Il n'en refusait pour
ainsi dire aucune; et lorsqu'une demande lui paraissait
juste, il ne laissait à personne le soin de suivre l'affaire
et d'en presser la solution : il s'en occupait lui-même. Il
fut donc bientôt assiégé par la multitude des solliciteurs,
mais il ne s'en montra jamais ni excédé ni surmené. Il
trouva le moyen de suffire à tout : aux audiences, à la
correspondance, au travail, tout en demeurant l'observateur attentif et souvent très critique des événements politiques, et en redevenant le soir l'homme du monde
qu'attiraient les salons et les fêtes, que Paris amusait. La
besogne accomplie pendant son passage au ministère fut
immense. Le service à la mer fut rendu moins dur et le
décret du 25 octobre 1862 adoucit les rigueurs de l'ins-
cription maritime sans que ces réformes portassent la
moindre atteinte à la discipline. La marine française fit
mieux que conserver son second rang dans le monde :
elle inquiéta l'Angleterre en mettant la première sur
chantier des vaisseaux cuirassés. En même temps elle
s'organisait puissamment par la création d'une flotte de
réserve. Sur les côtes de Syrie, de Grèce, d'Italie, du
Sénégal, du Dahomey, de Madagascar, notre pavillon se
faisait désirer, craindre, respecter, et le chef d'état-major du ministre prenait une part personnelle à la fonda-
tion de notre belle colonie de l'Indo-Chine en s'opposant
énergiquement à ce qu'elle fût abandonnée.

Survint l'aventure du Mexique, entreprise dans le but
de créer dans l'Amérique du Nord, en face des États-Unis
anglo-saxons et protestants, un empire latin et catholique, et qui, sans avoir rallié à l'Empire les esprits que les
affaires d'Italie en avaient détachés, devait finir par

un échec salué avec une égale satisfaction par l'étranger, jaloux de la grandeur prospère de la France, et par les haines des oppositions coalisées.

Il s'agissait de transporter de France au Mexique 40.000 hommes, chiffre qui, pour l'époque, avec le genre de navires dont on disposait, était énorme et n'avait jamais été atteint. Le problème fut résolu sans hésitation, avec une ponctualité et une précision qui firent l'admiration des marines étrangères ; et les communications entre la France et le corps expéditionnaire demeurèrent assurées.

La laborieuse activité du contre-amiral de La Roncière, sa faveur auprès du ministre, la maîtrise avec laquelle il évoluait entre le Palais Royal et les Tuileries, comme jadis au milieu des glaces du Groënland et de Terre-Neuve, la fidélité qu'il gardait dans tous les mondes à des amis de toutes les opinions ne pouvaient pas ne pas lui valoir beaucoup d'envieux. Aussi, lorsque, le 31 juillet 1865, il dut résigner ses fonctions de chef d'état major pour prendre le commandement en chef de la division cuirassée de l'Océan, ceux qui le jalousaient ne manquèrent pas de lui représenter ce changement de situation comme une disgrâce. Il y crut un instant et il se sépara du ministre avec une certaine froideur ; mais il ne lui en voulut pas longtemps. Il fallut peu de jours pour qu'il fût repris par la passion de la mer ; et les trois navires qu'il trouva à Cherbourg et qui formèrent le noyau de son escadre, le *Magenta*, sur lequel il hissa son pavillon, l'*Héroïne* et la *Flandre*, étaient des unités si neuves et si belles que la fierté de les commander compensa le sentiment un peu amer qu'il avait éprouvé tout d'abord en se trouvant placé à son rang de contre-amiral, au-dessous des grands chefs, vice-amiraux et amiraux, qui hier encore le sollicitaient et le courtisaient au ministère. Il était d'ailleurs le premier officier

général mis à la tête d'une force cuirassée homogène ;
pour ce commandement il n'y avait ni tradition ni précédent ; il lui appartenait d'en créer en faisant rendre à
ces bâtiments nouveaux tout ce que l'on en pouvait attendre comme puissance militaire, comme navigabilité et
résistance à la mer. Rien ne pouvait mieux convenir à un
homme de son ambition et de son audace.

Il choisit avec le plus grand soin les officiers qui devaient être attachés à sa personne. Son chef d'état-major
fut le commandant Pierre, qu'il avait connu à Terre-
Neuve et qui depuis l'avait suivi en 1859 à la division
des canonnières de l'Adriatique, puis au ministère de la
Marine : homme d'une haute intelligence, d'une extrême
bravoure et d'une foncière bonté, mais d'un naturel
bouillant qui parfois le rendait exigeant et dur. Cette
raideur dans le service ne déplaisait pas à l'amiral, partisan d'une discipline très stricte dont il se réservait de
modérer la rigueur, sachant se faire aimer autant que
son chef d'état-major savait se faire craindre. Le lieutenant de vaisseau Vignes, qui, comme le commandant
Pierre, devait mourir officier général, avait attiré l'attention de La Roncière alors qu'il commandait la station du
Levant ; il le prit comme officier d'ordonnance. La distinction de ses manières, sa passion pour le métier et
son goût pour les voyages plaisaient à l'amiral ; tous
deux communiaient en une même active curiosité de
l'esprit. Le capitaine de vaisseau Le Brix commandait le
Magenta et l'abbé Métairie était aumônier de l'escadre.
Je me revois enfant, avec mon père, en visite à Cherbourg, à bord du *Magenta*, au milieu de tous ces disparus.

Le contre-amiral de La Roncière Le Noury avait à
peine pris son commandement qu'il reçut l'ordre de rallier à Portsmouth la grande escadre qui s'y réunissait
sous les ordres du vice-amiral comte Bouët-Willaumez,
ayant le ministre à son bord, pour rendre à la flotte an-

glaise la visite qu'elle avait faite à Cherbourg. Il eût pré_
féré être laissé à l'écart : il lui semblait peu politique de
montrer aussi solennellement aux Anglais l'avance que
le nombre et la puissance de nos unités cuirassées nous
donnaient sur eux ; et puis il avait hâte de mettre à exécution tout un programme de manœuvres et d'expériences.

Dès que les fêtes furent terminées, il reprit sa liberté
d'action. La fin de 1865 et l'année 1866 furent employées à
des excursions et à des exercices continuels : voyages au
Portugal, à Madère, aux Canaries, exercices d'artillerie
dans la baie de Quiberon avec de nouveaux canons de
gros calibre ; essais de tous genres sur les évolutions des
cuirassés et leurs facultés de navigation à la voile ; expériences sur l'emploi des batteries flottantes, sur la résistance comparative des carènes en fer et en bois. Au
cours de ces manœuvres, la division cuirassée de l'Océan
visite hardiment tous les ports accessibles de la côte
occidentale de France, Concarneau, le Croisic, les Sables-
d'Olonne et toutes les passes franchissables : le Four, le
Toulinguet, le Raz de Sein près de Brest, les Glenans
près de Lorient, l'entrée de la Gironde. En septembre
1866, l'Impératrice souhaite la voir devant Biarritz; en
dépit de la rade ouverte et dangereuse à la station des
grands navires, les cuirassés viennent danser sur la houle
en face de la villa Eugénie. Les souverains sont reçus à
bord du *Magenta*; l'Empereur fait pleuvoir sur les états-
majors et les équipages décorations et récompenses;
l'amiral reçoit de sa main la plaque de grand officier.

Cependant la situation faite à l'Europe par la victoire
de la Prusse et de l'Italie sur l'Autriche oblige le gou_
vernement impérial à liquider l'affaire du Mexique. Le
20 décembre 1866, l'amiral reçut à Cherbourg une lettre
du ministre de la Marine le chargeant du rapatriement
du corps expéditionnaire. Il avait ordre de prendre le
commandement général de l'opération; pour cela il de-

vait s'entendre, en passant aux Antilles, avec son camarade d'école le contre-amiral baron Didelot, commandant la station, et rallier à Vera-Cruz un de ses anciens lieutenants de Terre-Neuve, le commandant Cloué, alors à la tête de la division navale du Mexique.

Le 3 janvier 1867 l'escadre appareilla de Cherbourg, elle toucha à Madère pour faire du charbon, puis à la Martinique, et arriva le 20 février en rade de Vera-Cruz. En moins d'un mois les troupes furent embarquées. Lorsque le dernier transport fut parti et qu'il eut vu disparaître à l'horizon le vaisseau qui portait le maréchal Bazaine, La Roncière quitta le dernier la côte mexicaine, attristé par notre insuccès dont il prévoyait les redoutables conséquences, mais fier du rôle qu'avait joué la marine et plus confiant que jamais dans la valeur de ses hommes et dans la résistance de ses bateaux. Il remonta vers le nord, relâcha à Halifax, fit au Canada et aux États-Unis une rapide excursion, puis mit le cap sur l'Europe en traversant l'Atlantique septentrional encore parsemé de glaces. Il vint atterrir sur les Sorlingues par une brume épaisse, se glissa entre les côtes d'Angleterre et les récifs qui hérissent ces parages sillonnés de courants rapides, et redescendit sur Cherbourg au commencement de mai. Il avait, selon son habitude, pris des initiatives, assumé des responsabilités, affronté délibérément des dangers, justifiant par la continuité et l'originalité de son effort ces paroles qu'il disait quelquefois : « J'aime à faire ce que ne font pas les autres ». Les félicitations du ministre ne firent que consacrer officiellement l'admiration qu'il inspirait, l'envie qu'on lui portait et sa popularité auprès des équipages qu'il s'était attachés par l'imprévu, la hardiesse, la justice et la bienveillance de son commandement.

A la fin de juillet il reprit la mer, visita en détail les côtes de la Manche, mouilla à Bréhat, à Portrieux, à

Boulogne, entra dans le port de Saint-Malo, jusque là réputé inaccessible à d'aussi grands bâtiments, et revint en rade de Quiberon faire des exercices de canon.

Il n'avait plus que peu de jours à attendre pour que, ses conditions étant remplies, il dût amener son pavillon. Avant de quitter l'escadre il voulut se signaler par quelque chose de grandiose et de nouveau. Il mit à terre à Auray ses compagnies de débarquement et une batterie d'artillerie, y descendit en grande tenue avec tous ses officiers et s'en alla en pèlerinage militaire à sainte Anne, patronne des Bretons et des marins. L'évêque de Vannes et un immense clergé vinrent à sa rencontre à l'entrée de la ville et de tous côtés les populations affluèrent. Une splendide procession se déroula avec bannières, cantiques, clairons et tambours; à la messe, à laquelle assistait la princesse Bacciocchi, cousine de l'Empereur, l'amiral prit place dans le chœur, en face de l'évêque ; les marins emplissaient la nef, la musique de l'escadre jouait dans la tribune ; à l'élévation les canons tonnèrent ; et la cérémonie se termina par un déjeuner auquel tous prirent part, jusqu'au dernier matelot.

Ainsi s'affirmait l'esprit primesautier de l'amiral de La Roncière : lorsqu'une chose lui semblait devoir être faite, il la faisait, au risque de se faire blâmer. Le blâme ne vint pas.

Le 16 août 1867, le contre-amiral de Dompierre d'Hornoy prenait le commandement de la division cuirassée de l'Océan.

.˙.

La Roncière trouva Paris en fête et assista, en observateur avisé et inquiet, aux dernières fusées du grand feu d'artifice que fut l'Exposition universelle de 1867. Il semblait que tout concourût à l'apothéose du gouvernement impérial ; l'Europe entière, souverains en tête, et les représentants des nations les plus lointaines déferlaient sur la France ; c'était, dans un décor magnifique, une joie, une bombance, une kermesse mondiale.

Cependant l'orage grondait sourdement ; l'opposition ne désarmait pas ; l'erreur du Mexique, le triomphe de la Prusse à Sadowa, la question romaine enflammaient ses orateurs, alimentaient sa presse, ses revues, ses salons. Et l'autorité que l'Empereur, vieilli et déjà malade, abandonnait de plus en plus à des irresponsables ne résistait que mollement aux assauts des hommes de demain. Sur ce soleil de féerie des nuages passaient : insulte de Floquet au Tsar, coup de pistolet de Berezowski, arrivée, la veille de la distribution des récompenses, de la dépêche annonçant la mort tragique de Maximilien ; et dans une loge des Variétés Bismarck, applaudissant bruyamment aux couplets du général Boum, se réjouissait de notre légèreté et de notre aveuglement.

L'amiral sentait l'avenir gros de menaces ; la guerre avec la Prusse lui apparaissait comme inévitable et extrêmement grave. Nommé vice-amiral le 4 mars 1868, il n'eut pas de commandement jusqu'en 1870. A la suite des événements de 1867 en Italie, la mauvaise intelligence entre les Tuileries et le Palais-Royal s'était singulièrement accentuée. L'Empereur avait eu, aux yeux de son cousin, le tort de répondre à l'appel du Pape, de renvoyer à Rome les troupes qu'il en avait fait revenir en 1866 et de faire écraser par elles les garibaldiens à Mentana, donnant ainsi à la politique italienne qu'on lui avait tant reprochée un désaveu chevaleresque qui excita la fureur de l'opposition radicale et souleva de l'autre côté des Alpes des colères et des rancunes dont s'inspira en 1870, lorsque nous sollicitâmes l'alliance de l'Italie, la prudence commandée au gouvernement de Victor-Emmanuel par nos premiers revers.

La Roncière n'avait pas à se plaindre de l'Empereur, qui venait de lui donner sa troisième étoile ; mais il restait fidèle à son amitié pour le Prince malgré ses fréquents désaccords politiques avec lui. Sa situation était donc délicate ; et il est permis de penser que la mésentente entre les deux cousins, accentuée en 1865 par le discours d'Ajaccio et rendue aigüe par Mentana, ne rendit pas très favorable au nouveau vice-amiral l'entourage du souverain.

Il n'eut garde cependant de rester oisif. Il prit une part assidue jusqu'en 1870 au Conseil d'Amirauté. au conseil des Travaux de la Marine, au conseil de perfectionnement de l'Ecole Polytechnique, au Bureau des longitudes, et présida la commission chargée de l'organisation du Yacht Club de France.

Les résultats du plébiscite de 1870 le réjouirent. Il espéra que le gouvernement impérial, consolidé par la majorité imposante que le pays venait de lui donner, pourrait reprendre son autorité et augmenter nos forces afin d'éviter peut-être la guerre et, si elle éclatait, de la gagner. Il fut surpris par elle comme tout le monde, et tout de suite il comprit que notre seule chance de succès était dans une offensive rapide. Il fut donc désolé de nos hésitations, de nos lenteurs, de notre inertie affolée qui permirent aux Prussiens d'attaquer les premiers.

Il avait été nommé au commandement de l'escadre des transports qui, sous les ordres supérieurs de l'amiral Bouët, devait débarquer sur les côtes de la Baltique un corps expéditionnaire. Le vaisseau, en armement à Lorient. sur lequel il avait ordre de hisser son pavillon, s'appelait la *Victoire*. La victoire ne vint pas... les transports ne furent pas réunis : le ministère allait trop lentement et les Prussiens trop vite ; on renonça à l'expédition de la Baltique.

Cependant les événements se précipitaient. Le 28 juillet,

l'Empereur. accompagné du Prince impérial et du prince Napoléon, était parti pour le front. Le 4 août le Prince appelait La Roncière à Metz, sans doute pour lui donner, au sujet de la Princesse et de ses enfants, des instructions qu'il semble avoir assez vivement discutées. Le 12, la baronne de La Roncière Le Noury emmenait à Prangins les princes Victor et Louis et la princesse Marie-Lætitia ; la princesse Clotilde demeurait au Palais-Royal, où la retenait la conscience de son rang et de son devoir.

Tandis que l'armée française, surprise et désemparée, était manœuvrée dans la région de Metz par celle des envahisseurs, on se préoccupait à Paris de la possibilité d'un siège. L'amiral Rigault de Genouilly avait obtenu pour la Marine la mission de défendre l'enceinte fortifiée. Six forts lui avaient été exclusivement confiés : ceux de Romainville, Noisy, Rosny, Ivry, Bicêtre, Montrouge, ainsi que les batteries de Saint-Ouen et de Montmartre ; on réunit en outre une flottille destinée à opérer sur la Seine. Le régiment d'artillerie de marine, des troupes d'infanterie de marine et de gendarmerie maritime furent également appelés à Paris. Enfin huit officiers généraux de la marine furent chargés du commandement de huit secteurs sur neuf qui formaient l'enceinte de la capitale. Les forts de la marine constituèrent deux groupes séparés sous les ordres du contre-amiral Saisset, dont le quartier général était au fort de Noisy, et du contre-amiral Pothuau, qui s'établit au fort de Bicêtre. Le 8 août le commandement en chef des marins armant les forts avait été donné au vice-amiral de La Roncière Le Noury, qui choisit pour chef d'état-major général le capitaine de vaisseau Le Normant de Kergrist et pour chef de service administratif le commissaire de la marine Le Fraper.

Il eut aussitôt le sentiment très net des services que ses marins, en cas de désastre et d'arrivée des Allemands sous Paris, devaient rendre à la défense s'il savait les isoler de tout contact avec des troupes en déroute et des recrues plus ou moins indisciplinées ; pour y parvenir il assimila ses forts à une escadre. Dans l'avant-propos de son livre *La Marine au siège de Paris*, qui parut en 1872 (1), il explique ainsi sa pensée :

« Dès leur arrivée à Paris, nous avons enseigné aux marins à considérer un fort comme un vaisseau, à y observer les mêmes règlements, à y prendre les mêmes habitudes, à y suivre le même régime en un mot. On y employait le même langage qu'à bord : on faisait partie de l'*équipage* de tel ou tel fort, et on ne pouvait sortir du fort sans demander la permission d'*aller à terre*. Les parapets étaient les *bastingages*, les embrasures les *sabords*. Le dimanche c'étaient les mêmes distractions qu'à bord. Outre les jeux gymnastiques et les assauts, triomphe des prévôts et des maîtres d'armes, le loto, ce whist des matelots, en faisait le plus souvent les frais. Et la *marchande* venait tous les jours, comme à bord, à des heures prescrites, étaler à une place déterminée, aux yeux de l'équipage, des vêtements, des vivres et de menus objets de luxe soigneusement contrôlés d'avance par le capitaine d'armes et l'officier en second. »

L'amiral eut ainsi tout de suite en mains une force homogène, une élite militaire qui devait jouer dans la défense de Paris un rôle très grand et valoir à son chef une situation personnelle qui ne cessa de grandir jusqu'à la fin de la guerre.

En attendant, pendant ce terrible mois d'août de 1870, il était hanté par les pressentiments les plus pessimistes ; il voyait venir la révolution et l'ennemi. Il ne parvenait à dominer ses angoisses patriotiques qu'en se confinant dans son commandement, en faisant dégager les abords de ses forts et repérer les distances, en pressant l'arrivée

(1) 1 vol. in-8, Plon, Paris.

des vivres, des munitions, en mettant en position de
combat les grands canons de marine qui arrivaient trop
lentement à son gré.

Le 4 septembre, la révolution qu'il avait prévue éclata,
en conséquence de la catastrophe de Sedan. Le 5, la princesse Marie-Clotilde quitta le Palais-Royal. Cette douce
princesse, que sa piété, sa charité et sa bonté rendaient
accessible aux plus humbles, n'abdiquait jamais sa dignité. Elle partit fièrement au grand jour, en voiture découverte, s'imposant à la foule, qui la salua respectueuse-
ment ; l'amiral de La Roncière était en face d'elle, en
grand uniforme. Il demeura, gare de Lyon, avec sa fille,
sur le quai du départ jusqu'à ce que le train fût parti.
Le 6, il ordonnait à Mlle de La Roncière de sortir de Paris
et il y restait, le cœur chaviré mais l'âme haute, tout à
ses marins et à ses canons.

Ce que fut le siège de Paris, le sait-on encore ? Les
noms des politiciens civils ou militaires qui y prirent part
surnagent vaguement dans la mémoire de nos contemporains occupée par d'autres souvenirs ; mais les hommes
de devoir qui, par leur héroïque acharnement à servir la
France en dehors de la politique, ont rendu possible la
résistance de l'énorme ville et retardé l'explosion de ses
fureurs sont bien oubliés ; et je ne crois pas qu'il y ait
beaucoup d'écoles où l'on parle aux enfants du rôle joué
par la marine dans cette grande tragédie. Ce rôle fut cependant le premier ; et si la résistance de Paris mit un re-
flet de gloire sur l'agonie de 1871, c'est pour une grande
part aux marins qu'on le doit. Quant à leur chef, il ne
tint qu'à lui de devenir le maître dans la ville assiégée ;
seul, son dégoût pour le gâchis révolutionnaire le con-
vainquit de laisser continuer à d'autres les terribles responsabilités que son patriotisme lui aurait permis d'assumer. L'amiral ne s'aventura pas hors du terrain militaire, très considéré d'ailleurs par le général Trochu,

qu'il avait connu en Crimée et au Palais-Royal. Il le jugeait sévèrement ; mais il conservait quand même de l'affection pour lui ; il n'était pas dans son caractère de s'éloigner jamais tout à fait d'un ancien ami.

Le 18 septembre, les derniers fils télégraphiques avaient été coupés ; Paris était séparé du reste de la France. Le 19, les forts canonnaient la cavalerie allemande, qui se montrait en avant de Bondy ; du fort de Montrouge l'amiral protégeait la retraite de la division Maud'huy en couvrant de ses feux Bourg-la-Reine, Chevilly et Bagneux ; l'ennemi, vers le soir, occupait les hauteurs de Clamart, Meudon et Châtillon. La lutte était engagée ; elle allait se poursuivre sans trêve.

C'est l'attaque, par le général Vinoy, de Chevilly, l'Hay et Choisy. L'amiral est de sa personne au fort d'Ivry, dont les projectiles foudroient Choisy ; l'Hay et Chevilly sont bombardés par Montrouge et Bicêtre. Le général Guilhem est tué.

C'est la reconnaissance du plateau de Châtillon par l'amiral et le général Vinoy, où les mobiles de la Côte-d'Or et de l'Aube enlèvent Bagneux après un dur combat qui coûta la vie au commandant de Dampierre.

C'est la première affaire du Bourget et de Drancy, à la fin de laquelle les marins du commandant Salmon assurent vaillamment notre retraite. Ce gros insuccès arrive la veille du jour où l'on apprend la capitulation de Metz, l'arrivée de M. Thiers à Paris, son départ pour Versailles (31 octobre). L'Hôtel de ville est envahi, la Commune apparaît. Les membres du gouvernement de la Défense nationale sont prisonniers à l'Hôtel de ville. L'amiral de La Roncière, qui a été nommé membre du comité de Défense, est au ministère des Finances, près de M. Picard, seul membre du gouvernement qui soit libre. On le pousse à prendre le commandement général et à enlever l'Hôtel de ville ; il refuse et bien lui en prend : Trochu,

qui est parvenu à s'échapper, arrive déguisé en garde
national. L'amiral se met à sa disposition ; mais le gouvernement ne l'emploie point : il a mieux aimé négocier
avec l'émeute que la combattre. Du moins les marins,
comme l'armée, sont demeurés étrangers au mouvement
révolutionnaire et vont faire face avec énergie à l'attaque
ennemie qui, les pourparlers avec M. Thiers n'ayant pas
abouti, redouble d'intensité.

La formation d'un corps d'armée autour de Saint-Denis est décidée ; l'amiral en est nommé commandant en
chef ; il a ainsi sous ses ordres directs 48.000 hommes et
plus de 800 pièces d'artillerie. Il commande le front
nord avec les forts de la Briche, de la Double-Couronne
et de l'Est ; le front sud avec les forts d'Ivry, Bicêtre et
Montrouge ; le front est avec les forts de Romainville,
Noisy et Rosny ; il établit son quartier général à Saint-
Denis, à la sous-préfecture. Un commandement aussi
étendu et les responsabilités qu'il entraîne donnèrent à
son besoin d'activité un aliment salutaire ; jamais sa
santé n'a été meilleure ni son sang-froid plus inal-
térable ; soit qu'il dicte des ordres à son bureau, soit qu'il
chevauche d'un fort à l'autre, soit qu'il surveille le tir
des batteries, il fait face à tous les incidents et à toutes
les difficultés avec une égalité d'humeur et une maîtrise
de soi qui donnent à ceux qu'il commande l'impression
d'avoir un grand chef ; ses officiers, à qui il témoigne la
plus flatteuse confiance et qui sont certains d'être toujours couverts par lui lorsqu'ils exécutent ses ordres,
sont prêts à se dévouer jusqu'au sacrifice.

Le siège se traîne ; les privations augmentent ; l'ennemi
achemine vers Paris ses gros canons Krupp de bombardement semblables à celui qui, en 1867, à l'Exposition
universelle, avait dressé dans la galerie des machines sa
gueule insolente. La province ne viendra-t-elle pas au secours de la capitale ? Le 14 novembre un rayon de soleil

dissipe un instant cette nuit angoissante : Paris apprend la victoire du général d'Aurelle de Paladines à Coulmiers qui. peut-être, sans l'intervention de brouillons civils improvisés chefs de guerre, aurait eu des lendemains glorieux. Une grande joie éclate; une grande espérance se lève : l'armée de Paris et l'armée de la Loire vont se donner la main !

Une offensive est décidée sur la Marne, sous les ordres du général Ducrot. Pendant qu'elle aura lieu, le corps d'armée de Saint-Denis devra opérer une puissante diversion vers Epinay et en avant d'Aubervilliers afin de favoriser le mouvement en occupant l'ennemi sur ces deux points. Dans la matinée du 3o, l'amiral fait déployer dans la plaine d'Aubervilliers la brigade Lavoignet, qui occupe Drancy et Gros...ay, puis, revenu devant Epinay, bombardé par le fort de la Briche. il donne l'ordre au général Henrion de lancer les colonnes d'attaque. Deux compagnies de marins fusiliers s'élancent, escaladant les murs du parc, un régiment de ligne et trois bataillons de mobiles, attaquant le village de front, achèvent de s'en emparer, les Allemands battent en retraite poursuivis par le feu de nos batteries et très éprouvés à 4 heures, l'objectif est atteint. Ce brillant succès, dû à la précision des ordres donnés et à la vaillance de troupes soigneusement entraînées. accrut la popularité de l'amiral de La Roncière dans Paris, que l'offensive manquée du général Ducrot décevait au même moment.

Le gouvernement de la Défense nationale obéit à l'opinion publique lorsque, le 8 décembre, il éleva l'amiral commandant en chef les marins et le corps d'armée de S..int-Denis à la dignité de grand'croix de la Légion d'honneur. Cette récompense est la seule de ce genre qui fut décernée pendant la guerre de 187o; ce fut un très beau geste adressé au soldat qui, en ce temps de passions politiques exaspérées, savait les dominer de toute la hauteur où le plaçaient le sentiment du devoir militaire et le dévouement à la patrie. L'amiral pensa qu'on avait voulu honorer, dans la personne de leur chef, les braves qu'il commandait ; il accepta le grand cordon comme un remerciement de la France à ses marins. Ceux-ci, le 21 décembre, eurent encore une fois l'occasion de faire vaillamment leur devoir en dehors des forts ; à la deuxième affaire du Bourget, le brave commandant Lamothe-Tenet et ses fusiliers marins soutinrent dans le village une lutte terrible, au cours de laquelle le lieutenant de vaisseau Peltereau et sa compagnie tout entière, moins six hommes, succombèrent.

L'agonie de Paris commençait. Le 21 janvier, une pluie d'obus tomba sur Saint-Denis, les forts de la Briche, de la Double-Couronne et de l'Est. L'amiral avait fait, dès les premiers jours du mois, garantir par des sacs de terre les tombeaux de nos rois ; c'est à lui qu'on doit leur préservation. Car les Allemands d'alors prirent pour principal objectif la basilique, comme devaient faire plus tard, à l'égard de la cathédrale de Reims, leurs dignes descendants.

L'état-major, installé à la sous-préfecture, dut descendre dans les caves ses logements et ses bureaux. Ce même jour, 21 janvier, le général Trochu rendit visite à l'amiral qui l'accompagna dans une tournée d'inspection. Ils se dirigèrent tous deux sur les points menacés et demeurèrent jusqu'au soir sous les obus. L'amiral eut la conviction que le gouverneur de Paris cherchait la mort, et il l'affronta stoïquement avec lui. Le soir même il apprit que les fonctions de gouverneur étaient supprimées et que le général Vinoy était nommé commandant en chef de l'armée de Paris.

Le bombardement de Saint-Denis continua jusqu'au 27, à minuit, où tout se tut autour de Paris vaincu par la famine. L'amiral de La Roncière, présent toujours là où

son devoir l'appelait, s'intéressa aux misères de la ville
affamée et incendiée avec une sollicitude qui ne s'inter-
rompait que pour aller aux batteries, près des pièces,
encourager les canonniers par son sang-froid au milieu
du feu. Son courage, son dévouement et sa bonté le ren-
dirent à ce moment-là aussi populaire auprès des civils
qu'auprès des militaires.

Lorsque, le 28 janvier, furent connues les conditions de
l'armistice, stipulant que tous les forts devaient être rendus à l'ennemi, la douleur qu'il éprouva lui dicta la lettre
suivante, adressée au commandant en chef :

« Mon Général,

« D'après les termes reproduits ce matin au *Journal
Officiel*, les forts de Paris doivent être occupés par l'armée allemande. J'ignore la forme qui doit présider à
notre évacuation, mais permettez-moi d'insister auprès
de vous pour que les plus grands adoucissements soient
apportés aux sentiments si douloureux qu'en éprouvent
nos marins. Puisque la cruelle nécessité leur en fait un
devoir, ils sauront se résigner. Ils abandonneront, en
courbant tristement la tête, des remparts qu'ils défendaient an nom de la patrie et où bien des leurs sont tombés bravement. Mais si les lois de la guerre ne s'y opposent pas absolument, permettez qu'ils se retirent avant
l'arrivée du vainqueur.

« Je connais les sentiments de nos hommes ; plusieurs
officiers sont venus me les expliquer hier en leur nom. Il
n'a pas dépendu d'eux que leurs forts restassent inviolés.
Faites qu'ils ne voient pas l'affreuse réalité, et veuillez
ordonner que ces forts soient rendus par les autorités qui
nous y ont reçus à notre arrivée, c'est-à-dire le commandant de place, les agents du génie et de l'artillerie.

« Votre cœur de soldat a déjà compris les sentiments
que j'ai le devoir de vous exprimer. Je n'insisterai pas ;

mais, jusqu'au dernier moment, je compterai sur une solution qui constituera pour nos braves marins la dernière récompense qu'ils ambitionnent.

Signé : DE LA RONCIÈRE LE NOURY. »

Une demande faite en de pareils termes devait être accueillie. Elle le fut. Les marins quittèrent leurs forts dont aucun n'avait été réduit par la force et qu'ils auraient voulu défendre encore ; mais la vue odieuse des casques à pointe pénétrant dans ces remparts jusque-là inviolés leur fut épargnée.

Les élections eurent lieu le 8 février 1871. Les services rendus par la marine pendant le siège semblaient désigner son chef aux électeurs parisiens. L'amiral de La Roncière, en dépit des rancunes et des défiances qui déjà s'agitaient autour de son nom, aurait pu être élu dans la capitale qui lui donna spontanément un grand nombre de voix ; mais il ne se présenta pas. Il laissa ses deux lieutenants, les amiraux Saisset et Pothuau, remporter à sa place une victoire électorale qu'il redoutait pour lui-même. En effet, il se rendait parfaitement compte que la correction de son attitude pendant le siège n'empêcherait pas les passions, les haines, les ambitions, les espérances politiques qui insultaient à l'Empire tombé de se dresser contre lui ; et il ne lui plaisait pas de se laisser discuter par les ennemis du régime qu'il avait servi, ni de livrer à des polémiques électorales les sentiments qu'il n'affichait pas : souvenirs auxquels il demeurait fidèle, amitiés qu'il entendait ne pas renier.

Cependant il ne supportait pas la pensée qu'à cinquante-huit ans sa carrière fût finie ; et l'inconnu tragique où se débattait la France l'attirait, passionnait son patriotisme. Malgré son peu de sympathie pour le régime parlementaire, il comprenait tout l'intérêt que présentait à un homme comme lui l'entrée à l'Assemblée où allaient se traiter des questions de vie ou de mort pour la nation.

Il accepta donc la candidature qui lui fut offerte dans le département de l'Eure, son pays d'adoption, qu'il aimait et où, depuis nombre d'années, il s'était fait aimer. Sans qu'il eût quitté Paris, il fut élu le premier sur la liste du département, par plus de 5o.ooo suffrages.

L'amiral partit pour Bordeaux, décidé à ne pas refuser au gouvernement son concours technique, et fut nommé, dès son arrivée, membre de la Commission de la marine; mais, au point de vue politique, il se tint sur une prudente réserve. Son impression, qui fut durable, était que les princes d'Orléans pouvaient prendre le pouvoir. Il n'avait jamais rompu entièrement avec eux , il revit avec plaisir le prince de Joinville et fut l'objet des attentions du duc d'Aumale qui saluait en lui le plus illustre défenseur de Paris. Il ne tarda pas toutefois à comprendre que M. Thiers ne travaillait que pour lui-même, que les Princes manquaient de décision, que leurs partisans les rendaient peu à peu impossibles par leurs imprudences, leurs violences de langage et leurs partis-pris de rancunes politiques. C'est pourquoi, bien que M. Thiers lui fût très modérément sympathique et qu'il eût la vision claire de ses défauts, voyant en lui une volonté, une autorité, il ne fut pas de ceux qui combattirent d'abord son gouvernement.

Il fit partie de la Commission des Quinze, investie de la mission, douloureuse entre toutes, de discuter les conditions de la paix, et de la seconde Commission des Quinze, que l'Assemblée adjoignit au chef du Pouvoir exécutif pendant la Commune. Il devint plus tard président de la Commission de l'armée, membre de la Commission du budget, président de la section de la guerre et de la marine. Il fut question de lui pour l'ambassade de Berlin, puis pour celle de **Rome** ; mais pour occuper un de ces grands postes diplomatiques où il eût excellé, il aurait fallu qu'il jetât par dessus bord tout ce qui l'attachait au passé : il en était incapable. Il n'avait jamais cessé ses relations avec le prince Napoléon et la princesse Clotilde ; et lorsqu'ils furent brutalement expulsés par M. Thiers, il ne songea pas à cacher son indignation.

La catastrophe qu'il avait prévue, bien avant 1870, mais qu'il n'avait pas cru devoir être si soudaine et si complète l'avait, dans les jours qui précédèrent et suivirent Sedan, aigri contre l'Empereur ; la douleur de la défaite lui avait fait un instant perdre son sang-froid. Mais le calme qui lui était naturel était vite revenu, lui permettant de connaître les évènements, de les étudier et de s'apercevoir qu'ils en appelaient eux-mêmes des jugements trop sommaires qu'une opinion exaspérée avait portés sur eux. Il se rendait compte, d'ailleurs, que l'immense popularité dont avait joui la personne de Napoléon III n'était pas entièrement anéantie, qu'elle pouvait revivre ; que les violences anarchiques des républicains et les dissensions des partis royalistes offraient quelques chances de restauration à un régime dont on pouvait espérer ce qu'il regardait comme essentiel au relèvement du pays : l'ordre et l'autorité. Sans donc s'engager avec personne, il prêtait l'oreille aux bruits qui lui venaient d'Outre-Manche lorsque, brusquement, le 9 janvier 1873, l'Empereur mourut. Pas un instant l'amiral n'hésita à faire sa cour au malheur ; mettant de côté toute prudence politique, il demanda l'autorisation de se rendre aux obsèques, y figura au premier rang et pleura auprès du cercueil.

On sait comment le parti impérialiste, un instant abattu par la mort de Napoléon III, se releva à la majorité du Prince impérial ; comment il gagna du terrain à chaque consultation du suffrage universel ; comment le jeune

Prince voulut se montrer digne des espérances qui se reportaient sur lui. et comment sa mort héroïque et mystérieuse porta au parti de l'Empire un coup dont il ne s'est pas relevé. L'amiral qui, jusque-là, n'avait pu empêcher le prince Napoléon de glisser de plus en plus à gauche, eut un instant l'espoir que sa haute intelligence lui montrerait la ligne de conduite que la tragédie du Zululand lui traçait. Son espoir fut de courte durée; il ne perdit point l'amitié du Prince, mais ses courtisans, qu'il n'aimait pas, lui surent mauvais gré d'avoir combattu leur influence, et la droite du parti se détourna de plus en plus de lui, tandis que les orléanistes et les républicains s'entendaient pour voir en lui un bonapartiste fieffé. Il prit son parti en philosophe des inintelligences et des hostilités que rencontraient sa haute indépendance, ses idées réfléchies et mesurées; et, avec un dédain accru pour le parlementarisme, il s'appliqua en dehors de toute politique au relèvement du pays. Il fut un des grands travailleurs auxquels la marine, l'armée et les finances durent d'être restaurées. Il ne montait à la tribune que lorsqu'il le fallait pour soutenir quelque projet ou pour répondre à quelque critique; il ne recherchait aucun effet oratoire, mais il savait ce qu'il voulait dire et le disait avec clarté et précision.

Il s'était toujours beaucoup occupé de son département. Vice-président du Conseil général, il a représenté le canton sud d'Evreux pendant près de vingt-cinq ans. Lorsque l'ingratitude des électeurs lui eut fermé la porte de l'assemblée départementale, il ne garda rancune à aucun de ses compatriotes et ne cessa pas de s'employer pour eux. Toujours, même au temps de ses services à la mer les plus actifs, il avait su profiter des moindres congés pour revenir au pays et s'y intéresser à tout, apportant autant d'attention à remplir les fonctions de délégué cantonal et à prendre part aux délibérations du conseil municipal de la commune du Vieil-Evreux, où est située sa terre de Cracouville, qu'à intervenir auprès de Bismarck pour obtenir une réduction de la contribution de guerre imposée au département, ou à présider l'inauguration du monument élevé à la mémoire des soldats tués dans l'Eure pour la défense de la patrie. Il trouvait ainsi, dans une activité d'esprit sans cesse renouvelée, un aliment à sa curiosité toujours en éveil.

*
* *

Lorsque, le 24 mai 1873, M. Thiers fut renversé par l'Assemblée nationale, l'Amiral fut de ceux qui, fatigués de sa personnalité, le mirent en minorité. Bien qu'il ne comptât point parmi les admirateurs enthousiastes du maréchal de Mac-Mahon, il espéra que ce soldat, dont il appréciait l'honneur et la bravoure, allait prendre d'une main ferme le gouvernail de l'État qui lui semblait s'en aller à la dérive. Nous verrons bientôt que cette espérance trop longtemps conservée lui fit commettre la seule faute de manœuvre qu'il ait à se reprocher dans sa vie.

Après tant de travaux à terre, l'amour du métier actif le reprenait; la mer l'attirait toujours. Il reçut en mai 1875 le commandement en chef de l'escadre d'évolutions et hissa son pavillon sur son ancien vaisseau amiral le *Magenta*, en rade de Toulon.

Il s'agissait de montrer avec éclat dans la Méditerranée orientale nos couleurs et de rétablir dans la France du Levant notre prestige séculaire, que nos désastres avaient entamé. Pour atteindre un pareil but on ne pouvait choisir un commandant d'escadre plus patriote ni plus magnifique.

Malgré ses soixante-deux ans, il avait retrouvé, en montant à bord, son coup d'œil et son audace; ses officiers, ses équipages, sachant qu'avec lui on verrait du nouveau, l'avaient salué avec enthousiasme.

Il voulut visiter d'abord le mouillage d'Agincourt dans
les bouches de Bonifacio, qui avait servi jadis d'abri à
l'escadre anglaise de Nelson, mais où jamais flotte française n'avait paru. Il engagea à toute vitesse ses sept
vaisseaux à travers les rochers de la passe de l'Ours, fit
jeter l'ancre pendant deux heures, puis continua sa
route vers le Péloponèse en passant par le détroit de
Messine. Il mouilla dans la rade de Navarin, où il rap-
pela à ses équipages la victoire qui couvrit de gloire la
marine française et son chef le vice-amiral de Rigny, puis.
doublant le cap Matapan et remontant vers l'Attique, il
fit entrer ses navires en ligne de file dans le port du
Pirée.

La présence d'une grande escadre française dans les
eaux grecques quatre ans après la guerre fit sur le gouvernement d'Athènes une impression salutaire qui devait bientôt s'étendre à l'Orient tout entier. On vit que la
France était puissante encore. Leurs Majestés helléni-
ques vinrent à bord du *Magenta*; pour les recevoir
l'amiral fit ranger sur deux lignes toutes ses embarcations légères avec le pavillon tricolore à la poupe depuis
l'embarcadère jusqu'à son bord; ainsi le canot royal
s'avança au milieu d'une sorte d'avenue triomphale dans
le battement de nos couleurs.

Du Pirée l'escadre s'en fut à Ténédos où l'amiral reçut de notre ambassadeur à Constantinople un firman l'autorisant à remonter jusqu'à Stamboul sur l'aviso le *For-
fait*. Il devait, à l'occasion de l'anniversaire de la naissance du Sultan, porter à Sa Hautesse les compliments
du gouvernement français; afin de donner plus d'éclat à
sa mission, il se fit accompagner par la plupart de ses
officiers.

L'escadre longea ensuite les côtes d'Asie Mineure jusqu'à Smyrne, où le gouverneur de la province, Achmet
Pacha, fit à La Roncière, son ancien compagnon d'armes

en Crimée, un accueil cordial. C'était l'époque des dis-
tributions de prix dans les écoles chrétiennes francaises.
L'amiral qui retrouvait, là aussi, beaucoup de fidèles
amis, ne laissa passer aucune de ces cérémonies sans s'y
faire officiellement représenter, et il assista de sa personne à celle du collège de la Propagande, présidée par
le vicaire apostolique d'Asie Mineure. Il fit plus : il
invita les Sœurs de Saint-Vincent de Paul à faire leur distribution de prix à bord du *Magenta*. L'archevêque, les
autorités consulaires, les Sœurs, leurs élèves et 2.000 parents furent accueillis sur le pont du vaisseau, transformé
en salle de fète, tandis que dans les salons particuliers de
l'amiral des buffets étaient dressés, chargés de friandises.
L'amiral, qui connaissait à fond son Orient, savait qu'une
telle réception produirait l'effet le plus heureux et rap-
pellerait aux musulmans, d'une manière éclatante, que la
France était toujours la protectrice des chrétiens.

L'escadre revint à Toulon et prépara aussitôt une nouvelle campagne Elle visita successivement Marseille, le
golfe de Foz, Port-de-Bouc, la rade d'Aigues Mortes,
les mouillages de Cette, de la Nouvelle et de Port-Vendres, pour la plus grande joie des populations, qui
n'étaient plus habituées à voir des navires de guerre, ni
surtout à recevoir à leur bord un accueil plein de courtoisie et de dignité. Avec ses manières de grand seigneur
bienveillant, La Roncière savait toujours se faire aimer ;
le Midi bougeait avec enthousiasme pour aller voir ses
bateaux, ce qui ne plaisait guère à ses ennemis politiques. Il aurait dû s'en douter.

Tandis que l'escadre était à Port-Vendres, un banquet
politique avait lieu à Evreux. Il avait pour but d'organiser dans l'Eure l'Union conservatrice que l'on cherchait à
opposer aux partis républicains coalisés contre le gouvernement du Maréchal.

L'amiral, étant député, y fut tout naturellement invité.

Pour le prier d'excuser son absence, il écrivit à M. Tardiveau, directeur du *Courrier de l'Eure*, une lettre où il s'affirmait avec énergie comme conservateur, décidé à soutenir le Maréchal tant qu'il résisterait aux partis de gauche, et revendiquant pour la France, lorsque le moment en serait venu, la liberté de choisir la forme de son gouvernement.

Cette lettre n'apprenait rien à personne : elle exposait une politique de conservation sociale que tout le monde savait être celle du député de l'Eure. Mais comment l'amiral ne comprit-il pas que ses adversaires l'exploiteraient contre lui ? Comment lui, si fin, si observateur, si convaincu du peu d'énergie gouvernementale du maréchal de Mac-Mahon, oublia-t-il qu'il est des circonstances où il est dangereux d'écrire ? Comment ne vit-il pas que les ménagements du gouvernement pour la gauche le disposaient à ce genre de lâcheté politique qui consiste à calmer momentanément l'adversaire en lui jetant en pâture les amis qui se sont trop découverts ? Toujours est-il qu'il reçut à Port-Vendres une dépêche chiffrée l'invitant à se rendre immédiatement à Paris : il ne devait plus revoir son escadre.

De se sentir aussi brutalement remplacé il éprouva une vive douleur, encore augmentée sans doute par la conscience qu'il ne put pas ne pas avoir d'avoir commis une faute de tactique. Sa carrière active de marin était terminée et sa carrière politique rendue plus difficile. Il fut cependant élu sénateur en janvier 1877 avec le duc de Broglie ; mais il échoua la même année au Conseil général, et cet échec dans un canton où il comptait tant d'obligés et où il se croyait tant d'amis lui fut particulièrement sensible.

Mais il n'était pas homme à se décourager ; seule l'oisiveté aurait pu l'abattre ; or il n'avait pas à la craindre. Sénateur, vice-président du conseil de l'amirauté, président de la Société de Géographie, de la Société de

Sauvetage des naufragés, du Yacht-Club de France, membre de presque toutes les sociétés savantes à l'étranger, habitué du Jockey-Club et de plusieurs autres grands cercles parisiens, il faisait face à une correspondance formidable, prononçait des discours, présidait des régates, assistait à des expériences de sauvetage, à des congrès, voyait défiler dans son petit appartement de la place Vendôme l'élite des hommes politiques, des explorateurs et des savants, donnait dans son château de Cracouville, près d'Evreux, des réceptions où il se plaisait à réunir toutes les personnalités marquantes de son département, ne refusait son concours et sa présence à aucune fête, à aucune réunion de bienfaisance ou de politique et, de front avec tout cela, menait une vie mondaine qui continuait à faire de lui ce qu'on appelait déjà une figure bien parisienne.

Sa santé, cependant, déclinait. Atteint depuis longtemps par une affection grave de la vessie, il voyait les crises se rapprocher, de plus en plus douloureuses. En 1880 l'état devint aigu, et il mourut au printemps de 1881 (14 mai) après de dures souffrances.

Pendant tout le cours de cette longue maladie le prince Napoléon, qui, en politique, avait achevé de se séparer de lui, ne laissa point passer un jour sans envoyer aux nouvelles ou sans venir lui-même en prendre, témoignant à la baronne de La Roncière Le Noury et à sa fille, de la manière la plus touchante, son inquiétude et son chagrin. Au jour des obsèques il tint à conduire le deuil avec ses fils, les princes Victor et Louis.

L'histoire s'est montrée assez sévère à la mémoire de ce Prince pour qu'il soit juste de lui reconnaître, à côté des inégalités et des erreurs d'un grand esprit, la noblesse de cœur dont témoigne ce trait d'une amitié persistante et fidèle.

L'amiral n'était pas un catholique pratiquant, mais il

avait toujours été croyant. A aucun moment de sa carrière il n'avait cessé de se proclamer tel ; Dieu a sa
place dans la plupart de ses ordres du jour et de ses discours. Sans doute, il avait sur les rapports de l'Église et
de l'État les idées de son temps que nous trouvons souvent fausses ; mais il avait un profond respect pour la religion et il était convaincu de sa nécessité sociale. Le
plus bel éloge, peut-être, que l'on ait fait des Frères des
Écoles chrétiennes a été prononcé par lui ; en Orient il
s'est montré le défenseur aussi habile qu'intrépide des
chrétiens opprimés ; les religieux, les missionnaires, les
saintes femmes qui là-bas glorifient la France l'ont apprécié, l'ont aimé ; et nous avons vu qu'il avait désapprouvé
la politique qui a touché au Pape. Jamais il n'a éprouvé le
sentiment lâche qu'on appelle le respect humain : son
pèlerinage à Sainte-Anne d'Auray avec ses officiers et
ses équipages est pour lui, au point de vue catholique,
aussi honorable que pour le gouvernement impérial qui
ne s'y est pas opposé.

Cette attitude religieuse publique de toute sa vie lui a
valu, à son agonie, le secours de beaucoup de puissantes
prières ; et c'est pourquoi l'abbé Métairie, son ancien
aumônier d'escadre, qui, comme tant d'autres qui l'ont
connu, l'aimait profondément, a eu la joie de réconcilier
son âme avant le grand passage.

Telle m'est apparue la vie du vice-amiral baron de La
Roncière Le Noury, dont le président du Sénat a pu dire :
« Il a toujours été un bon serviteur, et parfois un grand
défenseur de la patrie.»

Qui se souvient aujourd'hui du hardi explorateur des
rivages de Crimée, du chef qui avec trois vaisseaux tint
en respect les massacreurs sur les côtes de la Syrie, du

commandant des canonnières de l'Adriatique, du chef d'état-major du ministre, organisateur et réformateur de notre marine, du grand manœuvrier commandant nos premières escadres cuirassées, du défenseur intrépide des forts de Paris ? Non seulement pas un de nos modernes cuirassés, mais pas même une barque française ne **porte** le nom de l'amiral de la Roncière Le Noury. Paris, dont sa ténacité et sa vaillance ont retardé la chute et **sauvé** l'honneur devant l'ennemi, n'a pas un écriteau qui rappelle sa mémoire. Évreux, si empressé à débaptiser ses anciennes rues pour en décorer un état-major dont la renommée n'a jamais franchi son enceinte, n'en a pas encore trouvé une pour ce grand Français, son enfant d'adoption.

En écrivant ces lignes, qui manquent peut-être un peu trop de cette philosophie qu'on doit avoir à un âge où l'on a eu le temps de connaître les hommes, il me semble revoir l'amiral. C'est un homme grand, taillé en force, à la démarche un peu lente et balancée comme celle qu'ont les marins sur le pont d'un navire qui roule. Des yeux à demi clos, doux et pleins de malice à leur ordinaire, un grand nez aristocratique, sur les joues deux sillons de rides, une bouche impérieuse, à la lèvre inférieure avancée qui devait donner à toute la figure, dans les moments de volonté ou de colère, une singulière expression de hauteur et de dédain. C'est bien lui... et je l'entends qui me tutoie comme autrefois et qui me dit : « C'est bien. Tu t'es souvenu... Merci, petit. »

Joseph L'HOPITAL.

CORRESPONDANCE INTIME

DE

L'AMIRAL DE LA RONCIÈRE LE NOURY

AVEC SA FEMME ET SA FILLE

I

VOYAGE AVEC LE PRINCE NAPOLÉON
LA CROISIÈRE DE LA *REINE HORTENSE*

La partie de la correspondance de l'amiral de La Roncière qui a été retrouvée commence en 1855. De toutes les lettres antérieures qui ont certainement existé, — car chaque fois qu'il quittait son foyer, le marin écrivait presque quotidiennement à sa femme, — nulle trace ne reste. La lacune est regrettable, car, pendant cette période, La Roncière a été mêlé à la crise du Levant en 1840 et surtout il a joué un rôle très-important dans l'expédition de Crimée comme commandant du *Roland*. Les premières lettres datent de 1855, quand La Roncière, promu capitaine de vaisseau, a été appelé au Conseil d'amirauté. Nous en reproduisons quelques-unes, qui laissent déjà entrevoir une personnalité originale. La Roncière est entraîné par l'humeur vagabonde du prince Napoléon tantôt dans de rapides courses en Normandie, tantôt à travers les *moors* des Highlands. Ceci nous introduit au récit pittoresque de la grande croisière accomplie dans l'été 1856 à bord de la *Reine Hortense* en Islande, au Groënland et dans les pays scandinaves. Ce récit, comme tous ceux qui suivront, de caractère particulièrement anecdotique, est adressé à la fille du navigateur, Mlle Marguerite de La Roncière Le Noury. La fin du chapitre (n° 31) est composée de brefs billets écrits en 1857, qui effleurent tous les sujets d'actualité et mettent en lumière l'intimité de La Roncière et du prince Napoléon.

1

A la baronne de La Roncière Le Noury (1).

Lyon, le 2 avril 1855 (2).

CHÈRE ENFANT,

J'ai dîné hier chez le maréchal de Castellane (3), il y
avait lui et six officiers d'un régiment de voltigeurs de la
Garde qui passe à Lyon allant en Crimée. Je suis entré
chez le maréchal au moment où six heures sonnaient à la
pendule. Deux minutes après, on est venu lui annoncer
que le lustre de la salle à manger venait de tomber sur la
table, brisant pas mal de vaisselle ; heureusement que le
dîner n'était pas servi. Il a pris cela très stoïquement.
J'étais à sa droite, à table ; il a beaucoup causé, a beaucoup questionné surtout. Le dîner était copieux, mais,
par hasard, je me suis aperçu qu'il ne valait pas le diable.
Toutes les sauces étaient longues comme d'ici à Rome. Il
a décidément un mauvais cuisinier.

Voici ce dont il s'agit ici. Le chemin de fer qui va dans
quinze jours faire le trajet non interrompu de Paris à
Marseille anéantit l'industrie de la plupart des bateaux

(1) La plupart des lettres, comme celle-ci, sont adressées par l'amiral à
sa femme, qu'il appelle toujours « Chère enfant ». Nous ne répéterons
donc pas, à chaque lettre, le nom de la destinataire, nous bornant à pré-
ciser celles qui sont adressées à Mlle de La Roncière.

(2) Le capitaine de vaisseau de La Roncière s'est rendu à Lyon avec mission d'examiner l'utilisation possible pour les opérations de Crimée des
vapeurs fluviaux du Rhône. L'inauguration du chemin de fer de Lyon à
Marseille allait rendre disponibles un certain nombre de ces vapeurs. En
raison de leur faible tirant d'eau, on avait pensé à les employer, particulièrement dans les eaux basses de la mer d'Azov.

(3) Boniface, comte de Castellane, né à Paris en 1788, mort à Lyon en
1862, commandant l'armée de Lyon. Maréchal de France en 1852.

du Rhône. Les propriétaires des bateaux proposent de
les louer à l'Etat pour le service de la Crimée, en s'enga-
geant, eux, à ne les livrer que rendus à Kamiesh. S'ils
arrivent là sans encombre, ils peuvent y rendre d'immenses services, pour peu qu'on veuille entreprendre
quelque chose. Ils n'entrent dans l'eau, tout chargés, que
de 3 pieds. C'est un avantage capital.

2

Paris, le 19 avril 1855.

CHÈRE ENFANT,

On est toujours indécis pour le nom du futur ministre.
L'Empereur revenant dimanche, on le saura de suite
après. Ce n'est que mardi qu'auront lieu les obsèques de
M. Ducos (1).

J'ai visité le bâtiment de l'Exposition, il est impossible
que ce soit prêt pour le 1er mai. Le Prince (2) le dit lui-
même. Mais il y aura néanmoins le 1er la cérémonie
d'inauguration par l'Empereur, qui part décidément pour
la Crimée dans les premiers jours de mai. Après la cérémonie, on fermera l'Exposition pour terminer et on ne
rouvrira pour le public que quand ce sera prêt.

Le *d'Assas* n'avait pas assez d'eau à Calais (3) pour
entrer; on a alors embarqué les augustes voyageurs sur

(1) Jean Ducos, armateur, député, né à Bordeaux en 1801, mort à Paris
en 1855. Ministre de la Marine en 1850, démissionnaire sur le vote de dé-
fiance de l'Assemblée, rappelé dans le premier cabinet constitué après le
coup d'Etat, ministre de la Marine jusqu'à sa mort.
(2) Le prince Napoléon.
(3) Incidents d'un voyage de Napoléon III et de l'impératrice Eugénie en
Angleterre.

le *Pélican* pour les faire passer de là sur le *d'Assas* en rade. Mais une fois que Leurs Majestés ont été à bord, ils n'ont pas trop compris pourquoi on voulait les faire changer de bâtiment, et avec raison. Ils sont donc restés sur le *Pélican*.

L'*Austerlitz* est resté douze heures échoué sur la côte d'Angleterre, à côté de Douvres. Les malles de la suite de l'Empereur ne sont arrivées à Windsor que le lendemain soir de l'arrivée ; Mme de Montebello n'a pas pu s'habiller pour le soir de l'arrivée. Mme de Malaret, qui est, je crois, l'autre dame d'honneur de l'Impératrice, est heureusement de la taille de cette dernière, qui lui a prêté des ha.... Les officiers de la suite ont dû rester dans leurs habits de voyage, auxquels ils se sont contentés de donner un coup de brosse.

Adieu, chère enfant aimée, je t'écris du Conseil d'amirauté, où les quatre vice-amiraux sont à parler autour de moi.

Je t'embrasse.

3

Paris, le 21 avril 1855.

CHÈRE ENFANT,

M. Hamelin (1) est ministre de la Marine ; c'est le plus pitoyable choix que l'on pouvait faire ; Fortoul (2) m'a

---

(1) Hamelin (1796-1864), vice-amiral en 1848, commande la flotte à l'expédition de Crimée. Amiral en 1854. Ministre de la Marine de 1855 à 1860, puis grand chancelier de la Légion d'honneur.

(2) Fortoul (1811-1856), professeur aux Facultés de Toulouse et d'Aix, député des Basses-Alpes à l'Assemblée législative, ministre de la Marine et de l'Instruction publique après le coup d'État.

informé hier de cette nomination, vers 5 heures du soir. L'Empereur a tenu à ce que le décret fût daté de Windsor.

A 1 heure, je mène Mme B... voir le plan en relief de Sébastopol, puis j'irai faire un long rapport sur les travaux à exécuter à Alger, et un autre plus court sur l'usage d'une nouvelle espèce de fusil. Ce qu'il y a d'amusant à ce Conseil d'amirauté, c'est l'universalité de connaissances que l'on devrait avoir pour en faire partie.

Pendant l'absence de l'Empereur, le prince Jérôme avait reçu l'ordre de présider le Conseil des ministres, mais le prince Napoléon lui a conseillé de refuser, à moins qu'on ne lui donnât en même temps les pouvoirs gouvernementaux. Le vieux Jérôme n'a pas voulu alors présider, car on ne pouvait lui donner ces pouvoirs, l'Empereur étant au bout d'un fil télégraphique.

On est inquiet du résultat de l'attaque de Sébastopol. Le 14, c'est-à-dire cinq jours après l'ouverture du feu, il n'y avait encore aucun résultat, et le général Canrobert demande en France des munitions. Outre la dépêche qui est dans le *Moniteur*, l'Empereur en a reçu une chiffrée qui n'est pas plus inquiétante que l'autre, mais qui, néanmoins, nous démontre que nous n'aurons abouti à rien.

4

Paris, 19 mai 1855.

Chère Enfant,

Jeudi prochain on fera un service pour l'amiral de Mackau (1) aux Invalides. Il y avait foule hier à son

(1) Amiral baron de Mackau (1788-1853). Commande l'escadre française au siège d'Anvers en 1833. Vice-amiral en 1837, envoyé à Buenos-Ayres, force Rosas à accepter la convention du 25 octobre 1840. Pair de France en 1841, ministre de la Marine et des Colonies de 1841 à 1847, amiral de France en 1847, sénateur en 1852.

enterrement à la Madeleine ; M. Deguerry a prononcé un petit discours, M. de Mackau étant marguillier de la Madeleine ; mais j'étais trop loin, je n'ai rien entendu.

J'ai une lettre intéressante de B. On s'étonne beaucoup du changement de Canrobert (1) en Pélissier (2) et réciproquement. Sans doute, ce sera Canrobert qui prendra Sébastopol, parce qu'il y aura derrière lui quelqu'un qui lui dira : *Prenez.* Ce qui frappe beaucoup de monde, c'est que Canrobert soit resté là-bas dans une position subalterne. Cela, néanmoins, me plaît de lui, c'est dans son caractère. Quelle figure aurait-il fait à Paris s'il fût revenu ici n'ayant rien fait absolument ? Il perdait d'abord son bâton de maréchal.

Reste à savoir si l'état-major général est composé comme il l'était auparavant ; si cet état-major général est le même, Pélissier aura de la peine à agir. Néanmoins, cela ira mieux, je crois. On parle toujours de changement de ministère ; je n'y crois pas, ce n'est pas le moment, mais il y a une assez grande inquiétude partout ; on a toujours peur de quelque coup de tête de l'Empereur.

(1) Certain de Canrobert (1809-1895). Combat pendant quinze ans en Afrique (1835-1850) ; colonel de zouaves, se distingue par sa bravoure à l'assaut de Zaatcha. Général en 1850. Aide de camp du Prince président. Commande la 1re division de l'armée d'Orient en 1854, est blessé à l'Alma, reçoit du maréchal de Saint-Arnaud, mourant, le commandement en chef, est blessé à Inkermann, résigne son commandement entre les mains de Pélissier en 1855, Maréchal de France er 1855. Commande le 3e corps de l'armée d'Italie et, en 1870, le 6e corps de l'armée du Rhin ; défend glorieusement Saint-Privat, est bloqué dans Metz, avec Bazaine. Sénateur du Lot, puis de la Charente.

(2) Pélissier (1794-1864). Sous-lieutenant en 1815, lieutenant d'état-major en 1820 ; combat en Espagne, en Morée, en Algérie ; lieutenant-colonel en 1839, colonel en 1842, général en 1846, après la bataille de l'Isly ; gouverneur de la province d'Oran en 1848, et par intérim de l'Algérie en 1850. Commande en 1852 la première expédition de Kabylie. Commandant du 1er corps de l'armée d'Orient, remplace Canrobert comme commandant en chef en 1855 : s'empare de la tour de Malakoff et fait capituler Sébastopol ; est nommé maréchal de France et reçoit le titre de duc de Malakoff. Vice-président du Sénat, ambassadeur à Londres en 1858, commande l'armée d'observation de Nancy pendant la guerre d'Italie. Gouverneur général de l'Algérie en 1860.

5

Paris, 6 juin 1855.

Chère Enfant,

Hier, après la séance, je me suis aperçu qu'il était 5 h. 1/4, trop tard pour t'écrire ; je suis allé un instant au club, puis m'habiller pour dîner chez Mme de B. Nous étions neuf : le général de C. et sa femme, M. et Mme Florimond d'Audiffret, un M. de T., Mme B. H., Mme de B., son fils le diplomate et moi. J'étais à côté de Mme de C. Elle est fille, je crois, d'un négociant, mais, comme elle est riche à millions, elle se croit de la première espèce du faubourg Saint-Germain. Je la déteste, d'intuition. Néanmoins, au milieu du dîner, après quelques phrases les plus banales de politesse d'usage, il m'est venu l'idée d'apprivoiser cette panthère de Java, et, soit habileté de ma part, soit bon vouloir de la sienne, au dessert elle en était à me faire des confidences sur l'intérieur de son ménage. Au café, j'aurais pu, j'en suis sûr, la faire me raconter les détails les plus intimes, et tout cela, cependant, dans les termes de la meilleure compagnie. C'est une femme d'esprit, qui a le travers d'un excessif orgueil. Quant à son mari, il est impossible d'être plus bête ; il est vrai qu'il ne serait pas général s'il avait de l'esprit.

M. d'Audiffret est receveur général à Nantes ; sa femme est une demoiselle Pasquier. M. et Mme Pasquier étaient amis intimes de mon père et de ma mère. Ils s'étaient connus et liés à Turin et avaient conservé des relations intimes jusqu'à la mort de Mme Pasquier, morte vers 1830, à la suite d'une très longue maladie. Je me la rappelle très bien. M. Pasquier était directeur général des tabacs et frère du duc Pasquier (1). Nous avons refait connaissance et ils ont été très empressés pour moi. J'irai les voir ici, où ils ne restent plus que quelques jours.

M. de T., un de ces hommes dont on ne parle pas, B., par trop suffisant, et Mme de B. toujours la même, ne pensant qu'à l'argent, à l'exclusion de tout autre sentiment.

J'ai vu hier matin le Prince, qui est toujours très bien pour moi.

Il y a lundi un grand bal pour le roi de Portugal. J'ai trouvé hier, en arrivant. une invitation.

6

Paris, 11 juin 1855.

Chère Enfant,

Tu crois que c'est pour le bal de l'Hôtel de Ville que je suis resté ? Pas du tout, c'est pour la soirée du Prince. Je savais qu'il s'était plaint à plusieurs personnes de ne plus me voir. Je l'avais entrevu chez la princesse Mathilde, et il m'avait témoigné là, comme toujours, beaucoup d'attention.

Je suis allé hier à la messe des Tuileries. L'Empereur

---

(1) Duc Pasquier (1767-1862). Conseiller d'Etat en 1810, ministre de la Police (1810-1814) : directeur général des Ponts et Chaussées au retour de Louis XVIII en 1814 ; garde des sceaux dans le cabinet Talleyrand (9 juillet-23 septembre 1815); président de la Chambre des représentants, en 1816 ; garde des sceaux dans le cabinet Richelieu (1817-1818) ; ministre des Affaires étrangères sous Decazes et Richelieu, président de la Chambre des Pairs en 1830, chancelier de France en 1837, membre de l'Académie française en 1842, duc en 1844.

m'a dit quatre paroles, ceci : « *Eh bien ! nous avons pris Taganrog !* », voulant me dire probablement qu'on avait pu faire l'expédition sans les bateaux du Rhône. Je lui ai répondu : « C'est justement de cela que je venais faire compliment à Votre Majesté »; et puis, il a passé à un autre.

7

Paris, 23 juin 1855.

Chère Enfant,

Je t'écris de chez le Prince, où j'ai déjeuné et où nous avons causé très longtemps.

L'Impératrice part demain pour les Eaux-Bonnes. Je ne ne serais pas étonné du tout que l'Empereur partît pour la Crimée à la suite de l'échec appris hier (1). Nous avons eu deux généraux de division tués, Brunet et Mayran, ce qui annonce des pertes considérables. Ce sont les Anglais qui sont cause de l'échec. Nous étions maîtres de Malakoff; en même temps les Anglais attaquaient le redan, mais ils ont rencontré un grand fossé qui n'existait pas précédemment; ils n'avaient pas emporté de moyens pour le passer; ils ont dû battre en retraite. Alors les Russes ont tourné les canons du redan contre Malakoff, où nous étions déjà, et nous avons dû abandonner. En somme, c'est une malheureuse affaire, surtout à cause de l'effet moral, car, dans toute guerre, il faut bien s'attendre à quelques revers.

Quelle idée aussi d'avoir choisi l'anniversaire de

---

(1) Allusion à l'attaque du 18 juin.

Waterloo pour attaquer! Les Français-Russes, ici, prétendent que l'Empereur avait donné l'ordre d'avoir une victoire pour ce jour-là.

C'est lundi, à 9 heures du matin, que se réunit le jury international (1). Le prince Napoléon prétend que cela nous donnera beaucoup à faire et que notre position de membres de ce jury est loin d'être une sinécure. Je doute un peu de ce qu'il dit.

8

Paris, 22 août 1855.

Chère Enfant,

Je n'aurai pas d'invitation pour Versailles (2). La liste est faite et il n'y a que très peu de monde. Je le tiens de M. de Bassano (3) et de Fleury (4). C'est ordinairement Bacciochi (5) et l'Impératrice qui brocantent cela.

J'ai parfaitement pu accompagner le cortège ce matin à l'Exposition. Cela a duré deux heures et demie. Les dispositions de police contre la foule étaient encore mal prises ; il y a eu quelque désordre ; mais au moins Leurs Majestés n'ont pas été bousculées. Quant à avoir vu l'Exposition, Sa Majesté Britannique ne peut pas s'en

(1) Le jury de l'Exposition, dont le prince Napoléon avait accepté la présidence.

(2) Fête donnée à l'occasion de l'ouverture de l'Exposition universelle et en l'honneur de la reine Victoria.

(3) Duc de Bassano, sénateur, grand chambellan du palais.

(4) Comte Fleury (1815-1884). Colonel du régiment des Guides de la Garde en 1852 ; général et premier aide de camp de l'Empereur en 1856 ; directeur général des Haras en 1861 ; sénateur en 1865; grand écuyer en 1866. Ambassadeur à Saint-Pétersbourg (1867-1870).

(5) Félix Bacciochi, cousin de l'Empereur ; premier chambellan, puis surintendant général des théâtres et sénateur. Mort en 1866.

vanter. Elle n'a regardé avec soin que ce qui est dans le Panorama : les Gobelins, Sèvres et les Diamants. La Princesse Royale est laide et commune, le Prince de Galles a l'air d'un galopin scrofuleux.

Je suis éreinté ; il n'est plus possible de trouver des voitures dans Paris, tous les cochers refusant de marcher pour des Français ; ils ne veulent que des Anglais. Il est temps que la police intervienne.

9

Le Havre, 6 septembre 1855.

Chère Enfant,

Je n'ai pas pu trouver un instant pour t'écrire hier. Je comptais le faire de chez le Prince avant de partir ; mais il m'a fait causer tout le temps que j'ai été chez lui, et l'heure du chemin de fer est arrivée.

Je suis arrivé au Palais-Royal à midi précis, heure prescrite. Nous nous sommes mis de suite à table ; le Prince, Ferri-Pisani, Varcollier et moi. Sont arrivés alors deux de nos compagnons de voyage, amis du Prince. L'un est le colonel toscan Cipriani. C'est un grand maigre, à figure patibulaire, qui ressemble un peu à Don Quichotte, mais qui a voyagé dans le monde entier, par terre et par mer. Il est très intéressant à entendre. Il est souvent chez la princesse Mathilde. L'autre est le docteur Ivan, petit-neveu du docteur Ivan, chirurgien de l'Empereur. Celui-ci est, à ce qu'il paraît, un rouge effréné ; il était interné il y a encore peu de temps. Il était un des quatre délégués qui faisaient partie de la mission de M. de

Lagrenée (1) en Chine, et, à ce titre, il est aussi très intéressant à entendre.

Une fois édifié sur nos compagnons de voyage, je les
ai mis au second plan; j'ai déjeuné fort tranquillement et
fort frugalement, comme on déjeune toujours chez le
Prince, ce que j'aime beaucoup, tu sais : deux plats et du
thé.

A midi 35. nous sommes partis dans deux calèches découvertes, le Prince, Desmarets et moi dans la première;
Ferri-Pisani, Cipriani et Ivan dans l'autre. Au chemin de
fer nous avions un compartiment réservé. Le salon était
fort malheureusement en réparation. Nous avons trouvé
au chemin de fer M. Le Play, le commissaire général de
l'Exposition, que nous avons fait monter avec nous(1). C'est
un homme excessivement distingué, ingénieur en chef
des mines, qui allait chez lui au Havre passer quelques
jours pendant l'absence du Prince. On a causé et joué
aux échecs pendant la traversée, qui a été de 4 heures 3/4.
En passant à Saint-Pierre, où le convoi s'arrête pour prendre de l'eau, j'ai rencontré deux de mes collègues du
Conseil général, MM. Pouyer et de Saint-Alban.

Au Hâvre. nous avons trouvé deux calèches du Prince,
qui nous ont conduits à Frascati, où des appartements
étaient préparés pour chacun de nous. Nous n'avons pas
eu le temps de nous habiller et nous avons dîné de suite
tous les six; le prince Jérôme et la princesse Mathilde,
arrivés au Havre la veille, sont venus nous tenir compagnie pendant que nous dînions. Nous nous sommes pro-

(1) Théodore de Lagrenée (1800-1862), envoyé en mission en Chine; signe le
traité de Wampoa en 1842, obtient les édits de 1845 et 1846 autorisant la
religion chrétienne et la concession de Shanghaï : député à l'Assemblée
législative en 1849.
(2) L'économiste célèbre (1806-1882) qui a fait école et publié les *Ouvriers
européens*, la *Réforme sociale en France*, l'*Organisation de la famille*.

menés un instant dans le jardin et puis nous sommes
allés nous habiller, et avons été passer la soirée chez le
prince Jérôme, où étaient la Princesse, M. Desprez et sa
fille, Mme Raffaëlli, femme d'un aide de camp du prince
Jérôme, et une autre dame que je ne connais pas. Puis
étaient là le général de Ricard, d'Abrantès et de France,
De France devait venir avec nous ; mais outre qu'il déteste aller sur l'eau, je me suis bien vite aperçu qu'il
avait là une *bédide gonnaizance*. Avec tout cela, il faisait
un temps déplorable : grand vent, de la pluie, et l'*Ariel*
pas arrivé de Boulogne. Nous sommes partis de chez le
Prince à 11 heures et nous sommes allés nous coucher.

Ce matin, je me suis levé assez tard, j'ai travaillé et
puis je me suis mis à t'écrire ; nous devons déjeuner
tout à l'heure, puis aller visiter les chantiers de M. Normand, puis voir une petite villa que le prince Napoléon
voudrait acheter. Quant au programme de notre voyage,
le Prince et moi seuls l'arrêterons. Les autres ont le mal
de mer ; il n'y a pas moyen de s'entendre avec eux ; il faudra qu'ils marchent. Nous allons d'abord à Cherbourg, et
de là probablement à l'île de Wight. Ecris-moi à Cherbourg. Voilà le déjeuner. Adieu, chère enfant aimée, je
t'embrasse.

10

Le Havre, 7 septembre 1855.

CHÈRE ENFANT,

Tu auras remarqué que ma lettre d'hier était timbrée
de Trouville quoiqu'écrite au Hâvre. Voici ce que nous
avons fait. L'*Ariel* n'arrivant pas, nous avons imaginé
de partir dans un grand canot appartenant au prince

Jérôme et armé par huit matelots prêtés par la division de Cherbourg, pour Trouville, à la voile, malgré le mauvais temps qu'il faisait. Au Havre même il faisait assez beau, le vent venant de terre, mais une fois au large, nous avons eu une très grosse mer, et nous avons été pas mal mouillés, surtout en traversant la barre de Trouville. Il y avait le Prince, Pisani, de France et moi.

Il n'y avait pas à songer avec ce temps-là à revenir à la voile. Nous avons fait faire un grand feu dans un hôtel pour nous sécher, puis, le Sous-Préfet de Pont-l'Évêque se trouvant là, il a offert sa voiture au Prince pour le mener chez le prince Murat. Nous y sommes allés, le Prince, le Colonel et moi, conduits par le sous-préfet dans une américaine à un cheval. Les Murat étaient absents, à Honfleur. On les envoya chercher par un homme à cheval ; pendant ce temps nous nous sommes promenés dans les jardins. C'est assez joli, il y a de beaux arbres et le château est original, d'un joli style François Ier, un peu lourd, et séparé par deux ailes sans étage, d'un style récent et de mauvais goût. Le plain-pied du bas est très joli, et la vue est superbe.

Nous avons attendu là jusqu'à 5 h. 1/4 et sommes retournés à Trouville ; il y a près d'une demi-lieue et une forte côte. Nous voulions être là à temps pour prendre le bateau à vapeur qui va au Havre. Nous nous sommes promenés sur le quai en attendant l'heure du départ, 6 h. 1/2. A 6 h. 1/4 est arrivé le prince Murat et toute sa famille dans un grand char à bancs à quatre chevaux à la d'Aumont. On a causé là sur le quai au milieu des populations empressées. Le prince Murat voulait absolument garder le Prince à dîner et à coucher ; il m'a pris en particulier pour me dire de déterminer le Prince, lequel y eût consenti volontiers si rabat-joie le colonel n'était venu s'interposer, disant que le prince Jérôme serait inquiet, etc. C'était absurde, parce que nous lui aurions envoyé de France par le vapeur. Enfin cela ne s'est pas arrangé, à mon grand regret. Nous sommes alors partis par le vapeur, faisant remorquer le canot.

Nous sommes arrivés à 8 heures au Havre, et en allant à l'hôtel nous avons rencontré le prince Jérôme qui venait au-devant de nous. L'*Ariel* était arrivé à 4 heures et avait eu un temps épouvantable. Ce matin de bonne heure, je voulais faire sortir l'*Ariel* du port, mais tous les pilotes m'ont dit qu'il faisait grand mauvais temps en mer, et par le fait tous les bâtiments relâchent, et un vapeur, qui arrive de la Tamise, m'a dit avoir eu un vrai coup de vent. L'*Ariel* ne pourra donc sortir qu'à la marée de ce soir. Nous verrons le temps qu'il fera. Voilà quarante-huit heures de perdues et qui sait quand cela finira?

Je pense que nous serons mercredi à Londres où nous irons faire une escapade à Southampton pour voir des chevaux que le Prince veut y acheter. Adieu, chère enfant, je t'embrasse et Babé.

11

En mer, près de l'île de Wight, 11 septembre 1855.

CHÈRE ENFANT,

Nous sommes arrivés à Plymouth avant-hier soir. Il a été impossible de garder l'incognito. Lord Cowley (1) avait avisé son gouvernement que le Prince devait faire

(1) Lord Cowley, ambassadeur d'Angleterre à Paris.

une tournée sur les côtes d'Angleterre et le gouvernement anglais avait prévenu dans tous les ports qu'il pouvait y arriver d'un moment à l'autre. Aussi dès que l'*Ariel*
a paru, le capitaine de pavillon de l'Amiral est venu à
bord, et la première parole qu'il m'a dite a été qu'il venait se mettre aux ordres du Prince. *L'Ariel* est très
joli et peint tout en blanc, ce qui lui donne un chic de
yacht.

Hier matin, à 7 h. 1/2, selon ce dont j'étais convenu,
l'amiral Parker est venu avec toutes les autorités saluer le
Prince et nous avons visité l'arsenal très en détail. Pendant cette visite l'amiral est venu me dire qu'on venait
d'apprendre qu'on avait tiré sur l'Empereur. Sans rien
dire j'ai expédié de suite une dépêche télégraphique en
anglais à M. de Persigny, qui m'a répondu, deux heures
après, les détails et annoncé en même temps que Malakoff
était pris. J'ai appris tout cela au Prince.

Après la visite de l'Arsenal, nous avons parcouru la
ville en voiture, toujours avec l'amiral, ce qui nous
ennuyait beaucoup ; puis nous sommes allés chez le général commandant le district et de là luncher chez l'amiral.
Nous étions vingt-cinq à table. Il était 1 h. 1/2, nous
n'avions pris que du thé et des biscuits à 7 heures, et
nous avions marché cinq heures de suite sans nous arrêter.
Si le vieil amiral Parker n'en meurt pas, il aura de la
chance, d'autant plus que le Prince marche avec une
vitesse de trois lieues à l'heure. '

12

Londres, 14 septembre 1855.

CHÈRE ENFANT,

Je t'écris de Londres chez M. de Persigny (1), où j'ai
trouvé ta lettre.

Nous sommes allés droit à Portsmouth, où nous avons
visité l'arsenal. Nous avons appris là la prise de Sébastopol; nous avons pavoisé et sommes partis à 4 heures
pour Cowes, où nous étions à 6 heures. Le Prince a donné
un punch à l'équipage en l'honneur de Sébastopol.

Le lendemain matin, c'est-à-dire avant-hier, nous sommes partis à 7 heures dans deux voitures pour faire le
tour de l'île. C'est un pays admirable, surtout le sud.
Nous sommes venus coucher à Ryde, d'où nous sommes
partis à 7 heures du matin hier pour Osborne et Cowes.
A Cowes nous sommes allés visiter plusieurs yachts et
nous avons fait route dans l'un d'eux pour Southampton.
L'*Ariel* est venu nous joindre à moitié chemin et à 4 heures nous étions mouillés; nous sommes partis à 5 heures
par l'express pour Londres. Arrivés à 7 h. 20, nous avons
trouvé à la station M. de Persigny, et le Prince et moi

(1) Fialin, comte puis duc de Persigny (1808-1872). Prépare l'échauffourée de Strasbourg en 1836, coopère à l'affaire de Boulogne en 1840 ; condamné par la Chambre des Pairs à vingt ans de détention ; remis en liberté,
travaille en 1848 à l'élection de Louis-Napoléon à l'Assemblée et à la
présidence de la République ; participe au coup d'Etat du 2 décembre 1851 ;
ministre de l'Intérieur (1852-1854) : ambassadeur à Londres (1855-1858)
(1859-1860) ; ministre de l'Intérieur ; démissionnaire après l'échec des élections de Paris en 1863. Avait épousé, en 1852, Mme Ney de la Moskowa.

sommes venus demeurer chez lui ; les autres sont allés
loger à Brunswick Hôtel, Jermyn Street. Nous nous sommes habillés et avons dîné en arrivant. Il n'y avait que
les deux maîtres, le Prince, moi, Charles Baudin, fils de
l'Amiral (1), qui est premier secrétaire, et M. de Monicault, fils du préfet, qui est attaché.

J'ai beaucoup causé avec Baudin, que je connais depuis longtemps, et avec M. de Monicault ; puis M. de Persigny m'a pris longtemps à part pour me raconter toutes
sortes d'esbroufs sur le voyage du Prince ; que l'Empereur n'en serait pas content, que M. Waleski (2) le lui
avait écrit, etc.

J'ai bien vite vu que le fin mot de tout cela, c'est que
MM. de Persigny et Waleski sont très mal ensemble.
Néanmoins, j'en ai profité pour persuader au Prince
qu'il ne reste qu'un jour à Londres. Tant pis pour ces
Messieurs, qui n'auront pas le temps de voir. L'*Ariel*
arrivera demain à Greenwich et nous serons après-demain
matin à Boulogne.

M. et Mme de Persigny ont quitté leurs chambres pour
les donner au Prince ; c'est absurde ; il en est très contrarié. Moi, on m'a mis dans une grande et belle chambre au troisième étage, où je suis bien, mais trop gran-

(2) Amiral Baudin (1784-1854) Prend part à une expédition dans les mers
australes commandée par Nicolas Baudin ; perd le bras droit dans un
combat contre les Anglais ; est mis en demi-solde sous la Restauration ;
rentre dans la marine après 1830 ; contre-amiral en 1838 ; s'empare de
Saint-Jean d'Ulloa devant la Vera Cruz : préfet maritime à Toulon (1841-
1847), amiral en 1854

(3) Comte Colonna Walewski (1810-1868), fils naturel de Napoléon Ier et de
la comtesse Walewska. Naturalisé français, entre dans l'armée, qu'il quitte
en 1837 pour faire de la littérature et du journalisme. Mission en Egypte
près de Méhémet Ali. Ministre plénipotentiaire à Florence en 1849, à Naples en 1850. Ambassadeur à Madrid en 1851. Remplace en 1855 Drouyn de
Lhuys aux Affaires étrangères, jusqu'en 1860. Remplace Fould comme
ministre d'Etat et des Beaux-Arts. Député des Landes en 1855 ; président
du Corps législatif.

dement. C'est un voyage d'aller de mon lit à ma toilette. Je commence à être un peu éreinté. J'ai hâte que cela finisse et d'aller te voir.

13

Paris, 23 novembre 1855.

CHÈRE ENFANT,

L'amiral Fabvre est décidément nommé chef d'état-major de l'amiral Tréhouart (1). Ce dernier m'a fait appeler ce matin et s'en est expliqué avec moi. Je ne crois pas que l'amiral Fabvre puisse rester longtemps dans cette situation. Toujours est-il qu'elle m'échappe. Je pense par conséquent que provisoirement, jusqu'à ce que j'aie pu me retourner d'un autre côté, tu ferais peut-être bien d'aller à Cherbourg, surtout pendant tout le temps que vont me prendre les travaux de préparation du tableau d'avancement au Conseil d'Amirauté. Le ministre m'a fait dire ce matin qu'il voulait que nous nous dépêchions. Je ne te cache pas que je suis profondément attristé de ne pas aller dans l'escadre comme chef d'état-major. Je vais y réfléchir.

Adieu, je t'embrasse et Babé.

(1) Amiral Tréhouart (1798-1873), se distingue à Navarin en 1827. Chef de la division navale de l'Argentine lors du conflit avec Rosas, remporte le succès naval d'Obligado en 1845. Remplace l'amiral Bruat à la tête de l'escadre en 1855. Sénateur en 1859. Amiral en 1869.

14

Paris, Amirauté, 27 novembre 1855.

CHÈRE ENFANT,

Je n'ai rien de nouveau. J'ai vu le Ministre ce matin, on n'en tire absolument rien. Je dîne chez le Prince ce soir. Il se plaint de ce que je ne le vais pas voir assez.

Le roi de Sardaigne (1) et sa suite trouvent qu'on les a mal reçus. Ils devaient dans le principe arriver par les boulevards, mais il paraît que l'Empereur a su qu'on devait crier : *Vive le roi constitutionnel* !

On a donc changé l'itinéraire et il est arrivé par la rue de Rivoli.

Enfin il prétend que le prince Napoléon eût dû aller au devant de lui jusqu'à Lyon ou Marseille, et l'Empereur jusqu'à la gare. Au lieu de cela, le Prince n'a été qu'à l'embarcadère et l'Empereur au bas de l'escalier des Tuileries. Il cite le duc de Savoie, au-devant duquel Louis XIV a été jusqu'aux portes de Paris.

Il y a une revue aujourd'hui. J'aurais voulu y aller à cheval ; le Prince m'en aurait prêté un ; mais nous avons une séance à l'Amirauté et je suis rapporteur de l'affaire qui s'y traite.

Il y a demain un bal à l'Hôtel de Ville, mais je n'ai pas de billet.

Adieu, chère enfant, je t'embrasse et Babé.

(1) Victor-Emmanuel II (1820-1878). Monte sur le trône lors de l'abdication de Charles-Albert son père (23 mars 1849). Auteur de l'unité italienne. Epoux de l'archiduchesse Adélaïde d'Autriche. Père de la princesse Marie Clotilde, femme du prince Napoléon.

15

Paris, 28 novembre 1855.

Chère Enfant,

Tu verras dans *la Patrie* la nomination de l'amiral Fabvre aux fonctions de chef d'état-major général de l'escadre. La mort de l'amiral Bruat (1) a déterminé la nomination immédiate de M. Fabvre qui a reçu par le télégraphe l'ordre d'aller de suite à Toulon prendre le service de Jurien (2) et le commandement provisoire.

Mme Bruat a passé à Paris il y a eu dimanche huit jours, allant à Saint-Quentin, où son frère est sous-préfet. Dès qu'on a connu ici la mort de l'Amiral, un de ses amis a écrit par le télégraphe au sous-préfet. On était à table quand la dépêche a été remise ; le sous-préfet n'a pas pu cacher son émotion : la dépêche lui est tombée des mains. Mme Bruat, qui était près de lui à table, l'a saisie et l'a lue. Elle devait partir le lendemain pour Toulon pour aller au-devant de l'Amiral. Telles sont les chances de la vie humaine.

Il paraît que l'Amiral savait bien qu'il n'irait pas loin. Il suivait un régime très sévère à bord du *Montebello* ;

(1) Amiral Bruat (1796-1855). Prisonnier à Alger en 1829. Conclut en 1843 avec la reine Pomaré l'accord qui donne Tahiti à la France. Vice-amiral en 1852, succède à Hamelin comme chef de la flotte en Crimée ; se distingue à la prise de Sébastopol : dirige l'expédition de la mer d'Azov. Nommé amiral de France ; meurt en mer en rentrant en France.

(2) Jurien de la Gravière (1812-1892). Contre amiral en 1855. Commande les forces navales au Mexique en 1861. Vice-amiral en 1862 ; rentre en France après la convention de la Soledad. Aide de camp de l'Empereur en 1864 ; commande l'escadre de la Méditerranée. Protège le départ de l'Impératrice en 1870. Membre de l'Académie des sciences et de l'Académie française.

à Kamiesh, c'était facile, il n'y avait pas de grands dîners ; mais en passant à Constantinople, il s'est un peu départi de ce régime ; et deux ou trois jours après son départ, il a eu tous les symptômes du choléra dont il est mort en deux jours, le 19.

Adieu, chère enfant, je t'embrasse et Babé.

16

Paris, 29 novembre 1855.

CHÈRE ENFANT,

Je suis allé hier soir à l'Hôtel de Ville ; on m'a envoyé un billet dans la journée.

Le roi de Sardaigne est réellement ignoblement laid. Son thème de conversation avec les femmes est que ce qui l'a le plus frappé à Paris, c'est que les femmes portent des pantalons. Elles n'en portent pas dans son pays.

Je prépare une grande promotion qui paraîtra dimanche. D'Herbinghen est parti pour Toulon recevoir le corps de l'amiral Bruat et l'accompagner à Paris.

Rien de nouveau d'ailleurs : Mme Bruat (1) reste provisoirement à Saint Quentin chez son frère.

---

(1) Fut nommée, en 1856, surintendante de la maison d'éducation de Saint-Denis.

17

Cherbourg, 23 mai 1856.
A bord de la Reine Hortense (1)

CHÈRE ENFANT,

Je vais ce soir en rade et je pars cette nuit, pas tout à fait prêt ; mais comme il est probable que je reviendrai ici avec l'Archiduc, je me compléterai.

J'ai débarqué tous les meubles de l'Impératrice, qui ne pouvaient pas me servir et qui étaient recouverts en moire blanche. J'ai ôté aussi le grand lit pour en mettre un plus petit pour moi. Je serai au Havre demain à midi, s'il n'arrive pas d'accident; je pense que le prince Napoléon y arrivera ce soir.

Adieu, chère enfant. Écris-moi au Havre, avec cette suscription : à M. de La Roncière, commandant l'expédition scientifique en Mer du Nord, à bord de la « Reine Hortense ». C'est le titre que je prends.

18

Le Havre, 26 mai 1856

CHÈRE ENFANT,

Je ne t'ai pas écrit hier parce que les affaires, puis le Prince, m'ont absorbé toute la journée. Nous allons faire

(1) Le capitaine de vaisseau de La Roncière embarque sur la corvette impériale, la Reine Hortense, pour faire une croisière dans les mers arctiques avec le prince Napoléon ; mais il doit auparavant prendre au Havre l'archiduc Maximilien, frère de l'empereur d'Autriche et futur empereur du Mexique, le conduire à Cherbourg et, de là, à Calais ou Ostende

plusieurs changements à la *Reine Hortense*, mais je ne fais que les préparer, et les mettrai à exécution à mon retour de la course du prince Maximilien.

Je ne sais qu'indirectement encore qu'il partira de Paris mercredi matin par un train spécial, qu'il restera quelques heures à Rouen et qu'il sera le soir au Havre, d'où je partirai avec lui dans la nuit pour Cherbourg, où je ne resterai que 24 heures, d'où je le conduirai à Calais ou à Ostende, où il débarquera et d'où je viendrai ici. J'estime que je serai de retour au Havre le 2.

Nos projets deviennent gigantesques de jour en jour, jusqu'à l'impossibilité. Je ferai de mon mieux. Si nous réussissons, ce sera une des plus belles campagnes et des plus hardies qui se soient faites.

19

Le Havre, 31 mai 1856.

CHÈRE ENFANT,

Mme de la Rochassière a dû t'annoncer mon passage à Cherbourg et le coup de feu où j'étais, qui m'a empêché de t'écrire. L'Archiduc s'était annoncé au Havre pour mercredi, entre 4 et 5 heures du soir. Le même jour, à 10 heures du matin, je reçois une dépêche qui me dit qu'il arrivera entre 3 et 4, et à 1 heure une autre dépêche qui me dit qu'il arrivera à 2 h. 1/2. Le Prince est arrivé au Havre à 3 heures ; il est venu le long du bord, et comme je n'étais pas tout à fait prêt et que j'avais encore deux heures de marée devant moi, je lui ai dit qu'il pouvait visiter la ville. Il s'est embarqué à 4 h. 1/2, et nous sommes partis immédiatement.

Le prince Napoléon m'avait donné un cuisinier qu'il
avait retenu au Havre et engagé comme second cuisinier
pour notre campagne. Je lui avais donné de l'argent pour
faire les provisions ; le drôle a manqué le départ du bâtiment ; et c'est une fois en mer à deux ou trois lieues du
Havre et à 5 h. 1/2 du soir qu'on s'est aperçu qu'il n'était
pas à bord. Tu juges de ma consternation. Je pouvais
retourner au Havre, mais c'eût été ridicule. Je me suis
débrouillé ; j'ai pris le cuisinier de l'état-major, et comme
une partie des provisions avait été embarquée, on a pu
nous faire assez rapidement un dîner passable, mais qui
n'a été prêt qu'à 7 h. 1/2 ou 8 heures. Heureusement j'avais
un glacier à bord, et nous avons eu, pour compenser, du
punch à la romaine et d'excellentes glaces.

Arrivés à minuit 1/2 à Cherbourg, j'ai dû envoyer un
officier au préfet, qui n'avait même pas pensé à envoyer
un aide de camp à bord prendre les ordres du Prince.
Celui-ci n'a quitté le bord le lendemain qu'à dix heures.
Il a visité l'arsenal, la digue, a déjeuné et dîné chez le
préfet et moi aussi, et est revenu à bord à 8 h. 1/2 pour
partir. J'ai passé ma journée à chercher et à faire chercher à tout prix un cuisinier dans tout Cherbourg. Impossible d'en avoir un. J'ai alors fait préparer par l'hôtel de
l'Europe tous les plats nécessaires pour le déjeuner et le
dîner du lendemain, de sorte que le cuisinier de l'état-
major n'a plus qu'à les réchauffer et servir ; et à 8 h. 1/2
nous sommes partis.

Nous avions eu très beau temps pour venir à Cherbourg. Dans la nuit de notre départ, c'est-à-dire avant
hier soir, le temps est devenu grand vent contraire, et
tellement mauvais qu'il nous eût été impossible d'entrer
à Calais ni d'y débarquer personne en rade. J'ai fait route
pour Boulogne où je suis arrivé à grand'peine à 6 heures

du soir. Nous avions fait le matin un assez bon déjeuner,
et le soir j'avais fait servir le dîner à 5 heures, mais il
faisait un véritable coup de vent, et le Prince, sa suite
surtout, a préféré dîner à terre. Je les ai tous débarqués,
eux et leurs bagages, à grand'peine, après avoir cassé
une ancre et un cabestan. J'ai accompagné le Prince à
terre, et quand tout y a été sain et sauf, je suis retourné
à bord, trempé jusqu'aux os dans mon canot. J'ai eu grand
peine à rehisser mes canots, et à 8 h. 1/2 je suis reparti
pour le Havre, très heureux d'avoir fait mon affaire sans
plus d'accidents. Le coup de vent a augmenté pendant
ma traversée de retour, et j'ai dû passer presque toute
la nuit sur le pont sous une pluie battante ; je suis arrivé
ici ce matin à 6 heures, mouillé comme un canard.

L'Archiduc est un jeune homme de vingt-trois ans, frère
de l'Empereur d'Autriche, et jusqu'à présent héritier pré-
somptif. Il est contre-amiral, ressemble à un Aztèque par
l'absence de menton, mais est très intelligent et bienveillant, tout en tenant bien sa place. Les Allemands de sa
suite étaient de vrais Allemands, bons diables, bien ennuyeux ; il en avait cinq, mais il avait aussi avec lui le
duc de Tarente, le marquis de Cadore, et le marquis de
Lagrange (Flavigny) que je connaissais tous les trois, et
qui m'ont largement compensé du flegme des cinq Allemands. Son Altesse Impériale a donné à l'équipage
2.000 francs, c'est énorme ; aux trois officiers militaires,
à chacun une bague en brillants avec son chiffre, au
commissaire et au docteur rien, et à moi rien ; mais il
m'a fait dire que dans peu de temps je recevrais une
marque de sa bienveillance ; je pense qu'on a voulu dire
une croix. Cela me fera une brochette de soir. Enfin,
sauf l'histoire du cuisinier, qui en résumé n'a pas été très
grave, la chose ne s'est pas trop mal passée ; il y a eu

des épisodes de mauvais temps, auquel je ne pouvais rien ; mais on s'en est amusé, parce que personne n'avait le mal de mer.

Après-demain le prince de Suède (1) vient ici s'embarquer sur le *Corse* pour aller à Cherbourg et à Brest, d'où il revient à Paris par terre. J'aurais pu tout aussi bien le conduire aussi, c'était une affaire de trois jours, mais j'ai encore bien des choses à organiser ici, et je veux aller te voir avant mon départ. Le Prince Napoléon veut s'établir à bord le 11, et retourner à Paris le 13 pour revenir ici le 15. Ferri s'établira ici dès le 6.

Ce n'est plus le *Corse* qui vient avec nous : c'est le *Cocyte*; mais cet animal de Ministre ne veut pas faire passer l'état-major du *Corse* sur le *Cocyte*. Ce changement de bâtiment me redonne toutes sortes d'ennuis de personnel, tous les officiers du *Corse* voulant passer sur le *Cocyte*, ce qui serait juste. Je ne pouvais pas garder le *Corse* parce qu'il ne prend pas assez de charbon. Le *Cocyte* est un vieux bâtiment à voiles, bien laid, mais spacieux et qui prend dix jours de charbon; il ne file que sept ou huit nœuds. Nous serons obligés de l'attendre souvent. Toute cette nuit, avec la *Reine Hortense*, j'ai filé 12 nœuds 1/2.

Le Prince m'écrit presque tous les jours ; je pense qu'il va me faire appeler à Paris très incessamment.

---

(1) Le prince héritier de Suède, qui monta sur le trône en 1872 sous le nom d'Oscar II après la mort de son frère Charles XV.

20

Le Havre, 15 juin 1856..

CHÈRE ENFANT,

Je pars demain matin vers 7 ou 8 heures du matin. Je viens d'écrire une partie de la nuit pour ne laisser aucune affaire à la traîne.

Je pars un peu comme le maréchal de Saint-Arnaud partait pour Sébastopol, ayant tout le monde contre lui et partant quand même. Dieu est grand. J'espère que j'en reviendrai. Ce sera alors un succès.

J'ai causé longuement hier avec le prince Jérôme. Il m'a dit, mais n'en parle pas, qu'il voulait que son fils fût Grand-Amiral. Cela me ferait certainement une bonne position. Mais il faut que ma campagne réussisse, et j'y entrevois tant de difficultés ! Ne crois pas néanmoins que je me décourage. Mes compagnons de voyage (1) ont confiance en moi, comme les aides de camp du maréchal de Saint-Arnaud avaient confiance dans leur chef. C'est beaucoup. Je suis actuellement suffisamment gréé pour le froid. Je vais droit à Edimbourg. Ecris-m'y le 17 et le 18.

(1) En voici la liste. Avaient embarqué :
Sur la *Reine Hortense* : le Prince, le commandant Ferri-Pisani et le commandant d'Abrantès, ses aides de camp ; MM. de Saulcy, membre de l'Institut ; de la Roche-Poncié, ingénieur hydrographe ; de Chancourtois, ingénieur des Mines ; Cypriani, colonel au service du roi de Sardaigne ; Hubaine, secrétaire particulier du Prince Napoléon ; Edmond Choiedski, homme de lettres, capitaine d'état-major de la garde nationale de la Seine ; — sur le *Coryte* : MM. Rousseau, professeur suppléant au jardin des Plantes, photographe ; Charles Giraud, artiste dessinateur ; Vogt, professeur de sciences naturelles ; Stahl, artiste mouleur. Il y avait en outre onze domestiques ou ouvriers.

Adieu, chère enfant, je tombe de sommeil, et j'ai encore une lettre à écrire, et des instructions pour le *Cocyte*.

21

Newcastle, 18 juin 1856.

CHÈRE ENFANT,

Je touche à Newcastle, d'où je t'écris. Nous sommes venus très vite ici, en sorte que nous serions arrivés à Edimbourg le 18, anniversaire de Waterloo, ce que je veux éviter. Nous allons rester quelques heures et visiter des mines de charbon. Nous avons eu un temps magnifique, par conséquent pas de malades, en sorte que tout le monde a été parfaitement en train. En somme nous commençons bien ; mais nous verrons la suite et la fin. Le *Cocyte* ne marche pas du tout ; nous ne l'avons pas attendu. Nous serons avant lui à Edimbourg. J'en veux sérieusement au Ministre d'avoir absolument voulu nous donner ce bâtiment qui nous retardera considérablement. J'ai très médiocrement dormi depuis mon départ, ayant toujours été près des côtes. Tout le monde est très gai à bord, ce qui contribue à me rendre triste. J'ai trouvé des joueurs de boston et des joueurs de tric-trac. Mes compagnons de voyage sont en outre d'excellents garçons. Je crois que cela ira sous le rapport moral, nous verrons le côté scientifique et naval. Adieu, chère enfant, je partirai d'Edimbourg pour Aberdeen (1) le 21. Je toucherai ensuite à Thurso (2), d'où je partirai pour l'Islande. Je

(1) Aberdeen, port à 120 kilomètres au Nord-Est d'Edimbourg.
(2) Thurso, sur la côte Nord de l'Écosse, à une vingtaine de kilomètres de la pointe Nord-Est.

t'écrirai de partout par là. Je t'embrasse et Babé. Le
Prince m'attend.

22

Edimbourg, 21 juin 1856.

CHÈRE ENFANT,

Je te commence cette lettre à l'hôtel, à Edimbourg, dans
l'intervalle de deux courses. Je n'ai pas une sinécure, je
t'en réponds ; mais, jusqu'à présent, cela va. Hier, nous
avons fait une forte journée à Newcastle ; nous sommes
allés à trois lieues de là visiter la principale mine de
charbon du pays. Le propriétaire n'était pas prévenu, en
sorte que nous n'étions pas munis des vêtements nécessaires. Il a fallu, en arrivant là, nous affubler de costumes
de vrais mineurs ; car, si on va là avec ses habits, ils sont
perdus. J'ai donc endossé un gros pantalon de grosse
laine, une veste semblable, une cravate énorme et une
casquette forme jockey, qui avait un certain caractère. Le
tout, beaucoup trop petit pour moi. Le Prince avait, lui
aussi, une chemise rouge immense, Pisani une chemise-
veste rayée gris et blanc, et le tout à l'avenant. Nous
sommes descendus ainsi à 5oo pieds sous terre, en une
minute, dans des espèces de caisses où il fallait rester
accroupi. Là, nous nous sommes munis chacun d'un bâton
et d'une petite lampe, et nous avons parcouru la mine.
Dans certaines parties, les galeries n'ont pas plus de
3 pieds 1/2 de haut. Je m'y suis donné un effroyable coup
à la tête ; j'y ai une grosse bosse aujourd'hui. Nous avons
circulé là pendant plus de deux heures, examinant en
détail tous les travaux des mineurs ; nous avons même

tous manié la pioche. L'air circule d'une manière remarquable dans toutes ces galeries. Il y entre par le puits
d'entrée, parcourt toutes les galeries, qui ont un développement de 3o lieues, et vient aboutir à un immense
foyer incandescent qui l'attire et le fait s'échapper par le
puits qui sert de tuyau. Des centaines de chevaux sont
dans ces mines, où la plupart passent toute leur vie et
d'où on ne les remonte que quand ils sont malades. Leurs
écuries y sont d'ailleurs très bonnes. Il ne leur manque
que la lumière du jour. Ils y traînent sur des chemins de
fer les wagons qui viennent aboutir aux puits. Il y a aussi
en bas une machine à vapeur dont la chaudière est en
haut et qui traîne elle-même les wagons au moyen de
longues cordes.

. . . .

Je t'avais commencé cette lettre avant-hier, chère
enfant, je n'ai pas pu écrire hier ; je la reprends aujour-
d'hui pour te continuer la description de mon voyage.
Après être remontés de notre mine aussi vite que nous y
étions descendus, nous nous sommes lavés tant bien que
mal, étant moins noirs que nous le croyions ; nous avons
lunché avec du biscuit et du madère, puis nous sommes
allés voir une immense machine d'épuisement de 36o chevaux qui travaille à vider une mine que l'eau a envahie.
Cette mine avait été poussée jusqu'à un quart de lieue
sous la mer ; une fissure s'y étant déclarée, l'eau a envahi.
La machine enlève 1.ooo litres d'eau par coup de piston,
ce qui fait 6.ooo litres par minute ; on gagne ainsi deux
pieds par jour, ce qui fait espérer que dans trois mois la
mine sera vide ; mais il faudra toujours que la machine
marche pour entretenir le vide. Nous sommes revenus de
là à bord par la pluie et du froid. Nous étions en voiture
découverte.

Le consul de France à Newcastle a fait notre bonheur. Il est bête à un point qu'on ne peut définir. Il est incompréhensible qu'on laisse un tel agent, surtout en Angleterre. Le Prince voulait en écrire de suite à M. Waleski, mais nous avons appris que le pauvre diable avait huit enfants, ce qui a paralysé tout notre amour-propre national.

Nous sommes partis de Newcastle à 9 heures du soir. Il pleuvait et il faisait jour comme en plein midi. Les femmes, dans ce pays-là, vont en canot comme les hommes. Après notre retour à bord, le bâtiment a été entouré de petits canots pleins d'hommes et de femmes. Il y en avait où les femmes ramaient elles-mêmes, et d'autres où il n'y avait que des femmes, et les canots étaient tout petits. Il y avait cependant pas mal de mer.

Nous sommes arrivés à Edimbourg le 19, à 10 heures du matin ; nous avons rejoint le *Cocyte* à l'entrée. Il va un tiers moins vite que nous, c'est désolant. C'est la faute de cette brute de ministre. Je suis allé en ville avec le Prince. Il y a une lieue du mouillage en ville, et un chemin de fer qui fait cela en un quart d'heure. Nous avions envoyé retenir un appartement dans un hôtel. Nous y avons reçu le consul, qui est très bien, frère du général Fleury. Puis nous sommes allés sous la pluie visiter Holyrood, le château, la ville, etc., etc., puis faire des emplettes, du moins le Prince, car je n'ai rien acheté. Il n'y a réellement rien qui en vaille la peine, le cachet local a disparu. J'ai pris un instant de *campo* pour aller faire ma visite au consul, et j'ai alors commencé cette lettre. Nous sommes ensuite revenus à 8 heures dîner et coucher à bord. J'avais fait entrer les deux bâtiments dans le port de Leith, où ils sont amarrés bord à quai, comme au Havre. Hier, 20, nous sommes partis à 6 h. 1/2 du matin, dans deux voitures ; nous avons rejoint un chemin de fer à deux lieues d'ici, et nous sommes allés voir l'abbaye de Melrose, qui n'en vaut pas la peine, et tout près de là Abbotsford, la campagne de Sir Walter Scott, qui en vaut encore moins la peine, en dehors du souvenir. C'est un mauvais style gothique, et tout y est bas et écrasé. Je n'ai été intéressé que par le cabinet de travail, qui est resté tel quel, ainsi que la bibliothèque, le salon, la salle à manger, la salle d'entrée et la salle d'armes. Tout cela est petit et sans aucun goût. L'habitation elle-même est mal placée. Cette terre appartient actuellement à son petit-fils, M. Hope, qui est un Hope quelconque. Les dessins que tu pourras voir d'Abbotsford ne donnent pas du tout une idée du mesquin de l'habitation. Ceux que l'on voit ici représentent un vaste château, et ce n'est pas cela du tout.

Nous étions de retour à Edimbourg, à 1 h. 1/4, après avoir fait nos vingt-cinq lieues, lunché à l'hôtel et repartis à 2 heures pour Glasgow, où nous sommes arrivés à 4 h. 1/4. Pluie continuelle. Visité les ateliers de construction de navires et de machines à vapeur de Napier, le deuxième plus grand établissement de ce genre, et la fabrique de produits chimiques de M. Tennant, qui, entre autres, fabrique 3oo.ooo kilogrammes de savon par semaine. Circulé dans la ville en voiture découverte, malgré la pluie. Assourdis à la porte des ateliers et en chemin de fer par les hurrahs d'un populaire plus déguenillé qu'on ne l'a jamais vu, et repartis à 8 heures pour Edimbourg, où nous sommes à l'hôtel à 10 heures du soir. Là nous attendait un immense dîner, où assistait toute l'expédition : officiers, savants, Prince, etc. Ce dîner était donné par Branicki, qui, étant venu conduire le Prince jusqu'au Havre, s'était décidé à venir avec nous

jusqu'à Edimbourg. Le dîner a dû lui coûter au moins
3o francs par tête; nous étions vingt-sept. A minuit et
quart nous étions de retour à bord. Ce matin, j'ai fait
diverses affaires pour le bord, écrit au ministre, etc. Je
vais aller avec le Prince à Edimbourg et reviendrai à
bord à 3 heures, nous appareillerons ce jour et irons à
Aberdeen ou à Peterhead (1), prendre des pilotes du
Groënland que j'ai fait préparer; là, je quitterai le bâtiment et j'irai avec le Prince, suivi d'un domestique, par
terre, à Thurso, à l'extrémité nord de l'Écosse où je trouverai les bâtiments qui y compléteront leur charbon. Ce
sera une course d'une soixantaine de lieues en voiture,
dans un pays où très peu de voyageurs ont été. Tu vois
quelle vie active je mène; je ne vais pas trop mal, la mer
me fait positivement du bien. Nous avons déjà une tem-
pérature très froide.

23

Inverness (2), 24 juin 1856.

CHÈRE ENFANT,

Depuis ma dernière lettre d'Edimbourg, j'ai fait énormément de chemin, par terre. Nous sommes allés d'Edimbourg à Peterhead. Là, nous avons pris une voiture de
poste, le Prince, l'isani, d'Abrantès et moi, et nous sommes
allés à Aberdeen, à Balmoral (3), Brœmar (4), Blair-

(1) Peterhead, petit port à une vingtaine de kilomètres au nord d'Aberdeen.
(2) Inverness, port situé à 185 kilomètres au nord-ouest d'Edimbourg, à
l'extrémité du canal Caledonien.
(3) Balmoral, résidence d'été des souverains anglais, à 120 kilomètres au
nord d'Edimbourg et 85 kilomètres au sud-ouest d'Aberdeen.
(4) Brœmar, commune du canton d'Aberdeen.

Atholl (1) et Inverness où nous arrivons. Nous avons fait
ainsi 90 lieues dans les Highlands. Nous partons à l'instant
pour Cromarty (2), où doit être la *Reine Hortense*, que
que j'y ai envoyée de Peterhead, et de là nous appareillons immédiatement pour l'Islande, à moins que le mauvais temps ne nous retienne.

24

Devant Thurso, 25 juin 1856.

Encore un mot en passant devant Thurso, chère enfant,
où je ne mouille pas, mais où je vais seul à terre chercher
mes lettres. Je repars dans un instant pour l'Islande,
espérant mener à bonne fin mon entreprise, si la Providence m'aide un peu, et surtout m'empêche de m'abattre.
Songe combien je suis isolé, moi, seul responsable, seul
dirigeant au milieu de tout ce monde. Il fait beau ; sauf
de la pluie, nous avons jusqu'à présent eu beau temps ;
mais c'est la plus petite partie et la plus facile que nous
faisons actuellement. J'écrirai pendant la traversée mon
voyage dans les Highlands. Adieu, je t'embrasse tendrement, tendrement. Je n'ai qu'une recommandation à te
faire, occupe-toi. C'est un puissant moyen d'échapper à
l'ennui.

Embrasse bien ma petite Babé.

(1) Blair-Atholl, à 48 kilomètres au nord-ouest de Perth et une centaine
de kilomètres au nord d'Edimbourg.
(2) Cromarty, chef-lieu du comté du même nom, port à une trentaine de
kilomètres au nord-ouest d'Inverness.

25

A sa fille.

En mer, terminée à Reykjawik (1) le 17 juillet 1856.

Ma Bonne Petite Fille,

Je commence cette lettre en passant à Thurso, qui est à l'extrémité nord de l'Écosse. J'y ai mouillé hier soir : il faisait très mauvais temps, j'y suis resté toute la nuit ; ce matin, le temps s'étant amélioré, j'en suis parti à 9 heures : néanmoins, pendant que je t'écris, nous dansons encore pas mal. Mais nous allons assez vite, cela compense. Mes infortunés passagers vont tant bien que mal. Depuis le départ de France jusqu'à hier, nous avions toujours eu un temps magnifique. Il n'en est plus de même depuis que nous sommes dans l'Océan. Aussi les poissons ont déjà eu de quoi se régaler.

Ta maman t'aura raconté mon voyage jusqu'à Peterhead, et je lui ai mandé sommairement mon voyage dans les Highlands avec le Prince. Nous étions quatre : le Prince, d'Abrantès, Pisani et moi. Nous ne devions d'abord aller qu'à Aberdeen faire une petite excursion dans l'intérieur et revenir à bord le soir. Mais l'appétit vient en mangeant. Et puis nous attendions une caisse d'instruments de physique qui n'était pas prête en partant de France, et qu'on devait nous envoyer à Aberdeen.

1) Reykjavik, capitale de l'Islande, au sud-ouest de l'île.

Nous partions donc de Peterhead le dimanche 22, à
2 heures et demie du soir; nous étions à Aberdeen à
7 heures. Là nous avons dîné et visité la ville que nous
n'avons pas vue parce qu'en Angleterre on ne voit rien
le dimanche, et en Écosse moins que rien. Nous avons eu
alors une longue conférence avec le maître de l'hôtel,
afin de nous renseigner sur un voyage dans les Highlands.

J'ai écrit à Dubuisson de conduire la *Reine Hortense*
à Cromarty, qui est un bon port près d'Inverness, et de
m'y attendre et, à 9 heures du soir, nous nous sommes
mis en route dans une calèche découverte. La caisse que
nous venions chercher, et qui courait après nous, nous
étions destinés, hélas ! à ne jamais la voir. Toujours à
cause du dimanche, nous n'avions pas trouvé à Aberdeen
le consul de France qui devait nous renseigner sur la
caisse. Il était à se livrer aux douceurs de la villégiature
à sept ou huit lieues de là. Comme notre route nous faisait passer dans son voisinage, nous nous déterminions
à aller chez lui; mais comme c'était dimanche, personne
ne put nous indiquer exactement sa demeure. Nous partions néanmoins pour Banchorg, sa résidence, à l'ouest
d'Aberdeen. Nous y étions à 11 heures et demie; mais il
fallait trouver sa maison. Comme c'était dimanche, toute
la ville était depuis longtemps couchée, quoiqu'il fût encore jour. Nous frappâmes à plusieurs portes sans avoir
des réponses satisfaisantes, probablement parce que
c'était dimanche, et puis aussi parce que notre cocher
s'obstinait à demander Mistress Craven quand c'était
M. Thomson que nous voulions trouver. Mais nous avons
expliqué cet entêtement du cocher par l'influence du
dimanche. Vers minuit, nous sommes parvenus à la
résidence de ce représentant de la France. Ce ne fut pas
sans peine que je parvins jusqu'à lui, et que je pus le

présenter au Prince dans un assez simple appareil. Après
avoir appris de sa bouche que la caisse n'était pas encore
parvenue, nous nous remîmes en route et allâmes coucher
à Aboyne, quatre lieues plus loin, passablement gelés et
fatigués. Nous changions de voiture à chaque relais, et
les voitures sont dans ce pays-là si étroites, que le Prince
et moi, qui nous placions au fond, ne pouvions plus, une
fois assis, faire un seul mouvement.

A Aboyne, nous avons fait faire bon feu par une bonne
vieille femme, type des vieilles servantes de Walter Scott,
qui, chaque fois qu'elle nous voyait rire, croyait que nous
nous moquions d'elle et nous disait des choses désagréables dans un langage moitié gaélique, moitié anglais. A
2 heures et demie du matin, il faisait grand jour, nous
nous couchâmes dans des lits où on eût pu se coucher en
travers aussi bien qu'en long. A 7 heures, nous étions
levés et nous déjeunions à l'anglaise. A 8 heures, fait
route cette fois-ci dans un break que nous changeons à
Ballater (1) contre une calèche découverte. A 10 heures
et demie, nous sommes à Balmoral. Quelle déception !
Une réunion biscornue de maisons en mauvais gothique,
surmontée d'un donjon tout semblable à celui de Vin-
cennes, que l'on est en train de construire. Tout cela
dans un fort vilain pays, avec des arbres rabougris, tous
bouleaux ou sapins, un terrain rocailleux, pas de parc,
une rivière qui coule sur des cailloux, des eaux toujours
rougeâtres, parce qu'elles sont imprégnées de fer ; enfin,
sur cette rivière, un seul pont qui est à une demi-lieue
du château. Aux environs de tout cela, pas une maison, si ce n'est, à un quart de lieue, une petite chau-

(1) Ballater. 67 kilomètres à l'ouest d'Aberdeen.

mière sur laquelle est écrit le nom pompeux de *Post Office*.

. . . . , ...

J'ai été obligé d'interrompre cette lettre pendant deux jours, ma chère petite fille, par un coup de vent qui a rudement éprouvé tout mon pauvre monde. Nous n'étions plus que trois à table ; c'était : La Roche-Poncié, d'Abrantès et moi. Tous mes officiers étaient aussi malades, excepté Roca. La mer surtout était énorme. La *Reine Hortense* dansait comme si on eût joué au bilboquet avec. Enfin, aujourd'hui, il fait beau, et je reprends mon itinéraire à travers l'Écosse.

Nous quittâmes vite Balmoral, plus pénétrés que jamais du mauvais goût des Anglais en général et de Queen Victoria en particulier, et nous rendant parfaitement compte que les gens de sa maison, les ministres, même ses enfants, n'aiment pas aller à Balmoral. A deux lieues de là on traverse un magnifique pays, des arbres séculaires, des prairies, des ruisseaux : c'est la propriété d'un monsieur Ferguson, le marquis de Carabas du pays. Nous arrivâmes à Bræmar, toujours à M. Ferguson. Il y a là un vieux château où les montagnards se réunissent en costume tous les ans au mois de septembre. De Bræmar, nous gravissons le col de Glenshee (1), dans un pays excesssivement sauvage ; nous faisons une partie de la route à pied et rencontrons des daims qui fuient à notre apparition, et des grouses, sortes de coqs de bruyère du pays, qui se laissent approcher et que nous essayons d'atteindre à coups de pierre, sans succès.

La route, pour descendre de l'autre côté du col, est aussi abrupte que celle qui y monte. Nous arrivons à

(1) Col de Glenshee, 40 kilomètres au sud-ouest de Balmoral.

Spittal of Glenshee, où nous lunchons fort bien. Au milieu de ce pays sauvage et misérable, il est remarquable de trouver au relais un hôtel aussi confortable. La fille du maître d'hôtel était remarquablement jolie. On a vu des princes épouser des bergères. Le Prince voulait l'épouser, lui ayant adressé quelques mots de respectueux amour dans un assez mauvais anglais ; elle lui répondit en gaëlique des phrases charmantes dont personne ne comprit un mot. Sur ces entrefaites, l'annonce que la voiture était prête arracha le Prince aux séductions de la belle hôtelière et nous nous dirigeâmes sur Blair Atholl à travers un pays alternativement sauvage et pittoresque, et surtout très montueux. Nous étions conduits par un jeune cocher qui, dans les descentes les plus à pic, fouettait ses deux rosses qu'il faisait aller à fond de train, même dans les tournants, sans enrayer. Nous avons fait huit lieues comme cela d'affilée. Nous avons traversé la vallée de Killicranckee (1) dont il est question dans les *Puritains d'Écosse* de Walter Scott, je crois. C'est un des points les plus pittoresques que j'aie vus. J'y avais déjà passé en 1845. Après Blair Atholl, la pluie nous a pris, et comme nous étions comme toujours dans une voiture découverte, nous abandonnâmes notre projet d'aller jusqu'à Dalwhimmee (2) et nous nous arrêtâmes au relai précédent, Dalnacarlock, à minuit. Après un léger souper, nous étions couchés, à une heure du matin. dans la plus belle maison du pays, pour la raison que c'est la seule. Néanmoins, excellente auberge, bien supérieure au Grand Cerf (3). A 6 heures du matin. le 24, branle-bas général ; déjeuner et départ. toujours dans une voiture découverte, malgré la

(1) Vallée de Killicranckee. 20 kilomètres au sud-ouest de Glenshee.
(2) Dalwhimmee, 30 kilomètres nord-ouest de Killicranckee.
(3) Allusion à un hôtel d'Évreux.

pluie. A Dalwhimmee, nous montons dans un grand
break, et arrivons à Kingussie (1). Mais quel n'est pas là
notre désappointement ! En transbordant les effets d'une
voiture dans l'autre. nous nous apercevons que le porte-
manteau qui renferme les effets de Pisani et de d'Abrantès
a disparu. Est-il resté à Dalnacarlock ? A-t-il été oublié à
Dalwhimmee ? Impossible d'approfondir ces mystères.
J'écris en anglais à ces deux adresses, promettant une
récompense honnête à qui le rapporterait à Cromarty le
lendemain matin avan'. 8 heures. Rien n'y est venu. Voilà
d'Abrantès et Pisani sans rien. sans peigne, sans brosse à
dents.

Le Prince était parti de Peterhead avec un assez grand
nombre de livres sterling, mais non dans la prévision
d'un si grand voyage; tout calcul fait, et toutes nos
bourses réunies. y compris la mienne, où il n'y avait que
de l'argent français, il nous restait juste de quoi arriver à
Cromarty, à la condition que nous mangerions frugalement. Il fut décidé qu'on ne mangerait plus qu'une fois.
C'est ce que nous fîmes à Carrbridge après avoir passé
par Aviemore, dans des pays où il n'y a pas de transition
entre les sites les plus sauvages et les paysages les plus
riants et les plus cultivés Nous arrivâmes rapidement à
Inverness.

Nous descendons au Caledonian Hotel, le plus beau de
l'endroit. Il faut croire que certaines gens sentent de loin
les poches des autres, et savent quand elles sont pleines
ou vides. Il nous restait une livre sterling et mon argent
français, 100 francs environ. Nous avions encore huit
lieues à faire pour être à Cromarty. Nous étions moulus.
Je courus la ville pour voir si je ne pouvais pas louer un

____

(1) Kingussie, 20 kilomèlres nord-est de Dalwhimmee.

bateau à vapeur pour nous y conduire ; mais aucun n'était disponible. Il y avait bien la ressource de prendre un bateau à voiles. Mais il faisait très grand vent et je ne jugeai pas prudent d'aventurer ainsi le Prince. Nous commandâmes donc une voiture. Je tâchai de changer mon argent français, impossible ; personne n'en voulait. Nous permîmes à Pisani de s'acheter une brosse à cheveux ; nous payâmes à la poste un compte de lettres assez fort ; le Prince prit seul une tasse de thé, nous écrivîmes quelques lettres dont on nous fit payer le papier et les enveloppes 4 francs, et nous partîmes d'Inverness avec 7 schellings et mes 100 francs. A l'hôtel, où on avait, il faut le croire, senti que nous n'avions pas le sou, on nous avait traités comme de vrais cuistres ; je leur ai donné une rude leçon. Au moment où nous montions en voiture, j'ai dit au maître de l'hôtel qui il venait de recevoir, et j'ai inscrit le nom du Prince, comte de Meudon, et les nôtres, sur le registre, avec cette apostille en anglais : « Dans son voyage à travers l'Écosse, le comte de Meudon n'a été mal reçu qu'au Caledonian Hotel, à Inverness. » Et j'ai signé. Lorsque tous ces drôles surent à qui ils avaient affaire, il fallait voir les figures changer, à commencer par le maître d'hôtel qui voulait absolument me changer mon argent français. Je le traitai de la bonne façon, l'envoyai promener, et je donnai libéralement un napoléon à un homme qui n'appartenait pas à l'hôtel et qui m'avait fait une commission, de manière à ce que tout le monde le vît. Et puis fouette cocher.

Il y avait un bac à passer, ce qui nous coûta encore 4 schillings et demi. La milice du pays s'était réunie dans la journée pour une inspection. Nous trouvâmes là plusieurs des officiers, qui, en Angleterre, appartiennent tous aux premières familles du pays. Ils étaient gris

comme 3o.ooo hommes, dans une petite auberge où
aboutit le bac. Nous les avons vus là pendant une demi-
heure en attendant le bac. Il y en avait qui voulaient
monter sur la voiture absolument ; nous avons été obligés
de les prendre par le collet pour les faire déguerpir.
Enfin, nous nous lançons sur la route de Cromarty, assez
préoccupés d'une réflexion qui est celle-ci : « Si par hasard la *Reine Hortense*, retenue par je ne sais quel motif,
n'était pas à Cromarty?... » Nous devisons sur cette éventualité, fort gaiement, il est vrai ; mais moi, qui suis responsable de tout, assez préoccupé à cause du ridicule qu'il
y aurait à ce qu'un prince français fût, sans le sou, obligé
de rester à une auberge de Cromarty jusqu'à ce que la
Reine Hortense arrivât. Enfin, à minuit, nous apercevons
la petite ville et en même temps la *Reine Hortense* qui
se pavane en rade. La Prince et moi allons de suite à
bord chercher de l'argent, laissant Pisani et d'Abrantès
en gage au cocher. Je ne sais trop ce qu'il en aurait fait
si nous n'avions pas apporté d'argent pour les dégager.

   Tel est notre voyage à travers l'Écosse. Le Prince est
un excellent compagnon dans ces excursions, il est toujours en train, et fort facile à mener. Il est on ne peut
pas mieux pour moi.

. . . .

   De Cromarty, nous sommes allés à Thurso ; et en partant de Thurso, j'ai commencé cette lettre que j'ai reprise
aujourd'hui 29, après le mauvais temps. Nous filons le
long de la côte sud d'Islande, tout près de terre. C'est un
pays extrêmement aride et montagneux. Je pense que
nous serons demain à Reykjavik. Nous sommes entourés de baleines qui viennent souffler à la surface près de
nous. Hier soir, nous avons sondé par un fonds de
4.6oo mètres ; il est très rare que l'on réussisse à avoir

de tels sondages. Je t'envoie ci-joint un petit grain de sable qui était à cette profondeur et qu'a rapporté le plomb de sonde. Il était à près d'une lieue un quart de profondeur. C'est assez curieux à garder.

. . . . , ...

Je reprends cette lettre, ma bonne petite fille, après un long intervalle. Il n'y a pas eu, pendant mon séjour à Reykjavik, d'occasion pour France, et il n'y en aura que lorsque j'expédierai un bâtiment. Je reprends donc l'historique de notre voyage où je l'ai laissé.

Nous avons mouillé à Reykjavik le 3o juin, à 8 heures du matin. Nous y avons trouvé l'*Artémise*, corvette française chargée de la surveillance de la pêche, le *Cocyte* et nos trois bâtiments charbonniers. Après les saluts et visites d'usage, nous sommes allés à terre voir cette capitale de l'Islande, qui n'est qu'un véritable village. Il y a 7oo habitants. Les maisons sont en bois, n'ayant qu'un rez-de-chaussée et des combles, assez propres d'apparence extérieure, mais sales à l'intérieur. Nous visitons les établissements publics et les principaux fonctionnaires, le gouverneur danois, le maître d'école appelé le recteur, l'évêque et l'apothicaire. De là, nous allons sur une île voisine voir couver les eiders. Les eiders sont une espèce de très grand canard qui fait son nid avec une sorte de duvet qui est l'édredon. C'est une des branches de revenu du pays. Nous en prenons un nid, on empaille la bête, on la place sur le nid où sont les œufs que l'on vide et on joint cela aux collections. Le soir on va pêcher, nous prenons un millier de poissons, des poissons plats surtout. On en fait une distribution générale.

J'avais l'intention de ne rester à Reykjavik que le temps de faire mon charbon. Mais il se trouve que le *Cocyte* a fait à sa machine des avaries qui nécessitent.

cinq à six jours de réparation. Nous nous décidons alors
à faire la course du geyser. Le mardi 1er juillet, à 1 heure,
nous nous mîmes en marche. Nous étions trente-six personnes, dont le gouverneur et ses deux fils, le recteur,
cinq matelots et cinq domestiques. Nous avions en outre
onze guides et nous emportions des tentes et des vivres
pour six jours, car on ne trouve rien dans le pays. La
caravane se composait de cent quarante-cinq chevaux,
parce que nous emmenions, en les chassant devant nous,
des chevaux libres de rechange. Nous en avons changé
huit fois pour les soixante quatre lieues d'aller et retour.
Les chevaux sont excellents, mais tout petits, en sorte
que dans les chemins un peu creux on fait autant de
chemin à pied qu'à cheval; étant partis tard, nous allâmes
coucher à huit lieues de là dans la vallée de Séliar. Nous
établîmes nos tentes et dinâmes avec un dîner cuit sous
nos yeux, dans une cuisine que nous avions faite avec des
pierres. Pluie toute la nuit. A 6 heures, le clairon sonne
le réveil; à 7 heures, on mange une soupe, et à 8 heures
nous sommes en route par une pluie continuelle. Nous
faisons ainsi sept lieues assez lentement, et après avoir
traversé un pays extrêmement aride, comme l'est toute
l'Islande, nous arrivons au lac de Thingwalla, en des-
cendant par des rochers qui forment les groupes les plus
pittoresques et les plus sauvages. Nous descendons à
cheval dans des chemins où j'oserais à peine aller à pied.
A Thingwalla, nous envahissons la maison du curé ou
plutôt du pasteur, car toute l'île est protestante. Je découvre, par un bonheur inouï, la laiterie qui est pleine de lait
de brebis, je le goûte : excellent. J'en fais part à la caravane, qui accourt, et qui s'en donne à cœur joie, malgré
la femme du curé, qui pousse des gémissements. Nous faisons partir d'avance, le soir même, les tentes pour le

geyser, déterminés à coucher sans tente à Thingwalla, malgré la pluie, en nous industriant chacun pour trouver un abri ; quatre se mettent dans l'église, qui est grande comme le salon de Cracouville (1) et encombrée de bancs ; le Prince couche dans la maison du pasteur ; les officiers de marine et moi, qui tiens à donner l'exemple, nous couchons sur des mottes de terre desséchées sous un petit hangar qui n'abrite que la moitié de notre longueur, nous étendons une toile cirée sur nos jambes, car il pleut toute la nuit. Le lendemain matin, le temps s'embellit et rassérène les caractères, qui étaient la veille à l'unisson du temps. A 9 heures, nous sommes en route et nous allons par monts et par vaux, très souvent dans des chemins creux, où mes jambes portent des deux côtés sur le sol. Nous faisons ainsi seize ou dix-sept lieues en huit heures, en y comprenant deux haltes d'une demi-heure et d'une heure et demie au bord d'un lac où sont des sources d'eau chaude jusque dans l'intérieur du lac. Nous traversons une rivière à un endroit nommé Brueran ; c'est effrayant : un petit bout de bois sur un gouffre, et pour arriver au pont, la moitié de la rivière à traverser à gué. Les guides ont beaucoup de peine à faire passer sans accident les chevaux libres que nous chassons devant nous.

Nous arrivons au geyser après avoir fait une vraie course au clocher depuis la dernière halte. Nous trouvons nos tentes faites et un Anglais établi là depuis quatre ou cinq jours, lord Dufferin (2), jeune homme fort bien

(1) La terre du baron de La Roncière, près d'Evreux.
(2) Lord Dufferin. Marquis de Dufferin et Ava, commissaire en Syrie en 1860, sous-secrétaire d'Etat pour l'Inde en 1864 et à la guerre en 1866 ; chancelier du duché de Lancastre en 1868 ; gouverneur général du Canada en 1872 ; ambassadeur à Saint-Pétersbourg (1878-1881) puis à Constantinople ; vice-roi de l'Inde (1884-1888); ambassadeur à Rome (1888-1891); ambassadeur à Paris (1892-1896).

que j'avais connu chez l'amiral de la Susse (1). Nous
allons visiter de suite les sources qui produisent les jets
d'eau. Ces jets sont très capricieux ; la principale source
reste quelquefois vingt-quatre heures sans lancer d'eau,
mais l'eau qui est dans tous les cratères bout toujours à gros
bouillons ; c'est excessivement curieux. Il y avait eu
éruption le matin ; nous attendions en dînant, le Prince et
moi, chez l'Anglais, le reste de la caravane en plein air.
A la fin du dîner nous entendons comme des coups de
canon. C'est le geyser qui annonce une éruption, mais
elle est très faible. Nous nous couchons très fatigués,
mais déterminés à nous lever si le geyser fonctionne. A
deux heures du matin, il faisait beau soleil ; nous entendons de nouveau des explosions. Chacun met le nez hors
de la tente. Nous voyons en effet s'élever une immense
colonne d'eau bouillante à une hauteur de trente pieds
environ. Il arrive quelquefois qu'elle s'élève jusqu'à cent
vingt pieds. Nous nous recouchons et nous endormons
plus ou moins. A six heures lever général ; les savants se
livrent à toutes sortes de gymnastiques scientifiques sur
ces phénomènes. Nous jetons dans un des cratères des
quantités de mottes de gazon, qu'il rejette à une grande
hauteur une demi-heure après. A neuf heures nous quit-
tons le geyser par la pluie, qui cesse à moitié chemin, au
lac où nous avions stationné la veille. Nous parvenons à
y faire un grand feu, chose difficile, car il n'existe dans
l'île qu'un seul arbre, qui est à Reykjavik, chez le gouverneur, et qui a juste ma hauteur : c'est un sorbier. On
brûle de la tourbe et des broussailles de bouleau nain
qui n'atteignent que deux pieds de hauteur. Nous ar-

____

(1) L'amiral de La Susse, parent d'Adalbert de La Roncière, a été son
véritable initiateur au métier de marin. Il commandait l'escadre de la Méditerranée avant la guerre de Crimée.

rivons à Thingwalla à 5 heures, dînons d'un dîner qu'avait préparé le cuisinier que nous y avions laissé la veille, et couchons sous nos tentes qui nous avaient suivis de près. Pluie toute la nuit. Il y a déjà plusieurs éreintés ; il y a de quoi. Nous trouvons la laiterie fermée à clef, nous avons l'honnêteté de ne pas enfoncer la porte, mais nous nous faisons apporter du lait par la famille du pasteur. Il y a chez lui un naturaliste prussien qui est là depuis quinze jours. Il doit bien s'amuser. Dufferin vient camper près de nous ; son bataillon marche avec vingt-deux chevaux. Le lendemain matin, pluie pour changer. Départ à 8 heures ; le pasteur fait payer le Prince 220 francs pour le lait que nous avons bu, l'herbe que les chevaux ont mangée dans ses champs, qui sont à tout le monde, et la valeur d'une bourrée de bois que nous avons brûlée. Le tout valait bien 6 francs. Ce pasteur a en tout soixante-dix paroissiens, tous disséminés sur un immense espace. De ces soixante-dix ouailles, il tire par la dîme 1.200 francs par an de revenu, c'est assez joli. J'ai causé longtemps avec lui en latin. C'est la langue avec laquelle on peut s'entendre ici avec les gens du pays qui ont quelque instruction.

Arrivés à Reykjavik à 4 heures et demie, enchantés de retrouver la *Reine Hortense*. Le *Cocyte* est réparé, le charbon presque terminé. Le commandant de l'*Artémise* donne un bal le lendemain dimanche en l'honneur du Prince, il faut bien rester. Nous nous couchons très fatigués. Le dimanche nous allons à la messe à bord de l'*Artémise*, et le soir au bal à bord. Il y a vingt-cinq femmes ; c'est assez grotesque. Notre musique et un quadrille de matelots déguisés font les principaux frais, outre un bon souper, où le Prince répond à des toasts par un speach bien tourné.

La crinoline est encore inconnue dans ces parages. Les femmes, si on peut les appeler ainsi, sont vêtues comme il y a vingt-cinq ans. Le Prince a laissé de fort beaux cadeaux : des montres en or, des tabatières à musique, des fusils, des livres, des tableaux, et entre autres des portraits à l'huile de l'Empereur et de l'Impératrice, pareils à ceux qui sont dans les ministères à Paris.

Il y a à Reykjavik deux partis, le parti du recteur et le parti de l'apothicaire. Ce dernier désire vivement être nommé agent consulaire de France ; il est soutenu par le commandant de l'*Artémise* Le recteur est son ennemi et lui est en réalité très supérieur.

Au milieu de toutes mes occupations. j'ai trouvé moyen de m'occuper de questions officielles que j'étais chargé de résoudre, et je ferai des rapports là-dessus qui auront l'avantage de venir de quelqu'un qui n'a pas de parti pris.

Après le bal, nous appareillons, remorquant le yacht de lord Dufferin, qui veut nous suivre. Je laisse le *Coëyte* à Reykjavik ; il ne marche pas assez vite. Nous prenons à bord ses passagers, que nous logeons tant bien que mal à bord de la *Reine Hortense.* Il nous sert de dépôt. Je me fais accompagner par un des charbonniers anglais et je vais à Onundar Fjord à la côte du nord-ouest de l'Islande à 50 lieues de Reykjavik ; là, le temps étant beau, je ne mouille pas, et je me dirige sur l'île de Jean Mayen (1), où aucun navigateur n'a abordé depuis Scoresby (2). Les baleiniers et les pêcheurs de phoques

(1) Ile Jean Mayen. A l'est de la côte orientale du Groënland, par 71° de latitude nord et 12° 14 de longitude; à 550 kilomètres nord-nord-est de l'Islande. Découverte en 1611 par le Hollandais Jean Mayen.

(2) Scoresby (1760-1829), explorateur et grand pêcheur de baleines ; a pris au cours de ses expéditions 533 baleines.

la voient quelquefois ; mais elle est très redoutée. J'ai néanmoins l'intention d'y aller, et au moment où je t'écris, je suis en route pour ce voyage.

Hier nous avons passé le cercle polaire arctique ; nous avons fait à bord une cérémonie comme celle qui se fait au passage de la Ligne. Cela a amusé l'équipage toute la journée. Nous avions invité notre remorqué lord Dufferin. Le soir nous avons été pris par la brume. J'ai néanmoins continué ma route, et à 2 heures du matin aujourd'hui, nous avons rencontré les premières glaces. Le thermomètre est à 2 degrés au-dessous de zéro. La brume est très épaisse et nous empêche de voir la banquise, qui doit être à moins d'une demi-lieue de nous ; ce qui nous le prouve, c'est que nous sommes entourés de beaucoup de phoques qui ne s'en éloignent jamais. Beaucoup de baleines passent aussi près de nous. Nous naviguons avec la plus grande précaution ; nous entrons dans les grandes difficultés ; malgré l'indication du thermomètre, le froid ne nous fait pas encore trop souffrir. Quelques-uns des passagers sont un peu effrayés, et se disent probablement : Qu'allais-je faire dans cette galère ? Mais il faut marcher ; il n'y a pas moyen de s'en aller. Le Prince est plein d'ardeur.

. . . .

Je reprends ma lettre, ma chère petite fille, bien contrarié. Je n'ai pas pu atteindre Jean Mayen. J'ai trouvé une barrière impénétrable de glaces. Je n'ai pu approcher qu'à 18 lieues du point problématique où les cartes placent l'île. J'aurais peut-être pu essayer de m'en approcher un peu plus ; mais un coup de vent s'est déclaré. La prudence m'ordonnait de m'éloigner. Je n'ai même pas pu voir l'île, qui est très élevée, car le temps n'a pas cessé d'être couvert et brumeux. J'ai acquis d'ailleurs la

certitude qu'elle n'est pas abordable ; les glaces l'envelop-
pent et la dépassent de 15 lieues au moins. En revenant,
lord Dufferin m'a quitté. Il a voulu pénétrer plus loin,
c'est impossible, et je suis un peu inquiet de lui, parce
que le temps est tout à fait mauvais. Je suis actuellement
en route pour retourner à Onundar Fjord sur la côte
d'Islande.

J'ai passé ces trois derniers jours-ci par des péripéties
bien émouvantes au milieu des glaces. C'est un spectacle
des plus intéressants et des plus grandioses ; mais aussi
une navigation fort dangereuse, qui exige l'attention la
plus suivie. Je n'ai pas quitté le pont, et je m'en suis tiré,
Dieu merci, sans accident aucun. Le thermomètre n'est
jamais descendu à moins de 2 degrés au-dessous de
zéro. Mais, avec le vent qu'il faisait, on sentait rudement
le froid, qui était rendu plus sensible par de fréquents
grains de neige. Le temps est toujours mauvais ; mais j'ai
vent arrière, et je vais très vite ; j'espère être demain à
Onundar Fjord. Je compte y passer un jour, aller ensuite
à Dyce Fjord, golfe à peu de distance d'Onundar
Fjord et de là à Reykjavik, d'où j'expédierai un bâtiment
pour France avec les lettres. Je me porte assez bien ; le
grand air me donne de l'appétit, et je ne souffre pas du
froid autant que je l'aurais cru. Quant à dormir, je crois
que je ne saurai bientôt plus comment cela se fait.
Mais la nécessité de veiller au salut commun me soutient.

J'aurais voulu pouvoir débarquer sur la banquise, et y
faire servir un repas ; la grosse mer ne l'a pas permis.
Cependant le Prince et moi sommes allés en canot débarquer sur un glaçon dont nous avons rapporté un morceau
à bord ; nous en avons chassé les phoques, qui, tout éton-
nés, venaient de temps en temps mettre le nez hors de

l'eau voir qui se permettait de venir ainsi envahir leur
glaciale demeure.

. . . .

Je comptais arriver hier 12 à Onundar Fjord. mon petit
enfant, mais j'ai été arrêté court par une brume à couper au couteau, comme disent les marins. Je me savais
près de terre, mais. ne l'ayant pas vue, il ne m'était pas
permis d'avancer. Il a fallu attendre. Je ne pouvais pas
me diriger en sondant, car il n'y a pas de cartes détaillées
de toutes ces côtes-là. J'ai dû m'arrêter pendant seize
heures. Les matelots ont alors pêché, et ont pris une
quantité de poisson, presque tous morues. Ce poisson se
prend avec une ligne garnie d'un hameçon et d'un plomb
pour la faire aller au fond. On met sur l'hameçon un morceau de viande quelconque, et dès que la première morue
est prise, on la dépèce, et les morceaux servent d'appât
pour en prendre d'autres.

Le temps s'étant un peu éclairci, il a fallu interrompre
cette partie de plaisir, et je suis actuellement en route pour
Onundar Fjord, où j'espère arriver ce soir. J'y resterai
quelques heures et je compte m'y régaler de lait, pendant
que les amateurs iront les uns chasser. les autres chercher des coquilles, d'autres botaniser.

. . . .

Ainsi que je te le mande plus haut, ma chère petite
enfant, j'ai mouillé à Onundar Fjord avant-hier 13, à
6 heures du soir ; j'y suis resté trois heures ; les indigènes
sont de vrais sauvages ; puis je suis allé dans un autre
golfe à 6 lieues de là. appelé Dyce Fjord. J'y ai mouillé à
minuit. Le lendemain, dès 5 heures, tout le monde était
sur pied, partant chacun pour sa spécialité. La mienne,
c'est le lait ; je ne me soutiens et me repose qu'avec cela.
J'en trouve d'excellent. Je fais de la politique pratique

avec les habitants, au sujet d'un établissement que la France veut faire dans ce fiord pour y préparer les morues. Je trouve là un négociant danois qui parle allemand et qui m'est très utile. J'y recueille des renseignements précieux. A 10 heures nous partons, après avoir fait venir à bord et avoir photographié la femme de mon négociant danois, qui est une Islandaise.

Nous sommes arrivés à Reykjavik ce matin à 3 heures.

Nous avons appris que le gouverneur voulait nous donner un grand bal. Comme je suis pressé, je lui ai envoyé un officier lui dire qu'il le donne demain.

Je t'envoie quelques fleurs d'Islande, la petite pierre qui vient du fond de la mer à 4.600 mètres, et un petit dessin fait par notre dessinateur Giraud, représentant la *Reine Hortense* dans les glaces avec la goélette de Dufferin à la remorque; nous sommes restés trois jours naviguant ainsi dans les glaces.

. . . .

Ma bonne petite fille, nous partons aujourd'hui 17 pour le Groënland. C'est là la grosse difficulté.

Le gouverneur nous a donné hier un bal mirobolant, où presque toutes les femmes avaient le costume national islandais. Nous y sommes restés jusqu'à 2 heures du matin. Il y a eu un souper sous une tente immense organisée par les matelots de la frégate l'*Artémise*. J'étais entre la femme du gouverneur et celle de l'évèque qui, ni l'une ni l'autre, ne parlent ni le français ni l'anglais, ni l'allemand, ni l'espagnol, ni le portugais, ni l'italien, ni le latin, ni le grec, ni même le turc. Notre conversation a été des plus intéressantes.

Le gouverneur a prononcé un toast auquel le Prince a répondu par des paroles très bien dites et très bien choisies. J'ai beaucoup causé en latin avec le vétérinaire, qui

au moins a une femme et une fille causant français. Après
avoir flotté entre le parti du recteur et celui de l'apothicaire, j'ai embrassé celui du vétérinaire latiniste (*saignare,
purgare cavallos et clysterium donare per totum orbem*).
Adieu, chère petite enfant, je t'embrasse bien tendre-
drement. Embrasse ta maman. Je tâcherai de te continuer cet historique de mon voyage.

26

Reykjavik, 17 juillet 1856.

CHÈRE ENFANT,

Je t'écris deux lignes à toi, la lettre à Babé te racontera toute mon épopée. Mais je ne veux pas qu'elle seule
ait de mes nouvelles, et je tiens à t'écrire aussi. Tout va
assez bien jusqu'à présent, mieux que je ne l'aurais pu
espérer.

Nous allons voir pour le Groënland, qui est la pierre
d'achoppement. Le Prince aurait voulu que je lui don-
nasse quelques bonnes raisons pour ne pas y aller. Mais
il l'a voulu, il l'a crié sur les toits à Paris ; ce serait
ridicule de ne pas y aller. Ce sera, il est vrai, un tour
de force. Mais à qui en tiendra-t-on compte ? Je ne sais
quand j'aurai de tes nouvelles, à mon retour ici vers le
10 août, sans doute. J'en aurai ensuite à Bergen. Cela
me semble bien long.

27

A sa fille.

En mer, terminée au large des Shetland, le 19 août 1856.

MON PETIT ENFANT,

Je t'écris de Godthaab (1) qui est le principal établissement du Groenland ; je suis parti le jeudi soir 17 juillet
de Reykjavik. J'avais fait partir 24 heures avant le
Cocyte et la *Tasmania* ensemble. Ce dernier est un navire de commerce anglais, chargé de charbon pour
l'expédition. En quittant Reykjavik, nous avons eu
pendant 24 heures un temps détestable; le 20, à 2 heures après midi, nous avons rencontré un morceau de
bâtiment naufragé. Je suis allé le chercher et nous
l'avons à grand'peine embarqué à bord. Je l'ai fait dépe-
cer et nous en avons tiré d'excellent bois. Le même jour,
à 5 heures du soir, nous avons aperçu très loin un bâtiment qui nous semblait désemparé, je me suis dirigé vers
lui, et en effet nous avons reconnu un bâtiment plein
d'eau et abandonné de son équipage. C'était un anglais
de Sunderland chargé de bois. Je suis allé à bord ; mais
je n'ai pu trouver aucun indice qui pût me fournir des
renseignements sur le sort de son équipage. J'ai écrit sur
une feuille de papier que la *Reine Hortense* l'avait visité
le 20 et j'ai mis le papier dans une bouteille que j'ai fortement fixée à un mât.

En quittant ce bâtiment, nous avons continué notre
route par un temps magnifique qui m'a permis de m'ap-

(1) Godthaab, sur la côte sud-ouest du Groënland, bordant le détroit
de Davis, premier établissement danois, à 600 kilomètres du cap
Farewell.

procher jusqu'à sept lieues du cap Farewell, et là j'ai été
arrêté par les glaces qu'il a fallu contourner en traversant toutes leurs pointes. Je me suis retrouvé dans la
même situation pendant deux jours que dans ma tentative vers Jean Mayen ; mais j'ai eu un spectacle plus
grandiose. C'est celui des montagnes de glace. Du côté
de Jean Mayen il y a la banquise et les gros glaçons qui
s'en détachent ; au Grœnland de même, mais il y a en
plus des glaçons gros comme des montagnes qui provien-
nent des glaciers à terre. Ils s'en détachent au printemps,
roulent dans la mer et flottent à l'aventure, entraînés par
les vents et par les courants. Il y en a qui ont des centaines de pieds de hauteur et qui entrent dans l'eau d'une
quantité sept fois plus grande que ce qui est au dehors.
La *Reine Hortense* avait l'air d'une chaloupe en passant
à côté de ces montagnes. Nous avons tiré des coups de
canon à boulet sur quelques-unes ; cela n'y fait pas le
moindre effet. C'est dangereux, mais c'est grandiose.

Nous avons suivi la banquise jusque près de Frede-
rickshaab (1) ; là elle cesse ; il n'y a plus que des glaçons
flottants et des montagnes de glace. La brume nous a pris,
puis un coup de vent du sud. Malgré tous mes efforts, je
n'ai pas pu entrer à Frederikshaab, n'ayant pas de pilote,
et le temps étant trop mauvais pour qu'il en vînt un.
J'étais vivement contrarié. Après les tentatives les plus
impossibles, j'ai dû me décider à aller à Godthaab
à 5o lieues plus loin ; j'ai eu très mauvais temps pour
continuer ma route, et surtout beaucoup de brume. Il
s'agissait de trouver l'entrée de la rade, qui, comme à
Frederikshaab, n'a aucune indication extérieure. Le
temps était trop mauvais pour qu'il vînt quelque pilote

(1 Frederikshaab. A 2oo kilomètres au sud de Godthaab

esquimau, et la brume aurait d'ailleurs empêché de me
voir, Je tirais néanmoins des coups de canon tous les
quarts d'heure. A deux heures du matin, le temps deve-
nant plus mauvais, je me décidai à entrer dans une baie
qui devait être dans le voisinage de Godthaab, et que
j'avais trouvée en passant tout près de terre. Je ne savais où j'étais, et je trouvais la baie semée de rochers
sur lesquels la mer se brisait. J'avais beau tirer des
coups de canon, je n'avais révélation de personne. Les
terres étaient tout à fait désertes, ce n'étaient que des
rochers. Enfin, dans un moment d'éclaircie, j'aperçois sur
un îlot cinq ou six pierres superposées. Il était évident
que des hommes avaient été là. Ce fut un grand soulagement pour moi. Je m'approchai de l'îlot; et au moment
où j'envoyais une embarcation voir s'il n'y avait pas là
quelques habitants, l'homme de vigie nous criait de la
hune qu'il voyait venir à nous deux singulières choses
qui poussaient des cris. C'étaient deux Esquimaux, qui,
ayant entendu les coups de canon, venaient s'offrir à
nous piloter. Nous les hissâmes à bord et il se trouva
que j'étais bien entré dans les passes de la baie de
Godthaab, et que je devais me trouver très heureux
d'avoir pu arriver jusque là sans pilote. Deux heures
après nous étions mouillés.

Godthaab renferme six cents habitants dont trente ou
quarante Danois. En peu d'instant, nous avons été
envahis par les Esquimaux, hommes, femmes et enfants,
que j'ai autorisés à monter à bord. Tout était nouveau
pour eux. Il ne vient qu'un petit navire de commerce par
an à Godthaab : une goëlette, je crois, qui vient y prendre
les quelques marchandises qui s'y produisent. Ces marchandises sont vendues pour le compte du gouvernement
danois, qui a le monopole de ce commerce. Tu comprends

combien un bâtiment comme la *Reine Hortense* a dû les frapper avec la musique, les coups de canon, le nombreux équipage, etc. On s'est mis de suite à faire des échanges, car ils ne connaissent pas le prix de l'argent ou de l'or ; à la fin cependant, ils voulaient tous des pièces de cinq francs, mais ne voulaient pas des pièces d'or, qui sont plus petites. Pour un vieux pantalon on avait tout ce qu'on voulait. Enfin, pour me servir d'une expression maritime, nous avons chaviré tout le pays. et il est certain que dans des siècles on parlera de cette époque mémorable. Nous avons fait danser et valser les femmes Esquimaux, on les a photographiées, dessinées, régalées ; elles sont affreuses Je t'envoie un petit dessin·

Nons avons fait là une perte sensible pour nos estomacs. Il n'y a aucun animal domestique au Groënland. Nous avions emmené d'Islande huit moutons ; on les envoya paître à terre, mais sans la précaution de les attacher ; comme ces animaux vivent en Islande à l'état de liberté, il a été impossible de les reprendre une fois lâchés. Nous avons mis tout l'équipage à courir après eux. On n'a pas pu en prendre un seul; ils couraient comme des chèvres, il a fallu avoir recours aux grands moyens. On a été à la chasse aux moutons avec des fusils chargés à balle, on en a tué ainsi quatre, mais il y en a quatre que l'on n'a pas pu atteindre.

Nous avons fait faire par les naturels une chasse aux phoques. C'est la principale nourriture des Esquimaux, et ils s'habillent presque uniquement de peaux de phoque. Il est curieux de voir l'adresse avec laquelle ces hommes harponnent le phoque et le préparent.

Nous sommes allés faire une excursion en canot à plusieurs lieues dans l'intérieur, on ne peut aller nulle part à pied, ce sont des rochers inaccessibles et couverts de

neige. Ce n'est que sur une bande qui longe la mer et qui
n'a que cinq ou six lieues de large que la neige n'est pas
perpétuelle sur la côte du Groënland. En dedans de
cette bande, à l'intérieur, il y a sur les montagnes comme
dans les vallées une couche de neige qui s'accroît toujours et que l'on estime dans certains endroits avoir
jusqu'à 2.000 pieds d'épaisseur. Chose singulière : malgré
le froid, on y est dévoré de moustiques. C'est insupportable. Dans notre excursion dans l'intérieur nous sommes montés à un glacier, et là nous en avons eu plus que
partout ailleurs, et pour nous en débarrasser, nous n'avons
rien imaginé de mieux que d'aller nous mettre avec le canot
tout près d'une immense cascade qui tombe de plus de
cinq cents pieds dans la mer, et qui forme ainsi une pluie
qui nous a débarrassés en partie de ces affreux animaux.

Les cases des naturels sont bien ce qu'il y a de plus
hideux et de plus sale au monde. Elles sont en partie
creusées par terre, on y entre par une porte si basse suivie d'un couloir si bas que je ne pouvais y passer qu'à
quatre pattes. Il est vrai que les Esquimaux sont tout
petits. Tout dans ce pays-là sent le phoque, c'est une
odeur insupportable pour nous. En Islande, l'odeur nationale, c'est la morue. Au Groënland, c'est le phoque. Je
préfère de beaucoup la première.

Au nombre des Danois établis là nous avons trouvé le
pasteur protestant, homme très intelligent, qui nous a été
d'un très grand secours dans nos recherches. Nous avons
aussi trouvé trois dames danoises, assez bien pour des
Danoises. Elles sont venues déjeuner à bord. Dans ce
pays-ci je me remets tout à fait à mon allemand et je m'en
tire très bien. Nous ne sommes que trois parlant allemand
à bord : le Prince, un de ses secrétaires et moi. Cela nous
. très utile, la plupart des Danois parlant cette langue.

Deux jours de séjour à Godthaab m'ont paru très suf-
fisants. J'en suis parti le 26 et je suis allé à Fiskeness,
établissement situé à trente lieues plus au sud ; là nous
avons été encore plus abîmés de cousins : et à l'odeur de
phoque s'est ajoutée une odeur de morue. Nous avons
trouvé d'assez intéressants objets de collection scientifique, et dans la nuit nous nous sommes empressés de fuir
cette puanteur. Le lundi soir 28, nous étions à Frédeiriks-
haab, à vingt-cinq lieues au sud de Fiskeness. J'étais
assez inquiet du *Cocyte* et de la *Tasmania*. Je les avais
fait naviguer de conserve parce que les deux capitaines
me paraissaient peu rassurés. Ils devaient se rendre à
Frédérikshaab et m'y attendre et, aussitôt arrivés, m'expédier des Esquimaux dans tous les ports pour m'informer de leur arrivée. C'est à Fiskeness que j'ai appris
avec un très grand soulagement d'esprit qu'ils avaient fait
leur voyage sans encombre et qu'ils étaient à Frédérikshaab, où je les ai en effet trouvés. Je voulais primitive-
ment faire là mon charbon. Mais ayant l'intention d'aller
à Arsut, port situé à quarante lieues dans le sud de
Frédérikshaab, je me suis décidé à y aller de suite en y
emmenant mon charbonnier la *Tasmania*. Je ne suis
donc resté qu'une demi-journée à Frédérikshaab, où les
moustiques ne valent pas mieux qu'à Fiskeness. Nous
avons encore trouvé là trois femmes de Danois que nous
avons fait venir dîner à bord. Toutes ces pauvres Danoises transplantées ici sont vraiment fort à plaindre. Et
cependant, il y en avait une à Frédérikshaab qui arrivait
du Danemark pour se marier à un médecin danois résidant à Julianshaab (1), près du cap Farewell. Il n'arrive

(1) Julianshaab, au milieu du golfe, entre le cap Désolation et le cap
Farewell.

de nouvelles du Danemark qu'une fois par an, par le bâtiment qui vient chercher les marchandises que monopolise ici le roi de Danemark. Il vient quelquefois un ou deux autres bâtiments par an dans quelqu'un des ports où j'ai été ; mais sur deux bâtiments il s'en perd généralement un.

A Frédérikshaab nous avons encore trouvé d'assez curieux objets de collection scientifique ; j'y ai fait faire, comme partout ailleurs, le plan sommaire du port, les observations sur l'aiguille aimantée et la détermination exacte de la position du port : les botanistes y ont herborisé, les géologues ont ramassé des cailloux ; les peintres ont peint, et le 29 au matin nous en sommes partis, tout le monde éreinté, parce que, donnant à tout une impulsion de rapidité que tu me connais, il faut que tout le monde marche, et qu'on fasse en un jour ce que d'autres feraient en quatre. Le Prince me seconde admirablement pour cela.

Imagine-toi qu'il n'y a sur toute la côte du Groënland, qui a trois ou quatre cents lieues de long, que trois médecins, qui résident l'un à Uppernavik (4), tout à fait au nord, l'autre à Godthaab, et le troisième à Julianshaab au sud. Tous les étés, pendant deux mois, ils vont à un point déterminé de leur circonscription, et ils doivent s'arranger pour voir les trois ou quatre points qu'ils ont à visiter une fois tous les trois ans ; en sorte qu'il n'est permis d'être malade dans ce pays-là que tous les trois ans pendant les deux mois où on peut circuler, juillet et août. Ils font ces voyages dans des bateaux d'Esquimaux.

Les bateaux d'Esquimaux sont de deux sortes, les

(1) Uppernawick (Upernivik), sur la côte occidentale du Groënland, à 451 kilomètres au nord-ouest de Godthaab.

kayaks et les umiaks. Le kayak est une petite pirogue qui
ne contient qu'un seul homme qui y est hermétiquement
enfermé ; en sorte qu'il ne fait qu'un avec la pirogue, où
il ne peut pas entrer d'eau. Ils constituent le véritable
homme-poisson. Tout homme a son kayak ; c'est avec cela
qu'il va à la pêche et qu'il prend son unique nourriture
et celle de sa famille, le poisson et quelques rares oiseaux
de mer qu'il tue en leur lançant très habilement un dard.
Le kayak est très élégant et va aussi vite que nos embarcations, mais il faut une grande habitude pour y aller ;
quelques matelots ou mousses ont essayé et plus ou moins
réussi ; un mousse a manqué de se noyer. J'ai voulu
essayer ; mais il n'y a pas de kayak assez grand pour
moi.

L'autre espèce de canot des naturels est l'umiak. C'est
une grande embarcation qui peut contenir vingt personnes. Elle se compose d'une carcasse en bois à jour
recouverte de peaux de phoques. Il en faut vingt-trois
pour faire un umiak : ils sont tous de même dimension.
Ceux qui ont peur en pensant que dans un canot on n'est
séparé de l'eau que par une mince planche auraient bien
plus peur dans un umiak, où on n'est séparé de l'eau que
par une peau transparente, exactement comme du par-
chemin. Les naturels font néanmoins de longs voyages
sur ces bateaux, mais toujours le long des côtes. Ce
sont toujours des femmes qui rament dans ces bateaux ;
il n'y a d'homme travaillant que celui qui gouverne. Ils
ont une petite voile dont ils se servent rarement.

Il n'y a ici que deux espèces de Danois : les négociants, et il n'y en a qu'un seul par établissement, et les
ecclésiastiques. Le négociant est chargé de se faire
donner à très bas prix par les naturels, pour des objets
d'échange sans valeur, tout ce que peut produire le

pays. Il l'envoie tous les ans en Danemark, où c'est vendu pour le compte du roi à un prix élevé fixé par l'administration. Les ecclésiastiques sont généralement des hommes assez distingués. Ils sont tous protestants. Quelques-uns appartiennent à la congrégation des Frères Moraves, qui sont des protestants plus austères que les autres. Ils ont tenté de catéchiser les naturels, mais sans grand succès. On les baptise ; on leur fait des sermons tous les dimanches, mais ils n'en sont ni meilleurs ni plus mauvais. Ils ne sont d'ailleurs aucunement méchants, et il n'y a pas de répression à exercer contre eux.

.   .   .   .

J'ai interrompu plusieurs fois cette lettre, ma bonne petite fille ; et j'ai fait beaucoup de choses jusqu'au moment où je la reprends. J'ai quitté Frédérikshaab le 29 à 2 heures du matin et je suis arrivé le soir à Arsut, où je voulais voir des mines récemment découvertes, et que l'on va exploiter, dit-on. J'avais pris à Frédérikshaab un Anglais, M. Taylor, qui venait à ces mines pour en organiser l'exploitation si possible. Ce M. Taylor est fils d'un amiral qui a inventé les brise-lames flottants, et avec qui j'ai eu des relations en Angleterre. J'ai trouvé un mouillage passable près de l'embouchure d'un torrent. J'ai pris de suite mon charbonnier la *Tasmania* près de moi et j'ai fait mon charbon.

Nous sommes allés visiter les mines. Il y était venu l'année dernière quelques Norvégiens qui en avaient tiré une pierre que l'on nomme de la créolithe, et qui sert à faire de la soude avec laquelle on fait du savon. Ces pierres de créolithe renferment aussi du plomb, du fer, du cuivre, et quelques métaux rares, mais jusqu'à présent sans usage. Mon Anglais, qui est un minéralogiste distingué, et le géologue de la Commission nous ont fort intéressés. Nous avons passé là toute une journée, nous avons travaillé nous-mêmes à creuser la mine, et à arracher des blocs, soit avec la pioche, soit en les faisant sauter avec de la poudre.

Le jour suivant, le Prince y est encore retourné ; pour moi j'ai fait ce que je n'avais pas fait depuis bien longtemps ; j'ai fainéantisé. Il faisait un temps superbe, bien rare pour le Groënland : 12° de chaleur, et un beau soleil. Je suis allé avec Pisani et un des secrétaires du Prince, Chpiedski, me coucher sur la mousse au bord d'un torrent. Je suis resté là quatre heures à me « soleiller », comme disent les Provençaux, la tête hermétiquement enveloppée à cause des moustiques,

Je voulais rester à Arsut le temps juste nécessaire pour faire mon charbon et en partir par conséquent le vendredi matin 1ᵉʳ août; d'autant plus qu'à ce mouillage on est à chaque instant menacé par d'immenses montagnes de glace que le vent et le courant font entrer dans la baie, et il faut être constamment prêt à lever l'ancre pour les éviter. Mais le 31 au soir, le temps s'est fait mauvais et, quoique le vent ne fût pas fort, à minuit je me suis trouvé échoué. Mon ancre n'avait pas tenu et j'ai été entraîné à terre. J'ai eu grand'peine à me tirer de là ; et j'ai trouvé enfin le lendemain matin un autre mouillage où j'ai tenu pendant tout un coup de vent qui a duré vingt-quatre heures et qui m'a donné pas mal d'inquiétude ; la *Tasmania* a manqué tomber sur la *Reine Hortense*, et ne pouvait pas tenir. Le 2 au matin, le temps s'étant amélioré, je suis parti et j'ai quitté avec grand plaisir ce port inhospitalier, y laissant Taylor qui veut y passer l'hiver tout seul. Voilà bien une idée d'original anglais.

Mon premier projet avait été d'aller d'Arsut à Julian-haab, port situé à quarante lieues au sud-est et que les glaces rendent toujours d'un abord très difficile pour les grands bâtiments. Mais, en partant d'Arsut, j'ai trouvé le temps très brumeux en pleine mer, et les glaces accumulées par le coup de vent de la veille dans la direction où je voulais aller. J'ai donc dû renoncer, à mon très grand regret, à aller dans ce port.

Je vais directement du Groënland aux Shetland en passant par les îles Feroë. C'est pendant cette traversée que je t'écris. Le premier jour s'est bien passé, mais le 4 et le 6, j'ai eu les coups de vent les plus forts que j'aie jamais essuyés. Je n'avais encore jamais vu la mer aussi grosse, même au cap Horn. Du reste le cap Farewell, dont nous étions à une vingtaine de lieues, a pour le mauvais temps la même réputation que le cap Horn et que le cap de Bonne-Espérance. Depuis ce coup de vent, nous avons continué à avoir gros vent debout. Nous avançons très lentement et je crains, si cela continue, que ma traversée aux Shetland soit très compromise et que je sois obligé d'aller chercher à grand'peine à la voile quelque port d'Ecosse. Au moment où je t'écris, je suis encore à trois cents lieues des Féroë, et à trois cent soixante-dix des Shetland avec gros vent et grosse mer debout. Tu comprends comme cela m'impatiente, d'autant plus qu'excepté le Prince, tous mes passagers tempêtent parce qu'ils ont peur d'une part, et le mal de mer d'une autre. Enfin, Dieu aidant nous verrons comment cela tournera. L'affaire du Groënland est finie, c'est une grande difficulté vaincue, un grand point atteint. Je te terminerai cette lettre avant d'être aux Shetland. J'expédierai de ces îles un courrier en France.

.   .   .   .

J'ai interrompu cette lettre pendant plusieurs jours, ma bonne petite fille, pendant lesquels j'ai eu mille contrariétés. Les coups de vent contraires se sont succédé à ce point que j'ai été obligé, à mon excessif regret, d'abandonner mon projet d'aller directement aux Feroë et aux Shetland. Après neuf jours de départ du Groënland j'étais encore à cent vingt lieues des Féroë. Un nouveau coup de vent et la diminution de mon charbon et de mon eau douce m'ont déterminé à aller à Reyjawik, dont je n'étais qu'à cent lieues.

J'y suis arrivé le 12 et j'ai trouvé en rade une goëlette à vapeur hollandaise ayant à bord le prince d'Orange, fils aîné du roi de Hollande (1). C'est un jeune officier de marine, âgé de seize ans, et qui est d'une maturité au-dessus de son âge. Nous avons été unanimes pour reconnaître qu'il était parfaitement bien. Les deux bâtiments se sont fait des politesses réciproques. Il y a eu quelques difficultés pour savoir lequel des deux princes se ferait la première visite. J'ai arrangé la chose à la satisfaction des deux. Le Hollandais est venu le premier. Le temps me pressait beaucoup ; j'aurais pu partir le 13 au soir. Mais la présence du Hollandais me forçait à rester pour célébrer la fête du 15 août. Le Prince voulait absolument partir parce que toutes ces fêtes-là l'ennuient. Mais j'ai refusé net. Et alors nous nous sommes disposés à célébrer cette fête avec le plus d'éclat possible.

J'avais là quatre bâtiments français, la *Reine Hortense*, l'*Artémise*, la *Perdrix*, et l'*Aigle*. Nous avons pavoisé, canonné, visité, mangé et fait chanter un *Te Deum* à l'issue de la messe à bord de l'*Artémise*. Grand dîner à bord de la *Reine-Hortense*, punch général le soir à tous

(1) Prince Guillaume d'Orange (1841-1879): fils aîné du roi Guillaume III de Hollande et de la princesse Sophie de Wurtemberg,

les officiers, distribution extraordinaire aux équipages. Le Prince a donné 800 francs à l'équipage de la *Reine Hortense*. Enfin la fête a été superbe et a donné bonne idée de la France aux Islandais et au Hollandais.

Nous sommes partis de Reykjavik hier 16 à deux heures du matin, et nous sommes en route pour les Féroë, où je ne resterai que quelques heures. J'espère être mercredi 20 aux Shetland, d'où j'expédierai mes dépêches.

Aux Shetland, deux de nos compagnons doivent nous quitter, Saulcy, le membre de l'Institut (1), qui se dit obligé d'être à Naples le 15 septembre, mais que je crois |très frappé de peur à la suite des coups de vent que nous avons eus en revenant du Groënland ; et Hubaine, le secrétaire particulier du Prince, qui ne peut dompter le mal de mer et qui dépérit à vue d'œil. Cela nous fera un peu de place, car nous sommes encombrés, ayant pris à bord de la *Reine Hortense* deux des passagers du *Cocyte* avant d'aller au Groënland.

J'ai appris à Reykjavik la bien malheureuse nouvelle de la mort de M. Fortoul ; j'en suis profondément affligé. Non seulement j'avais une grande affection pour cette famille, mais encore elle était un bien grand appui pour moi. Je n'ai pas de chance sous ce rapport ; j'ai perdu successivement, en très peu de temps, mes plus puissants amis, le maréchal de Saint-Arnaud, l'amiral Bruat, l'amiral de Mackau, M. Ducos, M. Fortoul.

. . . . , ... , . . .

Je reprends cette lettre avant d'arriver aux Shetland. J'ai atteint hier soir 18. aux Feroë, le port de Thorshaven. J'y ai trouvé le *Cocyte*, ce qui m'a soulagé d'une

---

(1) Louis Caignart de Saulcy, antiquaire français, Sénateur (1859), 1807-1880.

assez grande inquiétude ; j'avais peur que, dans ces
effroyables coups de vent que nous avons essuyés, il ne
lui fût arrivé quelque malheur. Pour arriver aux Féroë,
j'ai eu à lutter, à mon entrée dans les îles, contre des courants qui allaient aussi vite que la *Reine Hortense*, en
sorte que je n'avançais pas du tout.

Les îles Féroë commencent à être un peu civilisées, on
y voit quelques champs cultivés et quelques arbres.
Nous n'en avions pas vu depuis le 26 juin.

De Thorshaven, je vais directement à Lerwick, qui est
le chef-lieu des Shetland, d'où je ferai partir la *Tasmania*
pour Aberdeen, où elle déposera mes dépêches et mes
lettres.

Voilà la première partie du voyage terminé. Nous
l'appelons les *Glaces*; la seconde partie, qui comprend le
voyage au cap Nord, s'appellera les *Lapons*; et la troisième, qui se composera de nos visites à Stockholm,
Copenhague etc., sera définie : les *Cours*. Nous rappor-
tons des collections scientifiques très intéressantes et des
documents très curieux. En fait d'animaux, je rapporte
un renard bleu vivant, à défaut d'ours dont nous n'avons
pas vu la queue d'un. On ne les voit que l'hiver ; l'été
ils s'en vont à de grandes distances dans l'intérieur, les
bords de la mer étant trop chauds pour eux au Groënland. Je ferais un pitoyable ours.

Adieu, ma bonne petite fille, embrasse bien tendrement ta chère maman pour moi.

28

A la baronne de La Roncière Le Noury.

Bergen, 23 août 1856.

CHÈRE ENFANT,

Me voici à Bergen, où je croyais avoir des lettres ; pas du tout. On aura voulu, à Paris, faire passer les lettres par les ambassades, et, comme cela, elles n'arrivent jamais. Ecris-moi donc directement à Copenhague jusqu'à nouvel avis.

Le Prince, assommé par les lamentations de ceux qui ont le mal de mer ou qui ont peur, penche, je le vois bien, pour ne pas aller au cap Nord. Il n'ose pas me le dire ; mais je résisterai tant que je pourrai, parce que je veux faire la campagne complète. Il en était de même du Groënland, qu'il est très content d'avoir fait maintenant. Ce serait ridicule de ne pas y aller, après l'avoir annoncé si formellement. Je n'abandonnerai donc mon projet qu'à la dernière extrémité.

Nous n'avons reçu ici aucun journal, en sorte que nous sommes encore réellement sans nouvelles, si ce n'est ce que nous avons appris par des journaux très incomplets aux Shetlands. Je vois que je n'aurai plus de vos nouvelles directes qu'à Copenhague, dans quinze ou vingt jours. Quelles brutes que ces ambassadeurs ! Jamais je n'ai vu marcher quoi que ce soit avec eux. Adieu !

29

A sa fille.

Christiania, le 2 septembre 1856.

Ma Chère Petite Fille,

On a joué à Bergen, en l'honneur du Prince, une pièce faite, paroles et musique, par des habitants de la localité. On nous attendait, comme de juste, pour commencer.

Accueillis par l'air de la reine Hortense : *Partant pour la Syrie*, nous prîmes place et la toile se leva ; mais comme la pièce était en langage norvégien, nous n'y comprîmes absolument rien, quoiqu'on ait eu la délicate attention de distribuer aux principaux d'entre nous un exemplaire de la pièce dans le même langage. Aussi, pendant le second acte, le Prince s'est-il laissé aller à un doux sommeil. Dans les entr'actes, on nous menait dans le foyer, qui était exclusivement réservé pour nous, et où un souper était servi. C'était au moins la dixième fois que nous mangions dans la journée, et il paraît que c'est toujours comme cela dans ces pays-ci. Nous reviendrons en France très engraissés.

Après de grands efforts d'imagination, je n'ai pu comprendre à la pièce que ceci : le père empoisonne la fille, la femme empoisonne l'oncle, le gendre empoisonne la nourrice, le fils empoisonne la mère, la cuisinière empoisonne tout le monde, et, cependant, personne ne meurt ! Ma foi, l'explication de cette énigme ne fait pas partie du programme de la Commission scientifique. Avant de

partir, nous avons fait venir tous les acteurs et actrices
dans le foyer pour les complimenter et surtout pour leur
remettre 800 francs. Nous sommes retournés à bord,
accompagnés des acclamations de la foule, qui nous suivit en courant jusqu'au canot, à une distance de plus d'un
quart de lieue.

Il y a en ce moment-ci en ville deux princes prussiens,
neveux du roi de Prusse, fils du prince Adalbert. Je n'ai
même pas été leur faire une visite. Je leur ai envoyé un
officier. Il faut traiter les Prussiens comme ils le méritent.
Ils sont, en général, détestés partout. Et je crois que les
acclamations dont un prince français est ici l'objet ne sont
que plus éclatantes à cause de la présence des Prussiens.

Le 26 août, au matin, le *Cocyte* et nous avons appareillé. Il pleuvait, mais il ne faisait pas de vent. Nous
sommes sortis ainsi des fiords ; à 9 heures du matin nous
étions en pleine mer, à 10 heures nous avons été assaillis
par un effroyable coup de vent contre lequel il était
impossible de lutter : un vent à décorner les bœufs. Je me
suis déterminé à retourner à Bergen, que nous avons eu
grand'peine à rattraper, et alors le Prince m'a pris à part et
m'a dit qu'il fallait qu'il fût de retour en France avant le
5 octobre, que nous pourrions être forcés d'attendre peut-
être plusieurs jours avant que le temps fût meilleur, qu'alors
le temps nous manquerait pour faire ce que nous voulions
encore faire, etc., et mille autres raisons analogues, et
qu'alors il ne voulait pas aller au cap Nord. J'ai fait tout
mon possible pour le faire changer d'avis ; il n'a pas
voulu, d'autant plus qu'il était surtout poussé par presque
tous mes passagers, que le coup de vent du matin avait
fort effrayés. Il a fallu que je cédasse et, à mon immense
regret, j'ai dû abandonner mon projet de voyage au cap
Nord. Lorsque la nouvelle de cette détermination

s'est répandue à bord, il y a eu exultation générale.

Le vent, qui était mauvais, était bon pour aller dans le Sud, nous avons donc appareillé le lendemain 27, après avoir fait à la machine, que le coup de vent avait un peu détraquée, une réparation nécessaire. Nous avons passé en dedans des îles, dans les fiords, pendant un espace de 20 lieues. Le 28 au soir, nous avons mouillé à Christiansand, de là nous sommes allés à Arendal et enfin à Christiania, où nous sommes arrivés le 31, à midi.

Comme il y a ici un vice-roi (1) qui est le fils aîné du roi de Suède, et une cour, j'avais envoyé le *Cocyte* d'avance pour régler le cérémonial. Car, bien que le Prince s'acharne à voyager incognito, j'arrange les choses de façon à ce que sa présence ne passe pas inaperçue. A 2 heures, nous sommes allés faire une visite au vice-roi, qui est un grand beau garçon de trente ans, de manières très avenantes. Il est venu ensuite à bord, à 4 heures, rendre la visite au Prince ; à 5 h. 1/2 nous sommes allés dîner chez lui, le Prince, d'Abrantès, Pisani et moi ; c'était un dîner de quarante couverts. Les quatre premières places étaient occupées par les deux princes, le grand maréchal du palais, qui s'appelle le baron de Wedel-Jarlsberg, et moi. J'étais à côté de ce dernier et du ministre des Finances.

Ce qu'on boit dans ces dîners, on ne peut se le figurer. On se porte des santés, et il faut vider son verre, car, après avoir bu, on doit montrer à la personne avec qui on a bu que le verre est vide. J'estime que j'ai bu environ trente-six verres de vin, de dix ou douze vins différents, mais d'ailleurs excellents. Heureusement que je suis très

---

(1) Le prince Oscar, futur roi Oscar II, fils du roi Oscar Ier régnant n 1856.

difficile à griser, que je porte bien la voile, comme disent
les marins.

Mon voisin de gauche, le baron de Wedel-Jarlsberg,
est un vieux grand seigneur de la vieille roche, de l'école
de Metternich, Wellington, Nesselrode, etc., etc., c'est-à-
dire aimant peu, je crois, les Français et surtout les Bonaparte, mais un parfait gentleman. A ma droite, le ministre
des Finances, pour me faire honneur sans doute, s'était
grisé complètement, et avait entamé une dissertation sur
le système décimal. Comme il ne parle pas français,
disait-il, nous causâmes d'abord en anglais, puis en allemand. Mais, quand il a été ivre et qu'il a entamé sa dissertation, il l'a faite dans un mélange de norvégien, de français, d'anglais et d'allemand qui eût fait éclater de rire
quelqu'un sachant moins se contenir que moi. Toujours
est-il qu'il était complètement ivre et que je l'eusse
amené facilement à me signer une pension de 25.000 francs
sur le grand livre de la dette publique en Norvège. Il faut
dire, d'ailleurs, qu'en sortant de table, tout le monde, y
compris le vice-roi, et excepté nous autres Français, était
plus ou moins dans les vignes.

30

A la même.

Copenhague, 23 septembre, 1856.

Cette lettre, terminée à Copenhague, le 23 septembre 1856,
commence par raconter diverses excursions aux environs de
Christiania, au château royal d'Oscarshal, aux mines de
Kongsberg, le départ de Christiania, l'arrivée à Gothembourg,
la traversée de la Suède, par les lacs, sur un petit bateau à

vapeur : écluses et chutes de Trolhatta, lac Wener, visite aux châteaux des comtes Silverskiold et Skioldebrand, lac Wetter, usines de Motala, lac Buren, Suder-Koping ; enfin Stageborg, où attend la *Reine Hortense*.

La lettre continue ainsi, à l'arrivée à Stockholm, le 12 septembre :

. . . .

A midi, nous passons devant la forteresse de Waxholm, qui salue de vingt-quatre coups de canon et, à une heure, nous faisons notre entrée à Stockholm où on salue à nouveau. Le *Cocyte* rend tous ces saluts. Le prince Oscar vient à bord. Je me trouvais mouillé trop loin de la ville. On me dit qu'il fallait la permission du Roi pour mouiller plus près. Je réponds que je n'en ai pas besoin, et j'appareille immédiatement pour aller mouiller sous les fenêtres du palais, là où il est convenable que soit le bâtiment qui porte un prince français. A 3 heures, nous allions voir le Roi (1), qui est venu en ville présider le Conseil des ministres. On nous a préparé de magnifiques appartements dans le palais. Nous nous y retirons, et le Roi vient y rendre sa visite au Prince, et lui apporte en même temps l'ordre des Séraphins. A 4 heures, nous montons dans des voitures de la cour, à quatre chevaux, avec un piqueur devant, et nous allons à Drottingholm, où le Roi nous a devancés. C'est le Saint-Cloud de la Suède. Nous sommes présentés à la Reine, qui est fille du prince Eugène (2), à la princesse Eugénie, fille du Roi, et à la Reine mère, la veuve de Bernadotte cousine germaine de la duchesse d'Albuféra. Nous nous mettons ensuite à table à 5 h. 1/2. On a retardé le dîner d'une

----

(1) Oscar Iᵉʳ, fils de Bernadotte et de Désirée Clary (1799-1859), monté sur le trône en 1844.
(2) La reine, fille aînée du prince Eugène, duc de Leuchtemberg.

heure et demie à cause de nous, on dîne habituellement à
4 heures. Je suis à table en face de la Princesse, que je
puis examiner à l'aise, et à côté d'une demoiselle d'honneur, Mlle de Flemming, qui est charmante. La maison
de la Reine est composée d'une grande maîtresse, déjà
âgée, la comtesse Skioldebrand, et de quatre ou cinq
demoiselles d'honneur. Quand elles se marient, elles
cessent de faire partie de la cour. À 9 heures, nous
retournons à bord.

Le lendemain 15, nous passons la journée à visiter les
curiosités de la ville, et à 8 heures nous partons pour
Drottingholm, où nous soupons à 9 h. 1/2. Pour souper,
il y a une petite table où sont les princes et les princesses, et trois ou quatre autres tables de huit à dix couverts, où chacun se place comme il veut. Nous couchons
au palais à 11 heures, le Prince dans le palais même, et
nous autres comparses dans des pavillons voisins, où nous
sommes magnifiquement. A 9 heures du matin, nous
assistons à la messe de la Reine, qui est catholique. La
messe se dit dans un petit salon, sans aucun appareil.
Il n'y a que la Reine, deux dames qui ne sont pas des
demoiselles d'honneur, le Prince, d'Abrantès, Pisani et
moi. Nous visitons le château. Les passagers de la *Reine
Hortense* et quelques officiers des bâtiments arrivent de
Stockholm, et sont présentés au Roi et aux Princesses. A
10 h. 1/2 nous nous embarquons sur un petit vapeur où
ont pris place tous ces messieurs, le Roi, le prince Oscar,
et le prince Napoléon, et nous allons à 12 lieues de là sur
le lac Mœlar, à un vieux château royal, appelé Gripsholm,
qui est assez curieux ; nous allons faire une promenade en
voiture dans les environs et, à 6 heures, nous dînons
dans une fort belle salle à manger. Nous étions une
trentaine à table et il est d'usage de laisser entrer le

public ; c'était très curieux de voir tout ce monde venir nous voir manger. Le public est d'ailleurs admis partout où est le Roi, et comme il a une excellente tenue et n'a pas les allures bruyantes et sans gêne du public français, il n'y a pas d'inconvénient à l'admettre partout où il veut entrer. Nous allons prendre le café dans une vaste salle où sont les portraits en pied de tous les souverains contemporains de Gustave III au moment de son avènement au trône, en 1772. On y fume effroyablement, ce qui m'oblige à fumer aussi. J'ai une très longue conversation avec le Roi, ou plutôt il me parle pendant très longtemps, car il ne laisse pas à son interlocuteur le temps de placer une parole ; il parle toujours.

A 10 heures, on va se coucher. Je suis logé au rez-de-chaussée d'une des tours du château ; ma chambre occupe toute la tour, elle est immense ; les murs ont 16 pieds d'épaisseur, je les ai mesurés. Elle est tendue de vieilles tapisseries, presque entièrement recouverte de grands portraits en pied des anciens souverains ou guerriers de la Suède. Il semble, si on les regarde longtemps, qu'ils vont faire quelques mouvements. Derrière un de ces portraits est un escalier dérobé qui monte au haut de la tour et descend dans une cave qui n'a pas d'autre issue. Un autre portrait cache une petite porte qui donne sur un long corridor très bas, qui donne je ne sais où. Si j'étais homme à avoir peur, cette chambre était assez effrayante ; d'autant plus qu'on raconte beaucoup de légendes sur le château de Gripsholm, où se sont passées quelques lugubres scènes de l'histoire de Suède. Chacun des châteaux de Suède a d'ailleurs son revenant ; à Gripsholm, c'est une dame blanche. Je l'attendais de pied ferme, d'abord en écrivant des affaires de service, puis, dans mon lit, en lisant une description de Stockholm. Je ne l'ai pas vue ;

et cependant, à 1 heure du matin, — j'étais couché depuis
un quart d'heure, — quelqu'un a tout doucement ouvert la
porte qui était en face de mon lit, et l'a refermée subite-
ment. Je me suis précipité en bas de mon lit et ai couru
à la porte, que j'ai ouverte et qui donnait dans un grand
salon qui précédait ma chambre. Les lustres et les bougies de la cheminée y étaient encore allumés comme je
l'avais traversée trois heures avant, et je n'ai vu absolument personne dans le salon, que j'ai examiné dans toutes
ses parties. Il faut que la personne qui a ouvert ma porte
se soit sauvée bien vite, car je n'ai pas été longtemps à
aller de mon lit au salon. J'ai éteint les bougies du salon
et je me suis recouché, j'ai lu encore quelque temps,
attendant une nouvelle apparition, jusqu'à ce que le sommeil me gagnât. J'ai alors dormi parfaitement, mais pas
longtemps, ayant dû me lever à 6 heures pour déjeuner à
7 heures et aller tous à une fonderie de canons à 2 lieues
de là, chez le baron Wahrendorff. Nous sommes de retour
à Gripsholm à 11 heures. Nous nous rembarquons sur le
vapeur et retournons à Drottingholm, où nous sommes
à 3 heures à bord du bateau. A 3 h. 1/2 nous montons à
cheval et allons avec le Roi voir manœuvrer un escadron
de cavalerie, à 4 h. 3/4 nous sommes de retour, à 5 heures
on dîne et à 9 h. 1/2 nous retournons à bord, éreintés.

Ce qu'il y a d'insupportable dans ce genre de vie, c'est
qu'il faut changer de costume quatre ou cinq fois par jour,
et tout cela, chaque fois, en cinq minutes. On envoie un
chambellan vous dire quelle tenue il faut avoir et il faut
absolument être dans cette tenue-là, de sorte qu'il faut
emporter avec soi tous ses habits. Dans le voyage de
Gripsholm, j'ai emporté cinq costumes différents. J'en ai
mis quatre. Il y a ici à la cour une étiquette très sévère,
avec laquelle il ne faut pas plaisanter, quoique, entre

nous, y compris le Prince, nous en ayons pas
mal ri.

Le 16, notre matinée a été prise par la réception, chez
le ministre de France, du corps diplomatique et de tous
les grands fonctionnaires suédois, puis à recevoir à bord
des visites ; puis je suis allé visiter l'arsenal maritime, où
on m'a reçu absolument comme si j'étais au moins vice-
amiral.

Le lendemain, à 7 heures, nous nous embarquons sur
un joli petit vapeur que le Roi a frêté exprès pour nous
et nous allons à Upsal, Université à 15 ou 20 lieues de
Stockholm. Nous allons visiter les musées, les collèges,
la bibliothèque, la cathédrale, etc., etc. A 6 heures, nous
rentrons et dînons avec l'archevêque et tous les profes-
seurs de l'Université. Le Prince fait un très joli discours
après un toast. Il a un vrai talent pour cela. L'archevêque
veut répondre, mais il est intimidé, il ne peut dire une
parole. Le Prince le tire d'embarras en le remerciant
comme s'il avait parlé et en vidant son verre. Après dîner,
on fume et on cause. J'ai une conversation de deux heures
avec l'archevêque. Il est le chef de l'Eglise suédoise, le
premier personnage après le Roi. Nous discutons sur la
meilleure religion. Je lui démontre l'immense supériorité
du catholicisme et le déclin du protestantisme. C'est un
esprit rétrograde, mais intelligent, et s'il n'était archevêque et un si haut personnage, avec 80.000 francs d'ap-
pointements, il ne tarderait pas à se faire catholique.
C'est un homme qui, en présence des nombreuses sectes qui se forment dans le protestantisme, est arrivé
au doute ; c'est le premier pas vers le catholicisme.

Le lendemain, à 7 h. 1/2, on monte en voiture à quatre
chevaux de poste attelés de front, comme en Norvège, et

nous allons à 14 lieues de là voir les mines de **Danne-**
mora (**1**).

Ce sont les plus belles mines de fer du monde entier.
Imagine un immense trou taillé à pic, qui a 200 pieds de
large, 300 de long et 800 de profondeur. Notre ingénieur
des mines Chancourtois et moi y sommes descendus.
Nous nous sommes mis tous deux debout dans un grand
seau qui a 2 pieds de haut et autant de diamètre, nous
tenant aux chaînes qui le suspendait. Un mineur est monté
avec nous, se plaçant debout sur le bord du seau, et se
tenant aussi aux chaînes. On nous a suspendus au-dessus
de l'abîme, la corde en fil de fer qui nous portait s'est
déroulée et nous sommes descendus lentement. C'est
vraiment effrayant pour les personnes qui ne sont pas
habituées à voir le vide au-dessous de soi. On reste ainsi
suspendu pendant quatre minutes et demie. Voir seulement
d'une certaine distance ces seaux suspendus donne la
chair de poule. Personne autre que nous deux n'a voulu
descendre sous différents prétextes.

L'aspect au fond de la mine est des plus grandioses et
des plus imposants. On n'imagine rien d'aussi gigantesque
que ces voûtes d'une hauteur prodigieuse, ces galeries, ces
colonnes ; on n'a rien inventé de plus surnaturel dans les
Mille et une Nuits. On a fait éclater plusieurs mines pendant que nous étions là. Aucun bruit, si ce n'est ceux que
l'on entendra le jour du jugement dernier, n'est compa-
rable à celui-là. Malheureusement, il pleuvait à verse, en
sorte que nous ne sommes pas restés là aussi longtemps
que nous aurions voulu. Il y a un glacier au fond de la
mine, à 800 pieds de profondeur. Nous sommes **remontés**
comme nous étions descendus, en quatre minutes et demie.

(1) Dannemora, centre minier, à 50 kilomètres au nord d'Upsal.

Ce sont des bœufs attelés à un manège qui font remonter la corde.

Nous sommes rentrés le soir à Upsal, gelés, et le lendemain à Stockholm. Nous dînons à bord de la *Reine Hortense*, ce qui ne nous était pas arrivé depuis longtemps.

C'est le 19, à 5 h. 1/2 du soir, qu'après avoir fait les cadeaux et les adieux, nous sommes partis. A mon grand déplaisir, nous avons marché jusqu'à 7 h. 1/2 au milieu des passes, mais, le temps étant devenu très sombre, il s'en est fallu de l'épaisseur d'un cheveu que nous coupions un îlot en deux, et alors c'en était fait de la *Reine Hortense*. L'équipage aurait pu se sauver, voilà tout. C'est arrivé par un entêtement du pilote. J'étais heureusement sur le pont, causant avec l'officier de marine suédois attaché au Prince. J'ai pu de suite prendre les mesures nécessaires pour empêcher la catastrophe. Mais il s'en est fallu de bien peu. Nous avons alors mouillé et ne sommes repartis que le lendemain matin au jour, faisant route pour Wisby, capitale de l'île de Gottland. Je désespérais d'y arriver avant la nuit, ce qui nous perdait une journée. Mais la *Reine Hortense*, qui avait eu sept jours de repos et réparation à Stockholm, a si bien marché que nous sommes arrivés à Wisby à 5 h. 1/2, et nous avons eu le temps de visiter suffisamment la ville. Elle avait jadis 3o.ooo habitants, comme en font foi ses murailles en ruine très étendues. Elle n'en a plus que 3oo ; il lui reste de son ancienne splendeur de très belles églises, aussi en ruines. Il n'y en a pas moins de huit, dont quatre très remarquables. Nous les avons vues avec un demi-jour, ce qui ajoutait encore à l'effet.

Nous sommes arrivés ce matin à Copenhague ; je pense que nous y resterons trois jours. De là, nous irons très probablement à Kiel, sur la côte du Holstein, en faisant

le tour de l'île de Seeland, c'est-à-dire en passant par le
Sund et par le Grand Belt. Là, le Prince ira, par terre, à
Hambourg, où la *Reine Hortense* le rejoindra en faisant
le tour du Danemark. Je pense bien que de là nous irons
droit en France. Le Prince Jérôme écrit lettre sur lettre
à son fils pour lui dire de revenir, et, en vérité, nous
n'avons plus grand'chose à faire par ici dans cette saison-ci. J'espère donc que nous serons au Havre vers le
5 octobre.

31

A la baronne de La Roncière Le Noury.

Paris, 7 janvier 1857.

CHÈRE ENFANT,

Je suis allé hier à la soirée de la Princesse (1); il y
avait environ quatre-vingts Italiens, soixante-dix Russes
et une quarantaine de Français. C'était par exception que
l'on entendait quelques mots de français autour de soi.
Ces choses-là m'indignent. Je suis trop Français pour
vivre en France. J'y ai vu par conséquent peu de connaissances.

J'ai des invitations pour un bal aux Tuileries, pour
demain, avec une note disant que le bal est remis à jeudi
en huit. C'est à cause de la mort de l'archevêque. C'est
une grande chose que cet assassinat (2). La perte de
l'archevêque comme homme est peu de chose ; mais un

(1) La princesse Mathilde.
(2) Mgr Sibour (1792-1857), appelé par Cavaignac à l'archevêché de Paris,
en juin 1848, après la mort de Mgr Affre, fut assassiné à Saint-Étienne-
du-Mont par un prêtre interdit.

prélat assassiné dans une église est un fait inouï. Qui le remplacera ? Morlot ou Bonnechose (1). Ce dernier doit s'agiter furieusement. Je le saurai.

M. de Morny (2) épouse la plus jolie femme de Russie, Mlle Troubetskoï. Elle a peu de fortune.

32

Paris, 8 janvier 1857.

CHÈRE ENFANT,

Je ne pourrai pas aller demain à Incarville ; le Prince a un grand dîner samedi, où sont M. d'Israëli (3), lord Hetford, lord Holland et toutes les notabilités de la science ; il veut que j'y sois, parce que M. d'Israëli, qui est le lion du dîner, ne parle qu'à peine français.

On ne parle que du mariage de M. de Morny ; on dit que sa future est fille de l'empereur Nicolas.

(1) Le cardinal de Bonnechose était parent des Le Noury, d'abord par le mariage, en 1663, de Félix Le Noury, sieur de la Boucherie, avec Marguerite de Bonnechose ; ensuite par le mariage, en 1722, de François Le Noury, sieur de la Grignardière, bisaïeul de l'amiral, avec Marie Agis de Mélicourt de Saint-Denis, dont la mère était née Renée de Bonnechose. L'amiral et le cardinal se connaissaient beaucoup et cousinaient volontiers.

(2) Comte, puis duc de Morny (1811-1865), fils naturel de Flahaut et de la reine Hortense, petit-fils de Talleyrand ; officier après les journées de Juillet, député en 1842, en 1846 ; ministre de l'Intérieur le 2 décembre 1851 jusqu'en février 1852. Président du Corps législatif (1854-1856). Ambassadeur à Saint-Pétersbourg (1856-1857). Duc en 1862.

(3) Disraëli, le futur lord Beaconsfield (1804-1881), l'un des premiers israélites qui ait joué un grand rôle dans la politique britannique. C'est ui qui a fait proclamer la reine d'Angleterre impératrice des Indes. Parti du radicalisme, est devenu le leader des conservateurs. Il a laissé un nom dans la littérature comme auteur de romans à grand succès : *Sybil, Endymion.*

33

Paris, 10 janvier 1857.

On a enterré l'archevêque ce matin ; personne n'était convoqué et c'était de trop bonne heure. La cérémonie ne devait avoir lieu que mardi ; mais il paraît que, comme il était une créature de Cavaignac, on voulait faire quelque démonstration républicaine ; en sorte que, avant-hier, on a décidé que les obsèques seraient aujourd'hui. On ne sait rien sur le successeur. On cite Mgr Morlot. Ce qu'on fera de mieux sera de prendre un évêque obscur et bénin.

34

Paris, 16 février 1857.

Chère Enfant,

Je ne peux pas aller dîner chez Mme M... jeudi, à cause du bal des Tuileries, d'autant plus que c'est le dernier, et c'est là où on rencontre tout le monde. Je vais ce matin à l'ouverture de la session. Hier soir, j'ai fini ma soirée chez le maréchal Magnan (1), où il y avait bal. La chaleur y était aussi grande que la foule. Je m'y suis fait présenter à Mme Aynard de Clermont-Tonnerre (2) ;

(1) Le maréchal Magnan (1791-1861), commandant l'armée de Paris, en 1851. C'est lui qui fit le coup d'Etat du 2 décembre avec Morny, Persigny et Saint-Arnaud. Maréchal et sénateur en 1852.

(2) Marie-Louise-Gabrielle de la Tour-du-Pin Chambly de la Charce, venait de se marier en 1856.

Haùssmann (1) a raconté à M. Cuvier, à Valabrègue et à moi toutes sortes de détails sur les travaux de Paris; il a parlé pendant plus de trois quarts d'heure, et parlerait encore si sa femme n'était pas venue le chercher.

Je n'ai pas cherché à me faire inviter au bal costumé de Mme Waleska; c'est vraiment une trop forte dépense. Je n'aurais pas pu m'en tirer, pour arranger et compléter mon costume, à moins de 150 à 200 francs, parce que là, il faut être parfaitement bien ou ne pas y aller. On dit que l'Empereur ira en domino.

Il est resté jusqu'à 2 heures chez le Prince Jérôme, et a dansé le cotillon avec la princesse Mathilde.

35

Paris, 18 février 1857.

CHÈRE ENFANT,

J'ai dîné hier chez le Prince Napoléon. La discussion générale dans tout Paris, c'est l'impôt sur les valeurs mobilières. Je suis très fortement pour l'impôt. Mais il a bien des adversaires. On ne parle plus aussi que de M. Thiers, par suite de la phrase citée dans le discours de l'Empereur.

Je regrette de n'avoir pas été hier au bal Waleski. Il paraît que, contrairement à ce qui avait été proclamé partout, on pouvait y aller en domino sans être ministre ou ambassadeur.

Je vais passer l'inspection de ma culotte blanche et de

(1) Baron Haussmann (1805-1891) qui, comme préfet de la Seine (1858-1870), a dirigé les travaux de modernisation de la ville de Paris. Sénateur en 1857. Battu aux élections en 1871 et 1876, élu en 1877 député de la Corse contre le prince Napoléon.

mes bas de soie pour le bal de demain. Adieu, je t'embrasse et Babé.

36

Paris, 19 février 1857,

CHÈRE ENFANT,

J'ai dîné au club hier, avec Canrobert, l'amiral Cécille (1), etc., etc. Nous avons eu une discussion formidable sur l'impôt sur les valeurs mobilières, dont j'étais le champion le plus ardent, si ce n'est le plus éloquent. J'avais pour principal adversaire l'amiral Cécille, et, pour me seconder particulièrement, MM. de Veauce et de Bryas. La discussion a duré trois heures et n'a cessé que parce que je suis parti pour m'habiller.

Ce soir je me remets en culotte pour aller aux Tuileries, si toutefois je peux encore entrer dans ma culotte.

Le bal Waleski n'était pas assez nombreux. La musique était éloignée et s'entendait à peine. Dans un bal masqué, il faut de la foule et beaucoup de bruit pour que le masque enhardisse. Quelques masques perdus dans de grands salons se regardent et n'osent se rien dire.

On a reconnu l'Empereur et l'Impératrice quoiqu'ils aient changé trois fois de costume. Ce que c'est que l'habitude ! On a tout d'abord reconnu l'Empereur à son habitude de porter sa main à sa moustache pour la friser, par-dessous le masque. Il a beaucoup promené Mme de Brigode qui était en Bohémienne. C'est le costume à la mode depuis *le Trouvère*, *la Reine Topaze*, etc. Quelqu'un

(1) Vice-amiral Cécille (1787-1873). Député de la Seine-Inférieure à la Constituante de 1848 et à la Législative de 1849. Ambassadeur à Londres. Sénateur en 1853.

faisant remarquer à l'Impératrice la galanterie de l'Empereur pour les femmes, elle répondit : « Que voulez-vous ? Elles se jettent toutes à sa tête. » Et c'est vrai. A dieu

37

Paris, 12 mars 1857.

CHÈRE ENFANT,

Je ne sais absolument rien de nouveau, si ce n'est que le P. Ventura (1), qui prêche aux Tuileries le dimanche, y dit toutes sortes d'excentricités politiques. Mais l'Empereur ne veut pas entraver la liberté de la chaire. L'Impératrice, qui se croit ultramontaine, trouve cela charmant. Dimanche dernier il a tonné contre l'Université.

38

Paris, 21 mars 1857.

CHÈRE ENFANT,

J'ai travaillé hier et aujourd'hui à relire les épreuves de la relation de notre voyage faite par Choiedski (2), pour y corriger les hérésies nautiques. C'est un peu trop ampoulé, et je n'imagine pas que cela ait beaucoup de succès. Il n'y aura pas moins de 600 à 700 pages d'un grand in-octavo. J'en ai relu à peu près un quart. Il y en

(1) Le P. Ventura (1792-1861), Jésuite, puis Théatin, surnommé le Bossuet italien; polémique contre les doctrines de Maistre et de Bonald; défend Lamennais; assiste au conclave qui élit Pie IX; conseille au Pape des réformes libérales; se déclare partisan de l'unité de l'Italie sous l'autorité pontificale; vient en France après la Révolution de 1848; prêche le carême de 1857 aux Tuileries; voit son discours sur « les morts de Vienne » condamné par l'Index; se soumet.
(2) Croisière de la *Reine Hortense* dans les mers du Nord.

a encore un quart à rédiger, et j'estime que cela ne
pourra pas paraître avant le 1ᵉʳ mai au plus tôt. Il y a
toujours beaucoup de tiraillements pour les notices scientifiques qui devront y être annexées. Je crois qu'en
somme on n'y annexera rien du tout.

39

Paris, 27 mars 1857.

CHÈRE ENFANT,

J'ai lu le discours de M. de Falloux (1). Il est faible ; et
il est de mauvais goût d'avoir été chercher Lamoricière
et Changarnier, qui, à l'époque dont il parle, étaient,
l'un colonel, l'autre chef de bataillon. C'est le seul côté
politique du discours.

Tu verras la note du *Moniteur* sur l'évêque de Moulins (2). Elle est très juste. C'est pour son affaire que
Mgr Menjaud (3) a été à Rome. On dit que Mgr de Bonnechose y est allé aussi pour cette affaire-là, mais pour s'y
mêler officieusement.

40

Paris, 28 mars 1857.

CHÈRE ENFANT,

Le discours de M. de Falloux a été révisé par M. Viennet
qui en a retranché bon nombre d'allusions politiques

(1) Discours prononcé par M. de Falloux lors de sa réception à l'Académie française, où il remplaçait M. Molé.
(2) Mgr de Dreux-Brézé, évêque de Moulins, de 1850 à 1893, eut pendant
tout le second Empire avec le pouvoir civil des luttes retentissantes.
(3) Mgr Menjaud, évêque de Nancy (1844-1859), archevêque de Bourges
(1859-1861). Nommé premier aumônier de l'Empereur le 31 décembre 1852.

trop transparentes, et une surtout qui avait trait à l'hérédité. Il paraît que l'Empereur avait déclaré nettement que, si le discours renfermait des discussions politiques, il ferait fermer la porte de l'Académie. Et il aurait eu raison.

L'évêque de Moulins est condamné par la section de législation du Conseil d'État (1). L'affaire va aller au Conseil réuni. On est fort monté contre lui dans les sphères gouvernementales.

41

Paris, 17 avril 1857.

Chère Enfant,

Je ne pourrai pas être dimanche à Cracouville; il faut que j'aille à la messe des Tuileries; c'est la dernière. Je tiens à ce que l'Empereur me voie. C'est essentiel.

Le grand-duc Constantin (2) arrive à Marseille le 25, va coucher au Creusot chez M. Schneider et arrive à Paris le 30 au soir. Le 10, la Cour va avec lui à Fontainebleau où il y aura deux chasses. Le grand-duc en repartira le 15, restera deux jours à Paris et ira à Bordeaux où la *Reine Hortense* l'attendra. La Cour restera à Fontainebleau, où le roi de Bavière arrivera le 16. Il y a deux représentations à l'Opéra du 1er au 10 : on donnera *Marco Spada* et *le Corsaire*, deux ballets. Le 9, aura lieu la grande revue. où il y aura toute la garde, et peu

(1) Il s'agissait d'un décret d'abus dont fut frappé Mgr de Dreux-Brézé à la suite d'une mesure canonique prise par l'évêque contre un prêtre de son diocèse.

(2) Le grand-duc Constantin (1827-1892). frère de Nicolas Ier, oncle d'Alexandre II. Lieutenant général en Pologne en 1862, au moment où éclate l'insurrection.

de troupes en plus. Le jour de la fête de l'Hôtel de ville n'est pas fixé. Il paraît que ce ne sera qu'un concert. On croit que ce sera le 9.

Il y avait ce matin à la Madeleine un service anniversaire pour la mort de M. Ducos. Il y avait pas mal de monde, les maréchaux Vaillant et Magnan, mais personne de chez M. Hamelin, ce qui a paru de fort mauvais goût. Mme Ducos m'avait écrit hier de venir dîner avec elle et l'abbé Coquereau (1), qui avait prêché à Saint-Philippe-du-Roule, où quêtait la princesse Mathilde.

42

Paris, 22 avril 1857.

Chère Enfant,

Il y avait hier chez les B. un dîner aussi brillant que mauvais. Nous étions trente. Service très beau. Plats détestables. Le prince Napoléon y était, puis des dames du faubourg, la plupart aussi laides en vérité que celles de la halle. J'étais entre une Italienne. Mme Juva, excellente musicienne et amie de Mme de Castiglione, et une grosse mastodonte, bonne personne dont je ne sais pas le nom. Les Stourdza y étaient, Barbantanne, Delessert, etc., etc.

Le prince Napoléon va avoir une mission de l'Empereur, qui durera un mois, à une Cour, mais il n'a pas voulu me dire où. Il ne m'emmène pas. Il a cherché avec moi quelqu'un d'un rang élevé pour l'accompagner. L'Empereur le veut. Nous avons jeté les yeux sur le gé-

---

(1) Mgr Félix Coquereau (1808-1866], aumônier de la *Belle Poule* lors du retour des cendres de Napoléon Ier. Aumônier en chef de la flotte en 1850,.

néral de Salles et il m'a chargé de la négociation avec lui,
ce que j'ai fait ; et l'affaire est à peu près arrangée. Nous
devons nous joindre tous trois ce soir chez le prince Jérôme. Je ne soupçonne pas ce que cela peut être. Le
Prince doit aller du 15 juin au 15 juillet faire une excursion en Angleterre et en Irlande. J'irais alors avec lui.
Je verrai d'ailleurs d'ici là.

Je suis allé, en sortant de chez les B., au moment où la
musique allait commencer, chez Schneider, où j'ai trouvé
encore de la musique, puis chez la Princesse, où il n'y
avait pas de musique, mais où j'ai trouvé le maréchal
Baraguey d'Illiers, qui m'en a rudement dégoisé sur
l'amiral Hamelin, avec lequel il a été en relations à Constantinople quand le maréchal y était ambassadeur au
commencement de la guerre (1). |

Ne parle absolument à personne de la mission du
prince Napoléon ni du général de Salles.

43

Paris, 29 avril 1857.

CHÈRE ENFANT,

J'ai dîné hier chez le prince Napoléon en petit comité.
Voici l'énigme, *mais n'en parle absolument à personne.*
Le Prince va à Berlin et à Dresde. Il doit épouser une
fille du roi de Saxe (2), je ne sais pas laquelle. C'est pour

1) Maréchal Baraguey d'Illiers (1795-1878), lieutenant en 1813, a un poi
gnet emporté à Leipzig. Prend part aux expéditions d'Espagne et d'Algérie.
Général en 1843. Député à la Constituante et à la Législative. Dirige en
1854 l'expédition de la Baltique et prend Bomarsund. Maréchal de France
et sénateur. Vainqueur en 1859 à Melegnano. Commande l'armée de Paris
en 1870.

(2) Jean, roi de Saxe, monté sur le trône en 1854 après la mort de son
frère Frédéric-Auguste.

cela qu'il a pris le général de Salles. Il partira du 5 au
10 mai. Je n'en sais pas plus long. C'est Pisani qui m'a
mis au courant.

On envoie un plénipotentiaire en Chine.

Je pense que ce sera le baron Gros (1). Il est question
d'y envoyer mille hommes de débarquement; mais ce
n'est pas encore décidé. C'est la frégate *l'Audacieuse*
qui va porter le plénipotentiaire. J'avais des vues sur ce
commandement. Il m'échappe.

44

Paris, 9 mai 1857.

CHÈRE ENFANT,

J'ai dîné hier chez les Besplas, où j'ai vu le baron Gros
qui va en Chine. Il voudrait bien que je commandasse
l'Audacieuse, mais ce n'est guère possible. Je suis allé
ensuite à une soirée de la princesse Mathilde où le général Bougenol m'avait fait inviter. Il n'y avait que 60 à
80 personnes et des plus gros bonnets; et d'excellente
musique. J'étais le plus infime, mais j'ai été le lion parce
que, m'étant fait présenter au prince Constantin par le
général, j'ai causé avec lui pendant plus d'une demi-heure
de suite; il n'a guère parlé qu'à moi. Il est fièrement intelligent, et connaît parfaitement notre marine et la marine anglaise. Je conçois fort bien qu'il ait enfoncé Tréhouart, Dubourdieu (2) et *tutti quanti*. Il a été d'ailleurs

(1) Baron Gros (1792-1870). Envoyé en Chine en 1857. Signe le traité de
Tien-Tsin en 1858, puis, à Yeddo, un traité de commerce avec le Japon.
Sénateur en 1859, ambassadeur pour traiter la paix avec la Chine après
l'expédition de 1860. Ambassadeur à Londres (1861-1863).

(2) Amiral baron Dubourdieu (1804-1857), vice-amiral en 1852, sénateur en
1856.

fort bien pour moi, et il était évident qu'il avait du plaisir à causer marine. Je suis allé m'inscrire chez lui ce matin. J'espère le voir ce soir au bal des Tuileries. Je n'irai à Cracouville que mardi soir après qu'il sera parti pour Fontainebleau. Je ne voudrais pas le manquer.

J'ai eu des détails sur la fête de Villeneuve-l'Étang ; on y a joué aux montagnes russes sur une sorte de tertre en gazon à talus rapides. Les hommes ont commencé le jeu, puis les femmes sont venues, l'Impératrice en tête ; elles se sont emparées de la position que les hommes ont voulu reprendre. Il y a eu ainsi un combat simulé qui a été fort divertissant. C'était un véritable assaut de Malakoff ; le grand-duc y jouait comme un enfant. Puis on a joué aux barres. La petite Magnan, l'avant-dernière, est tombée par terre ; on croit aussi que Mme de Brigode est tombée. Le général de Montebello, se promenant en canot, a chaviré et est tombé à l'eau.

L'Empereur délaisse la Castiglione pour une Russe, la comtesse Obelinska, que j'ai vue hier soir et qui est assez jolie. Mme de Castiglione n'était pas hier chez la Princesse ; il paraît qu'elle a eu une scène avec l'Empereur à Villeneuve-l'Étang, et qu'elle a beaucoup pleuré.

La princesse Mathilde est de nouveau brouillée avec son père, encore pour des affaires d'argent. D'après la version du général Bougenol, le prince Jérôme aurait tort.

45

Paris, 14 mai 1857.

Chère Enfant,

Le grand duc revient ici aujourd'hui. Je tâcherai de le revoir samedi au palais de l'Industrie où il va voir une

petite exposition de tableaux préparés d'avance pour lui.
Il s'est montré très pitoyable cavalier à la chasse à Fontainebleau. Cela est étonnant pour un marin.

46

Paris, 18 mai 1857.

CHÈRE ENFANT,

Il paraît que ce n'est pas d'une princesse de Saxe dont
il est question pour le prince Napoléon, mais d'une princesse de Hohenzollern-Sigmaringen, nièce du roi de
Prusse et petite-fille de la grande-duchesse Stéphanie de
Bade (1). L'Empereur a donné 200.000 francs pour le
voyage du Prince et les cadeaux afférents au mariage. Je
crains qu'il n'absorbe les 200.000 francs et qu'ensuite il
ne veuille plus se marier. Je ne sais rien d'autre au sujet
de cette affaire.

Je suis allé samedi au bal des Tuileries. J'y ai causé
un instant avec le grand-duc, qui m'a très bien reconnu
malgré sa vue basse et mon changement de costume.
Puis, hier matin, je suis allé le voir aux Tuileries, où j'ai
causé longtemps avec lui et où j'aurais causé encore plus
longtemps si l'heure n'était venue pour lui de partir pour
les courses avec l'Empereur. Ils y sont allés par la rivière
sur l'*Eugénie*.

(1) Stéphanie de Beauharnais, fille adoptive de Napoléon Ier.

47

Paris, 27 mai 1857.

CHÈRE ENFANT,

Je suis allé ce matin au mariage de Mlle Sallandrouze, dans la chapelle du Corps législatif. Il y avait la ville et la campagne. J'ai longtemps causé avec Girardin (1). Quant au mariage du Prince, impossible de savoir la vérité. Pour moi, je ne puis y croire, et en fait, pendant le voyage, rien n'a pu faire supposer qu'il pût en être question. Il n'a pas vu la princesse de Hohenzollern, et il a très peu vu la princesse de Saxe. Politiquement parlant, son voyage a été un véritable succès.

48

Paris, 24 juin 1857.

CHÈRE ENFANT,

Je viens d'avoir une discussion politique de trois heures sans arrêter avec le Prince. Je lui ai dit d'assez fortes duretés, qu'il accepte toujours d'ailleurs très bien de moi. Rien de bien fixé encore pour notre départ. Je crois que nous emménerons Regnault (2), le directeur de la manu-

(1) Emile de Girardin (1806-1881). fils adultérin du comte de Girardin. Révolutionne le journalisme en fondant *la Presse* (1836), premier journal politique à bon marché. Tue en duel Armand Carrel; député en 1836, se rallie à la République en 1848, attaque le gouvernement provisoire de Cavaignac, qui le fait emprisonner. Combat l'élection de Louis-Napoléon, député à l'Assemblée législative, siège à l'extrême-gauche: expulsé après le coup [d'Etat. Achète *la Liberté* en 1866. Défend la politique de Thiers dans *le Moniteur universel* et *le Petit Journal;* fait, en 1877, une campagne retentissante contre le duc de Broglie, dans *la France*. Député de Paris. en 1877.

(2) Henri-Victor Regnault, physicien français, membre de l'Institut, professeur au Collège de France.

facture de Sèvres. C'est, je crois, un bon choix. Je le préfère à Arago (1).

Le 9 juillet, le commandant de la Roncière accompagne le prince Napoléon dans un voyage en Irlande et en Angleterre. On quitte le Havre le 9 sur la *Reine Hortense*. On visite successivement Falmouth, Swansea, Dublin, l'île d'Anglesey, Liverpool, Manchester, Derby, Sheffield, l'île de Man, Belfast, la grotte de Fingal, Londonderry, Donegal, Galway, Limerick, Tabers (?), Killarney, Cork, Queenstown, Osborne.

49

Osborne, le 3o juillet 1857.

Chère Enfant,

Je tiens beaucoup à t'écrire d'Osborne sur du papier à Sa Majesté la reine Victoria. Ce matin nous sommes arrivés à Cowes. Il a été convenu que le Prince débarquerait à 11 heures. Nous sommes venus donc mouiller devant Osborne.

Le Prince, qui n'aime pas s'ennuyer et qui sait comme Osborne est ennuyeux, voulait d'abord aller y passer trois quarts d'heure et partir. C'était absurde; je n'ai laissé en aucune façon subsister cet arrangement. D'un autre côté, nous sommes talonnés par l'amiral Hamelin, dont le Prince a reçu une lettre en arrivant, pour être au Havre dès aujourd'hui. Il a donc été décidé que nous partirions cette nuit, de manière à entrer demain soir au Havre.

(1) François Arago (1812-1896), fils de l'astronome, commissaire de la République dans le Rhône en 1848. Député à la Constituante et à la Législative; proteste contre le coup d'Etat. Député de Paris en novembre 1869, fait de l'opposition à Emile Ollivier. Vote contre la guerre en 1870. Membre du gouvernement de la Défense nationale, succède à Gambetta à l'Intérieur usqu'au 19 février 1871. Ambassadeur à Berne.

Nous avons débarqué à 11 heures dans le canot de la Reine. Le prince Albert est venu recevoir le Prince au débarcadère et nous sommes arrivés en voiture au château où la Reine a reçu le Prince à l'entrée. Nous autres, Ferri et moi, avons été simplement présentés aux dames d'honneur et aux aides de camp.

50

Paris, 18 août 1857.

Chère Enfant,

Le Prince, chez qui j'ai diné hier, m'a dit des choses excessivement intéressantes. J'y déjeune demain et il doit me terminer sa conversation, Il veut être grand amiral ou gouverneur général d'Alger, ou commandant général de la garde. Ne parle de cela à qui que ce soit. Mais il pourra en sortir quelque chose. Il m'a demandé une note sur le « grand amiralat ».

Compliments à Julie (1). L'Empereur a demandé au prince Napoléon des nouvelles des fils de M. Hugo, et pourquoi ils n'étaient pas en France.

51

Paris, 3o octobre 1857.

Chère Enfant,

J'ai vu le ministre et je lui ai demandé un commandement.

(1) Mᵐᵉ Chenest, belle-sœur de Victor Hugo. Elle était restée en relations avec la baronne de la Roncière et venait souvent la voir à Cracouville.

Je vais en Angleterre voir lancer le *Great Eastern* (1). Je partirai dimanche soir avec Duperré (2). C'est le lundi soir que commencera l'opération, mais il faut que j'attende une dépêche de Londres qui n'arrivera que demain pour savoir si on ne sera pas obligé de remettre à la marée prochaine. C'est ce qui me retiendra peut-être demain. Néanmoins, je voudrais bien être demain à Cracouville pour mes 44 ans.

52

Paris, 30 octobre 1857.

CHÈRE ENFANT,

Une conversation que je viens d'avoir avec Hubaine m'a déterminé à aller demain à Compiègne voir le Prince qui en revient dimanche.

Cavaignac (3) et Mˡˡᵉ Rachel sont morts. L'enterrement du premier va faire un événement dans Paris et quelques démonstrations comme à celui de Bérenger.

---

(1) Le premier navire de très fort tonnage construit. Il avait 210 mètres de long et dépassait 25.000 tonnes; mais ses machines n'étaient pas en proportion de sa masse et l'expérience ne fut pas un succès. Il servit à la pose du premier câble sous-marin transatlantique.

(2) Baron Victor Duperré (1825-1900). Fils de l'amiral, se distingua à Bomarsund pendant le siège de Paris; gouverneur de la Cochinchine (1876), vice-amiral (1879), président du conseil de l'amirauté.

(3) Cavaignac (Louis-Eugène) (1802-1857). Se distingue en Afrique, notamment par la défense de Tlemcen. Général en 1845. Gouverneur général de l'Algérie après la révolution de 1848. Ministre de la guerre. Réprime l'insurrection de juin. Chef du pouvoir exécutif. Battu par Louis-Napoléon à l'élection présidentielle. Elu député en 1852 et 1857; ne peut siéger pour cause de refus de serment.

53

1er novembre 1857.

CHÈRE ENFANT,

Voilà mon historique. Je suis parti hier matin pour Compiègne où j'étais à 10 h. 3/4; à 11 heures, au château, où j'ai trouvé de suite le prince Napoléon; puis j'ai été avec Pisani voir partir tout le monde, les uns pour la chasse, les autres pour se promener. J'ai eu alors une invitation pour dîner le soir, et une autre pour un bal pour le même soir. A 2 heures, je suis monté à cheval avec Pisani et le maréchal Bosquet (1), et nous nous sommes promenés ainsi dans la forêt jusqu'à 6 heures; à 7 h. 1/2 dîner. J'avais eu la précaution d'apporter ma culotte et mes bas de soie noire. Après le dîner, baluchon. L'Empereur est venu, au milieu d'un groupe où j'étais, me donner une poignée de main et ne m'a pas dit une parole; il s'est en retourné comme il était venu. Ce matin le Prince, Pisani et moi sommes partis tout seuls dans un train spécial dans le wagon-salon de l'Empereur.

Nous partirons demain pour Londres, Duperré et moi, l'heure n'est pas encore fixée. Cadore (2) viendra peut-être avec nous.

(1) Maréchal Bosquet (1810-1861). Brillantes campagnes en Algérie. Général de brigade en 1848; prend part en 1851 à l'expédition de Kabylie sous Saint-Arnaud. Divisionnaire en 1852, commande la deuxième division de l'armée de Crimée; contribue efficacement aux victoires de l'Alma et d'Inkermann; enlève le Mamelon Vert; prépare l'assaut de Malakoff. Grièvement blessé le 8 septembre 1855. Maréchal en 1856.

(2) Louis-Alix Nompère de Champagny, duc de Cadore (1796-1870), fils du premier duc de Cadore, ministre de l'intérieur, puis des affaires étrangères sous le premier Empire, il siégea à la Chambre des Pairs de 1835 à 1848.

54

Montrésor (1), 22 novembre 1857.

CHÈRE ENFANT,

Je te commence cette lettre ce matin, ne sachant quand je pourrai la finir. Le Prince n'est pas venu avec nous à Montrésor hier. Il a un grand mal de gorge et ne viendra qu'aujourd'hui. Il a désiré que nous partissions tous, néanmoins.

A 9 h. 10, nous sommes donc partis de la gare d'Orléans ; nous étions neuf de notre bande : Pisani, Girardin, Komar, Alexandre Dumas fils, Cipriani, Choiedski, Texier, Grudjeski et moi. A Amboise nous avons trouvé Clerc qui y était arrivé de la veille avec les voitures. Nous sommes montés tous les dix dans la grande calèche découverte du Prince, traînée par ses chevaux de poste. Une autre voiture suivait, portant les bagages. Nous avons laissé deux autres voitures pour le Prince pour aujourd'hui, plus le petit basket-carriage, traîné par un Islandais. Je ne serais pas étonné qu'il vînt dedans aujourd'hui. Nous étions très bien dans notre calèche, Girardin, Pisani et moi au fond. Comme j'étais à droite, on me prenait sans doute pour le Prince, et je rendais les saluts avec bienveillance. A moitié chemin, le cheval du postillon de devant s'est abattu dans une descente. Je ne comprends pas comment il est arrivé que le postillon n'a été que très peu blessé, et le cheval seulement couronné. Dix lieues tout d'un trait, c'est trop fort pour les chevaux

____

(1) Montrésor (Indre-et-Loire) ; le château appartenait au comte Branicki.

du Prince, qui n'en font jamais plus de cinq de suite. Cet accident n'a eu d'autre résultat que de nous retarder une demi-heure. A 5 h. 1/2, nous arrivions à Montrésor, où, en fait d'hôtes, il n'y a que le prince Sapieha et son fils qui est élève de marine, et deux Polonais inconnus. On m'a donné le plus bel appartement après celui du Prince ; Branicki (1) m'a mis à sa droite ; enfin on m'a fort grandement traité. Après dîner on a fumé ; puis une discussion s'est engagée entre Girardin et moi sur le libre échange ; elle a duré depuis 9 heures jusqu'à 11 h. 1/2 sans nous arrêter, et sans que qui ce soit se mêlât à la discussion. J'en ai mal à la gorge ; mais j'étais en train et je mé suis rudement défendu ; je crois même que les vieux ont été de mon côté, ce qui est un succès avec un homme aussi fort que Girardin.

Une partie de nous va aller chasser, l'autre monter à cheval. Je suis de ces derniers. On garde à vue seize sangliers pour les chasser demain et après-demain. Je m'en passerai.

Adieu, chère enfant, je t'embrasse bien tendrement.

(1) Comte Branicki (1812-1879). Grand seigneur polonais, obligé d'émigrer ; s'établit en France, accompagne le prince Napoléon en Crimée, se fait naturaliser Français. Il offrit en 1870 500.000 francs au gouvernement pour venir en aide aux victimes de la guerre.

II

TERRE-NEUVE

Au début de 1858, le capitaine de vaisseau de La Roncière, qui a passé les deux premières années de son grade au Ministère de la Marine et dans l'intimité du prince Napoléon, aspire à remplir les conditions de commandement indispensables pour arriver aux étoiles. Il est d'abord nommé au commandement de l'*Eylau*, un des vaisseaux de l'escadre de la Méditerranée. Il est à peine installé qu'une mission beaucoup plus importante lui est confiée. Il s'agit de prendre la direction de la division navale de Terre-Neuve dans des conditions particulièrement délicates. Les droits des pêcheurs français sont contestés par les autorités de Terre-Neuve et les relations entre la France et l'Angleterre sont extrêmement tendues.

Sans contestation possible, les Français ont été les premiers à fonder des établissements à Terre-Neuve. Avant même que Jacques Cartier eût établi, en 1535, la colonie de l'île *Kirpon*, le Florentin Verrazani avait pris possession, au nom du roi de France, de la grande île à laquelle il avait donné le nom de Terre-Neuve. Dès cette époque, un grand nombre de points du littoral et de baies avaient reçu des noms caractéristiques qui avaient transplanté dans cette partie du nouveau monde toute la saveur du terroir normand dont étaient originaires les premiers pêcheurs. Les Bretons et les Malouins ne sont venus qu'ensuite. En 1550, une nouvelle base de colonisation est fixée au sud dans la baie de Plaisance. C'est alors seulement que les Anglais font leur apparition au nord du côté du cap Raye.

Au début du XVIIe siècle, le mouvement des pêcheries prend une grande extension, favorisé par le développement des colonies françaises du Canada et de l'Acadie (Nouvelle-Ecosse) et par une protection très active du gouvernement royal. A partir de 1640, une vive rivalité se développe entre les pêcheurs bretons et malouins. Pour éviter des incidents, une assemblée de négociants élabore un règlement homologué par le parlement de Rennes et étendu ultérieurement à tous les Français par un arrêté en Conseil du Roi de 1670. D'après ce règlement, tout navire de pêche venant de France doit s'inscrire dès son arrivée au havre *du Croc* et choisir son poste de pêche. Le premier arrivé est « l'Amiral » de la pêche.

A l'ouverture de la guerre de la Succession d'Espagne, la colonie française de Terre-Neuve ne comptait pas moins de 3.000 résidents. L'heure des difficultés allait sonner. Le traité d'Utrecht, qui termine en 1713 la guerre de Succession, cède aux Anglais Terre-Neuve et la Nouvelle-Ecosse. La France ne pouvait cependant sacrifier complètement des pêcheries qui constituaient à la fois une industrie fructueuse et la meilleure école de formation de ses marins. Le traité d'Utrecht réserve donc aux Français le droit exclusif de pêche depuis le cap Bonavista, au nord de l'île, et de là en remontant le détroit de Belle-Isle jusqu'à la baie d'Ingarnachoix exclusivement, autrement dit jusqu'à la pointe Riche. Le droit d'aborder et de séjourner est limité à la saison de pêche. L'article 13 interdit toute autre installation que les échafauds et cabanes indispensables aux pêcheurs. Le traité laissait à la France l'île du Cap-Breton et les îles du golfe du Saint-Laurent (île Magdelaine et île Saint-Jean, aujourd'hui du Prince-Edouard).

En 1743 les Anglais s'emparent de l'île du Cap-Breton, qui nous est rendue, en 1748, par le traité d'Aix-la-Chapelle.

Dans les intervalles des guerres si fréquentes du xviii⁰ siècle, nos pêcheurs redoublent d'ardeur et commencent à fréquenter le Grand Banc. Il en vient jusqu'à 20.000 par an, avec une production de 320.000 quintaux de morue.

La guerre de Sept ans nous fait perdre le Canada. Le traité de Paris nous laisse cependant Saint-Pierre et Miquelon avec les droits de pêche sur le *French Shore*, conformément à

l'article 13 du traité d'Utrecht. De 1764 à 1776, plus de
200 bateaux font la campagne. A partir de 1767, l'administration royale prend une série de mesures protectrices pour
faciliter l'écoulement du poisson aux colonies et l'approvisionnement du sel. C'est à ce moment aussi que se manifes-
tent les premiers incidents avec l'Angleterre. Les pêcheurs
britanniques prétendent exercer leur industrie concurremment
avec les nôtres sur le littoral français. Nous devons leur
abandonner la baie de Bonavista, qu'ils revendiquent en
invoquant l'abandon de nos pêcheurs. Le précédent est à
signaler, car il sera invoqué en 1858 pour la baie de Saint-
Georges et ce sera un des incidents que La Roncière devra
régler.

La guerre d'Indépendance américaine relève le prestige
maritime de la France. Le traité de Versailles de 1783 rend à
la France les îles de Saint-Pierre et Miquelon, qui avaient été
enlevées pendant la guerre, et supprime les causes de démili-
tarisation inscrites dans le traité de Paris. Le *French Shore*
est rétabli entre le cap Bonavista et le cap Saint-Jean. Il est
étendu de la pointe Riche au cap Raye. Nous gagnons là
70 lieues de côte avec des baies très poissonneuses, notamment la baie des Iles et la baie Saint-Georges.

De 1784 à 1792, 400 bateaux arment pour la pêche. Ils sont
montés par 10.000 marins et enlèvent 200.000 quintaux. Puis
c'est la grande éclipse des guerres de la Révolution et de
l'Empire, à peine coupée par la trève éphémère d'Amiens.
Après quoi le régime du traité de Versailles est rétabli.

Avec le xixe siècle, une transformation importante commence. Terre-Neuve, qui n'avait été jusqu'alors pour l'Angleterre comme pour la France qu'un établissement de pêcherie,
devient une colonie de peuplement. Comme toujours les
défrichements se font d'abord le long de la côte. Cette situation devait faire apparaître les inconvénients de la servitude
accordée à la France. Dès ce moment le gouvernement colo-
nial de Terre-Neuve entame une lutte tenace pour évincer les
Français. Dès 1842 on cherche à nous déposséder de la baie
Saint-Georges en nous offrant une compensation dérisoire du
côté de Belle-Isle, peu propice à la pêche. Une manœuvre
oblique vise à paralyser nos pêcheurs, en leur supprimant la

fourniture des appâts indispensables à la capture de la
morue. Ces appâts, harengs et capelans, fourmillent dans les
eaux anglaises. Mais les autorités de Terre-Neuve se heurtent
à l'intérêt même de leur propre population, qui trouve de
gros profits à fournir les pêcheurs français. Il est vrai que ces
profits sont dépensés dans les magasins d'approvisionnement
de Saint-Pierre au lieu d'enrichir les industries britanniques.
Autre sujet de doléances.

Cependant les progrès des méthodes de conservation du
poisson imposent une revision de l'article 13 du traité
d'Utrecht. Nous avons dit que cette clause interdit toute autre
installation que des cabanes et des échafauds de séchage.
On ne pouvait garder les pierres à vis et les méthodes de
compression à vapeur, qui exigent des installations plus
importantes, sans cependant sortir du cadre strict du traité :
l'utilisation aux seuls jours de pêche du French Shore.

D'autre part, les incidents se multiplient parce que les
pêcheurs anglais violent systématiquement les privilèges
français. Bien mieux, l'Angleterre a conclu, en 1818, avec les
Etats-Unis un accord secret accordant aux pêcheurs américains les mêmes droits qu'aux pêcheurs français.

L'alliance de la guerre de Crimée offre une occasion favorable de régler les difficultés. Un projet de convention est
élaboré en 1857 pour rétablir nettement les droits de la
France. Cet accord soulève des tempêtes d'indignation à
Terre-Neuve. Le pavillon britannique est traîné dans les rues
de Saint-Jean, attaché à la queue d'un cheval. La législature
de l'île repousse le traité. Il devient indispensable de faire
respecter strictement nos droits.

Telle est la mission donnée au capitaine de vaisseau de La
Roncière. Mission d'autant plus délicate que les relations
entre Paris et Londres ont subi une évolution défavorable.
Au lendemain de la guerre de Crimée s'est produit exactement le revirement auquel nous avons assisté après 1918.

L'Angleterre a commencé à se défier de son alliée victo-
rieuse. Mais la crise a pris alors une tournure beaucoup plus
aiguë, d'abord parce que l'Angleterre s'est trouvée embar-
rassée dans la grosse épreuve de la révolte de l'Inde, ensuite
parce que la politique de Napoléon III avait des initiatives et

des arrière-pensées encore imprévues, mais qui commençaient à inquiéter sérieusement la puissance jalouse de toute action prépondérante sur le Continent.

Malgré une tension qui allait jusqu'aux bruits de guerre, le cabinet des Tuileries n'hésitait pas à donner à La Roncière les instructions les plus fermes, en date du 23 février 1858. Il devait montrer le pavillon français sur tous les points du *French Shore* et supprimer tous les établissements anglais irréguliers en prévenant les délinquants que leur présence ne serait pas tolérée l'année suivante. La mission réclamait autant de tact que d'énergie.

Le 16 octobre, le commandant de La Roncière rendait compte au ministre de l'exécution de sa mission dans les termes suivants :

« Les Anglais de la côte ouest ont été prévenus plusieurs fois que l'industrie de la pêche leur serait formellement interdite l'année prochaine, et ceux de la côte est ont été pareillement avertis que la pêche à la ligne de main serait seule tolérée. J'ai eu d'ailleurs soin de leur faire remarquer que si je n'usais pas de rigueur envers eux, ainsi que j'avais le droit de le faire, c'était uniquement aux sentiments de bienveillance et de longanimité de l'Empereur qu'ils en étaient redevables.

« Dans le but de frapper plus vivement l'esprit de ces populations, je ne me suis pas borné selon l'usage à envoyer mes embarcations sur les points occupés par les Anglais. J'ai tenu, autant que possible, à y paraître moi-même. Sans me laisser arrêter par des difficultés de navigation parfois sérieuses, je suis entré avec le *Gassendi* dans tous les havres qui n'étaient pas absolument inaccessibles à ce bâtiment, j'ai pénétré jusqu'aux saumonneries établies au fond de la *Baie aux Lierres* et du *Bras des cheminées* dans la *Baie du Canada*, et j'ai parcouru toute la *Baie Blanche*, montrant ainsi pour la première fois le pavillon français aux habitants de ces diverses localités.

« Partout les Anglais ont été visités, questionnés et avertis de nos intentions.

« Mon attitude n'a pas été moins nette vis-à-vis des autorités anglaises que j'ai rencontrées. J'ai vu successivement à.

Saint-Jean, à Sydney, à Halifax et à Charlottstown le gouvernement de Terre-Neuve : Sir Alexander Bannerman, le grand juge de l'île Chief Justice Brady, le gouverneur de la Nouvelle-Ecosse, Lord Malgrave, celui de l'île du Prince-Edouard, Sir Dominik Daley, et le vice-amiral commandant en chef de la station des Indes occidentales et de l'Amérique du Nord, Sir Houston Stewart. J'ai eu notamment avec ce dernier plusieurs entretiens importants. »

Le rapport signale l'émotion causée dans l'île par notre réaction énergique. Il constate la correction des autorités britanniques avec lesquelles seules le chef de la station française a voulu avoir des relations officielles, se dérobant habilement aux sollicitations du gouvernement de Terre-Neuve. Trait bien caractéristique de la finesse diplomatique du commandant de La Roncière.

55

A la baronne de La Roncière Le Noury.

Paris, 7 janvier 1858.

CHÈRE ENFANT,

Je suis nommé au commandement de l'*Eylau*, à Toulon ; c'est signé d'hier ; je ne sais rien de plus. Réfléchis si tu n'aimerais pas venir t'installer quelque temps à Toulon, d'où il n'est pas probable que l'escadre bouge beaucoup d'ici au mois d'avril. Je pense bien que le Ministre va me faire rapidement déguerpir d'ici. Je saurai demain quel jour je devrai être rendu à Toulon. Je crains que M. Hamelin (1) ne me joue le mauvais tour de trop me presser, ce qui serait fort ennuyeux. Je dîne demain chez le prince Napoléon, qui m'emmène de là

____

(1) Alors ministre de la Marine.

voir la première représentation des *Fausses Bonnes Femmes*, au Vaudeville.

Adieu, je t'embrasse et Babé.

56

Paris, 14 janvier 1858.

On vient de tirer sur l'Empereur, allant à l'Opéra (1). Il n'est pas atteint. Une sorte de machine infernale, à l'entrée même de l'Opéra. Trois coups sont partis ; un sergent de l'escorte est tué, deux blessés. Le Prince et la Princesse (2) viennent de partir pour l'Opéra, où l'Empereur est allé néanmoins. En somme, plus de peur que de mal. Mais je parie qu'il y a là quelque Polonais ou quelque Italien sous jeu.

Voilà tout ce que je sais. Vive l'Empereur !

57

Toulon, 20 janvier 1858.

CHÈRE ENFANT,

Me voici à Toulon. J'ai déjà fait beaucoup de choses, c'est-à-dire de visites officielles, et je rentre juste à temps pour t'écrire mon arrivée. Je pense que je prendrai le commandement demain. J'irai déjeuner chez l'amiral Tréhouart (3) avant.

---

(1) Il s'agit de l'attentat d'Orsini, beaucoup plus sanglant que ne le savait, à la première heure, M. de La Roncière et qui eut une répercussion fort grave, puisqu'il conduisit l'Empereur à la campagne d'Italie.

(2) Le prince Napoléon et la princesse Mathilde.

(3) L'amiral Tréhouart (1798-1873), achevait sa période de commandement de l'escadre de la Méditerranée. Il débuta comme mousse en 1813 ; lieutenant de vaisseau après Navarin (1827), capitaine de vaisseau en 1843 envoyé à La Plata lors du différend entre la France et le dictateur Rosas ;

Je ne sais si je pourrai avoir Morier (1) ; une nouvelle disposition du Ministre, datée d'il y a trois ou quatre jours, s'y oppose ; je n'ai d'autre moyen que de faire des misères à celui qui est actuellement second de l'*Eylau*, afin qu'il demande à débarquer. Mais ce n'est pas dans mon caractère.

Je suis à la *Croix d'Or*, où je gèle de corps et d'esprit.

58

Toulon, *Eylau*, 25 janvier 1858.

CHÈRE ENFANT,

Tout en ayant peu de chose à faire, j'ai une succession de petits dérangements qui fait que je ne suis pas un quart d'heure tranquille. Voilà aujourd'hui une semaine que j'ai pris le commandement et le temps ne m'a pas paru trop long, parce que tout était nouveau pour moi. Mais c'est néanmoins un métier bien ennuyeux et qui certainement doit rétrécir l'esprit. C'est un service de ce que l'on appelle *boutons de guêtres*, plus intelligent sans doute que celui de l'armée de terre ; mais il faut mettre dans sa poche son initiative et être comme des écoliers à se défier toujours que l'amiral ne vous donne des pataches.

Tout le monde attend avec impatience le nouvel amiral. En somme, M. Tréhouart n'aura pas, à ce que j'entends, laissé de mauvais souvenirs dans l'escadre. Son succes-

commande au combat d'Obligado. Contre-amiral en 1846, commande la division navale à l'expédition de Rome en 1849 ; vice-amiral en 1851, remplace l'amiral Bruät à la fin de la guerre de Crimée, commande l'escadre de la Méditerranée (1856-1858). Sénateur en 1859, amiral de France en 1869. Désigné pour présider le Conseil de guerre chargé de juger Bazaine, se récuse.

(1) Morier, alors capitaine de frégate, que La Roncière voulait avoir comme second de l'*Eylau*.

seur, M. Desfossés (1), cherche à louer ici une campagne un peu grande, où toute sa smalah viendra s'établir en avril. Je ne sais pourquoi il choisit cette époque, car je pense que ce sera alors que nous partirons. On dit qu'après le carnaval l'escadre ira aux îles d'Hyères.

Il y a pas mal de soirées et de bals ici. Je ne les fréquente pas. J'irai une fois chez le préfet, qui est un excellent homme et qui a de bons sentiments pour moi, et à un bal donné par la mairie. Hors ces deux soirées, je n'irai jamais à terre le soir.

Hier, les officiers de l'*Eylau* ont donné un grand dîner à Labrousse (2) et à moi. Les officiers sont magnifiquement installés et ils ont un cuisinier remarquable. Le dîner était vraiment fort beau et excellent. Le chef de la grand-chambre, M. de Lanneau, lieutenant de vaisseau, a porté un toast à Labrousse, auquel celui-ci a répondu, puis un toast à moi, auquel j'ai répondu par quelques paroles *bien senties*, comme nous disions à bord de la *Reine-Hortense*. A 10 heures, chacun s'en fut chez soi, Labrousse, à terre, et moi me coucher avec de terribles crampes d'estomac, qui ont duré deux heures. J'estime qu'il y avait de l'oignon dans quelques plats. Je serai obligé de leur rendre ce dîner quand j'aurai ma gamelle, dont je n'ai pas encore de nouvelles. Je continue à geler, surtout dans ma chambre à coucher. Il y fait plus froid que sur le pont, et je ne peux pas le matin venir m'habiller dans le salon; ce ne serait pas convenable.

Je n'ai pas encore de réponse pour Morier; ce retard a pour inconvénient que le service souffre de ce provisoire.

(1) Le vice-amiral Romain Desfossés (1798-1864), remplace l'amiral Tréhouart. Ministre de la Marine de 1849 à 1851, sénateur en 1855, commandant l'escadre de la Méditerranée au moment de la guerre d'Italie.
(2) La Brousse, prédécesseur de La Roncière dans le commandement de l'*Eylau*.

D'ailleurs, je trouve dans les officiers une grande bonne
volonté et de la capacité, quoiqu'ils soient tous jeunes ; je
veux dire les lieutenants de vaisseau, car les enseignes
viennent presque tous des sous-officiers et sont assez
pitoyables. J'en ai un, un Danois, qui est très bien. Il a
l'autorisation de venir apprendre la marine sur les bâti_
ments français. Il y a à bord, outre le second et l'abbé,
5 lieutenants de vaisseau, 9 enseignes, 1 commissaire,
4 chirurgiens et 12 élèves. Aucun de ces officiers n'est
connu, si ce n'est le plus ancien lieutenant de vaisseau,
M. de Lanneau, qui est le fils de l'ancien directeur du
collège Sainte-Barbe, à Paris, très connu dans l'Université.

59

Toulon, Eylau, 28 janvier 1858

Chère Enfant,

J'ai pris tout à fait mes habitudes de bord, ou à peu
près. Je me lève à 7 h. 1/2. Je me mets en robe de chambre et je vais un peu me chauffer dans le salon, car ma
chambre à coucher est plus que glaciale. A 8 heures, je
vais sur mon balcon voir larguer les voiles et faire toutes
les manœuvres que l'on fait à cette heure-là. A 8 h. 10, je
vais dans ma chambre me raser et m'habiller. A 8 h. 1/2,
je passe l'inspection et je reçois les différents rapports. A
9 heures, déjeuner. A 9 h. 3/4, je vais assister aux exercices, après m'être réchauffé pendant un quart d'heure
après déjeuner. A 11 heures, je reviens me réchauffer de
nouveau et je donne audience jusqu'à 1 heure aux personnes du bord qui ont des ordres à prendre. De 1 heure
à 2 heures, je flâne. A 2 heures, j'assiste de nouveau aux

exercices jusqu'à 3 h. 1/2, où je reviens me chauffer. Tous
ces jours-ci, il a fallu que j'allasse à terre à cette heure-là
pour courir les bureaux, les amiraux, etc., etc. A 5 h. 1/4
je dîne. A 6 heures, je reviens dans le salon. L'abbé y
vient avec moi et y reste une demi-heure, puis il s'en va
jouer dans la grande chambre avec les officiers. Le second
disparaît de suite après dîner. Je reste ainsi seul depuis
6 h. 1/2. Je travaille assidûment à étudier les ordres
généraux de service, ce qui n'est pas une petite affaire.
Il y en a 280. J'ai une lampe assez mauvaise que m'a
laissée Labrousse. Vers 10 heures, elle n'éclaire plus.
C'est pour moi le signal d'aller me coucher. Je vais dans
ma chambre glaciale, je me déshabille en toute hâte et
me couche. Je lis jusque vers minuit.

Il fait ici plus froid qu'il n'a jamais fait, il y a chaque
nuit 3 ou 4 degrés au-dessous de zéro, ce qui est assez
rare dans ce pays-ci.

Je ne connais encore aucun de mes officiers ni de mes
élèves ; je ne leur ai pas encore dit un mot. Je ne me prodigue pas, tout au contraire de ce que faisait Labrousse,
qui était toujours fourré dans les quatre coins du vaisseau. Je suis d'ailleurs provisoirement ses errements pour
la table. J'ai comme lui trois plats à déjeuner et quatre
plats à dîner, plus un plat sucré. J'ai pris son approvisionnement de vin qui est assez médiocre, mais c'était
plus commode. J'ai pris aussi le reste de ses provisions,
que je ne crois pas fameuses, mais ce sera toujours assez
bon, ne devant jamais avoir de passagers. Je n'ai pas le
temps encore de te faire le plan de mon logement. Si tu
venais à bord, je ne sais pas où je te logerais. Avec des
espaces immenses, je n'ai réellement qu'une chambre.

J'ai le cuisinier de Labrousse, que je paie comme lui
90 francs par mois. Il est détestable, il me semble. Peut-

être que, quand il aura une gamelle et des plats convenables, il fera mieux et il dressera ses plats un peu plus présentablement. Ce qu'il fait le mieux, c'est la perdrix aux choux ; il en a fait une hier qui était excellente ; il fait bien aussi les œufs au lait. Pour moi seul, il serait bien suffisant, mais il ne l'est pas pour le décorum. Il faudra que j'y mette 100 francs. Je n'ai pas encore de maître d'hôtel ; il n'est pas facile d'en trouver.

Beaucoup d'officiers me demandent à embarquer sur l'*Eylau*.

60

Toulon, Eylau, 2 février 1858.

Chère Enfant,

Le changement d'amiral nous a tenus en haleine ces deux jours-ci. Visites, discours, adieux, bonjours, etc., pendant quarante-huit heures. Tout sera fini ce soir. Cela a été une petite distraction. M. Tréhouart est parti tout à l'heure. Nous avons été, les capitaines de l'escadre, le conduire à la diligence. Elle était pleine de tous les officiers qui partent avec lui, l'amiral Fabre, Gicquel, etc. Dans deux ans je partirai aussi comme cela.

Il paraît que M. Desfossés va nous faire travailler beaucoup, il nous l'a annoncé ce matin. On va faire l'essai d'une nouvelle tactique navale, et on va nous faire piocher là-dessus. Nous verrons ce qu'il en sortira. De toutes manières, je ne crois pas que l'escadre appareille d'ici quelque temps. L'amiral Desfossés va faire peindre son appartement, en sorte qu'il ne pourra pas l'habiter avant trois semaines. J'aimerais autant appareiller ; ce serait une distraction.

J'ai un très grand ennui. Le ministre refuse l'embarquement de Morier. M. M... a cependant demandé à débarquer. C'est un brave, de cinquante ans passés, qui n'est pas plus apte à être second que moi à être grand Turc. Il était venu avec Labrousse parce qu'il est depuis longtemps son ami intime. Mais il est parfaitement incapable pour ce service. Il n'est à bord que depuis deux mois, en sorte que, si on exécute la décision du ministre, je devrai le garder deux ans. Je ne puis croire que le ministre persiste dans sa détermination. C'est une boutade qui ne m'atteint pas, mais qui m'ennuie. Il n'en fait jamais d'autres. Mais il a la satisfaction de penser qu'il vexe trois personnes : M... qui veut s'en aller, Morier qui veut embarquer, et moi. De plus, le service en souffre, parce que tout ne peut être que provisoire, tout le monde à bord supposant bien que M... finira par débarquer. C'est d'ailleurs un excellent homme, avec qui j'ai d'excellentes relations.

L'abbé est bien, intelligent, très au courant des affaires publiques, peut-être un peu commun ; mais il est de Cahors. Il a un accent méridional par trop prononcé. Le maître d'hôtel que j'ai pris en a aussi un effroyable. C'est à peine si je le comprends. Je ne suis plus habitué à cet accent.

61

Toulon, Eylau, 11 février 1858.

CHÈRE ENFANT,

Voici bien une autre affaire. Je suis nommé au commandement de la station de Terre-Neuve. Je ne sais à qui je dois cette faveur. Une dépêche télégraphique de ce matin est arrivée en retard, car la lettre qui la confirmait est arrivée en même temps. Le ministre m'y dit que c'est une affaire de la plus grande délicatesse et de la plus grande difficulté. Il me laisse alors libre de conserver l'*Eylau*.

Il me dit que l'Empereur me nomme. Il n'y a pas à reculer, malgré les difficultés qu'il m'annonce. Je sais que nous avons là bas des affaires graves avec les Anglais. J'avoue que je ne sais pas trop comment je m'en tirerai. Le principal, c'est de me bien entourer. J'aurai mon guidon sur le *Gassendi*, vieille corvette à vapeur à roues, et j'aurai aussi le *Ténare*, vieil aviso pareil au *Cocyte*. Le *Gassendi* part de Brest et le *Ténare* de Toulon, et j'ai l'ordre d'aller passer quelques jours à Paris pour y recevoir des instructions. J'irai de là à Brest. Le *Ténare* aura ordre d'aller à Cadix m'attendre. Je chargerai par conséquent tout mon bazar sur le *Ténare* et n'emporterai avec moi qu'un provisoire. C'est vers le 10 avril que la station de Terre-Neuve part de France et elle revient dans les premiers jours d'octobre. Je pense que dans un jour ou deux je recevrai l'ordre de me rendre à Paris.

62

Toulon, *Eylau*, 15 février 1858.

Chère Enfant,

Je prends Morier pour second, et pour chef d'état-major un lieutenant de vaisseau nommé Jonquières (1), qui était

---

(1) Fauque de Jonquières, né en 1820, chef d'état-major de l'amiral de la Grandière en Cochinchine, directeur du dépôt des cartes. Vice-amiral (1879). Membre de l'Académie des sciences (1884).

aide de camp de La Susse (1) quand j'étais dans l'Escadre.
Je n'ai pas encore choisi mon aide-de-camp. J'aurai là-bas
cinq bâtiments : le *Gassendi*, le *Ténare*, le *Sésostris* et
deux goëlettes. Il paraît que c'est M. Waleski qui veut que
j'arrive de suite à Paris pour m'expliquer la situation.

On a été un peu abasourdi ici de cette faveur qui me
tombait comme une bombe. Le public l'a su hier dans
l'après-midi. Il y avait grand bal le soir à la préfecture,
et on en a pas mal glosé. L'amiral Desfossés est pour moi
d'une prévenance qui passe toutes les bornes.

63

Paris, 24 février 1858.

CHÈRE ENFANT,

J'ai dîné hier chez le Prince et j'ai eu une très longue
explication politique avec lui. Il avait causé longuement
avec l'Empereur dans la journée. Celui-ci est fort préoccupé des affaires, et notamment des affaires anglaises.
Il en est à se demander : Faut-il faire la guerre à l'Angleterre ? Je ne crois pas le moment venu. En somme, il est
un peu acculé. Nous verrons ce qu'il fera.

64

Paris, 1er mars 1858.

CHÈRE ENFANT,

J'ai vu Mgr de Bonnechose qui m'a dit que son succes-

______

(1) Le vice-amiral baron de La Susse était un cousin de La Roncière et
avait protégé ses débuts dans la carrière : il commandait l'escadre de la
Méditerranée avant la guerre de Crimée.

seur était un savant archéologue. Il sera alors bien ennuyeux. Je tâcherai de le voir (1).

Je vais ce soir avec le Prince aux Français, à la première représentation du *Retour du mari*.

Il paraît que l'Impératrice veut qu'on fasse grâce à Orsini. Elle est absurde. Elle pleure du matin au soir pour
cela ; c'est une sotte.

Je conçois l'effet produit par les arrestations ; il y en
avait d'utiles mais pas d'indispensables, et il fallait attendre. Mais, depuis l'attentat, le gouvernement ne fait que
des bêtises.

Je suis allé hier chez M. Troplong. J'ai beaucoup causé
avec M. Rouher (2) sur Terre-Neuve. Je dépends de lui
pour cela.

65

Paris, 27 mars 1858.

CHÈRE ENFANT,

Je ne peux pas partir avant demain soir. Deux choses
me retiennent. Je déjeune chez le maréchal Pélissier qui
veut me demander de l'accompagner en Angleterre comme

(1) Mgr de Bonnechose. promu à l'archevêché de Rouen, fut remplacé à
l'évêché d'Evreux par Mgr Dévoucoux, prélat très érudit et très distingué
avec lequel le commandant de La Roncière, son diocésain a Cracouville, eut
tout de suite les meilleures relations. Il mourut évêque d'Evreux en 1870·

(2) Rouher (1814-1884), avocat à Riom, député à la Constituante en 1848,
se rallie au Prince président. Ministre de l'instruction publique (1849-1851).
Ministre de la justice dans le cabinet Baroche (avril-octobre 1851) ; se retire après le décret sur la confiscation des biens des princes d'Orléans
(22 janvier 1851). Vice-président du Conseil d'Etat, ministre de l'agriculture, commerce et travaux publics en 1855, ministre d'Etat en 1863, seul
représentant du gouvernement dans les Chambres jusqu'en 1867, surnommé le vice-empereur ; démissionne après l'interpellation des Cent seize
et le message du 18 juillet 1869. Elu président du Sénat. Rejoint l'Impératrice à Londres pendant la guerre de 1870 ; rentre en France. Le 11 mars
1871, est expulsé par Thiers. Député de la Corse en 1872, réorganise le
parti bonapartiste, vote contre les lois constitutionnelles, soutient le gouvernement du 16 mai. Se retire en 1881.

attaché maritime, ce que je ne puis accepter (il faut que
je navigue) ; mais je veux me le faire proposer. Ensuite,
le Prince veut que je voie l'Empereur demain, voici pour·
quoi. Le prince Jérôme, qui m'a fait appeler ce matin, va
parler ce soir à l'Empereur du projet de voyage au Canada. Ce voyage est actuellement arrêté dans l'esprit des
deux princes, si d'autres projets ne se réalisent pas. On
veut donc que je voie l'Empereur demain, qui m'en parlera certainement. J'ai causé près de deux heures avec le
prince Jérôme qui était levé et qui va bien. Il n'est même
pas très changé. J'ai fait dîner Russel chez le prince Napoléon ; c'est lui qui le conduirait à Terre-Neuve, où je
prendrais la direction de l'expédition. Ne parle point
encore de cela, pour le cas où l'Empereur refuserait, où
de nouveaux projets se produiraient. Je suis dans de
grandes perplexités à cause de cela, et ennuyé de partir
si tôt ; mais il le faut absolument. Je serai mardi soir à
Brest.

66

Brest, Gassendi, 4 avril 1858.

CHÈRE ENFANT,

J'ai chargé Paulin (1), hier, de t'écrire. Je suis pitoya-
blement logé. Il est inconvenant de donner un pareil
bâtiment à un capitaine de vaisseau.

J'ai fait hier des essais en rade avec assez mauvais
temps et surtout de la pluie. Le bateau ne va pas trop
mal ; il marche et évolue lentement, ce qui ne sert guère
mon impatience habituelle en matière de marine. La

(1) Paulin Clément de Ris, frère de Mme de La Roncière : le commandant
l'avait emmené comme secrétaire.

chambre de Paulin est très petite. Je la lui fais arranger de mon mieux. Mon abbé est arrivé. Il est bien, ainsi que le docteur, qui m'a paru un homme sérieux. Je dîne demain chez le préfet, ce qui m'ennuie ; je voudrais ne pas quitter le bord. J'y couche à partir d'aujourd'hui. Je n'ai pas encore d'aide de camp. Je suis très embarrassé du choix à cause des nombreuses demandes ; je crois que je prendrai un des officiers du *Gassendi*, nommé de Bray, lieutenant de vaisseau, qui a succédé à Bellot dans l'expédition de la recherche de Franklin.

J'ai beaucoup vu mon prédécesseur à la station de Terre-Neuve, M. Mazères ; il m'a donné d'utiles renseignements.

67

Cadix, 20 avril 1858.

Chère Enfant,

Non seulement Piscatory (1) est ici, mais sa femme et ses deux filles, charmante famille qui m'a fait passer deux jours très agréables. Ils sont partis ce matin pour Gibraltar.

Hier nous sommes allés ensemble à Xérès. On y va moitié en vapeur, moitié en chemin de fer. Nous sommes allés visiter les caves de M. Domecq, le plus grand marchand de vin du monde. C'est fabuleux. Nous y avons goûté d'une douzaine de vins exquis, mais de prix à l'avenant, entre autres une espèce qui a 125 ans et qui vaut 25 francs la bouteille. J'en ai bu au moins pour 1 franc.

Je vais aller faire des visites officielles, convoqué par

(1) Piscatory, député et pair de France, ministre à Athènes, puis ambassadeur à Madrid sous le gouvernement de Juillet. Il avait quitté la vie publique après le 2 décembre.

le consul. Ce brave consul prétendait que je lui fisse la première visite. Je lui ai fait démontrer que non seulement les consuls, mais les consuls généraux me devaient la première visite, et il est venu. Aujourd'hui je lui donne la compensation de cet ennui en lui donnant le plaisir de me montrer aux passants de la ville de Cadix en grande tenue avec tout mon état-major, c'est-à-dire Jonquières, Massenet et Lossieux (?) Il va ainsi me promener d'autorité en autorité à pied, ce qui est fort misérable, et surtout désagréable. Hier j'ai marché plus que je n'avais marché depuis bien longtemps, et sur ces affreux pavés espagnols. Mais les Piscatory sont si en train et si faciles pour tout qu'il faut les suivre absolument. Il est impossible de voir deux jeunes personnes mieux élevées et plus distinguées. Piscatory et moi n'avons cessé de discuter politique. Il est enragé contre le gouvernement actuel à un degré d'injustice extrême. Voilà des hommes comme il en faudrait à l'Empereur. Nos discussions ont été d'ailleurs les plus amicales possible, et je peux ajouter les plus spirituelles, car les gens les plus bêtes doivent avoir momentanément de l'esprit avec un homme qui en a tant.

Je pense que j'irai demain à Séville, je reviendrais ici vendredi soir.

J'ai écrit par le télégraphe au Prince comme il me l'avait prescrit, pour lui annoncer mon arrivée à Cadix, et je l'ai prévenu que j'attendrais sa réponse jusqu'au 26 pour savoir s'il allait au Canada ou non. Deux heures après le départ de ma dépêche. il me répondait que rien n'était encore décidé, qu'il m'écrirait le 25. Je dois donc de toutes manières rester ici jusque-là.

J'hésite beaucoup si j'irai voir le duc de Montpensier à Séville.

Adieu, je t'embrasse et Babé.

68

Séville, 22 avril 1858.

CHÈRE ENFANT.

C'est de Séville que je t'écris et jusqu'à présent je ne puis admettre le proverbe espagnol qui dit : *Quien no ha visto a Sevilla, no ha visto a maravilla.* C'est-à-dire que : Qui n'a pas vu Séville n'a pas vu de merveille. D'abord il pleut, ce qui prête peu à l'aspect ; puis le pavé est odieux ; rien ne peut me faire passer par là-dessus. Je suis ici avec Jonquières, l'aumônier et Paulin. Nous sommes venus en bateau à vapeur de Cadix en huit heures en remontant le Guadalquivir, dont les rives sont fort peu riantes. Ce sont de grandes plaines plates où il y a quelques bestiaux.

Ce soir nous allons probablement au spectacle. On y joue un drame espagnol, où nous aurons soin de n'arriver qu'à la fin, et un ballet. Bien entendu qu'avant le spectacle, nous ramènerons l'abbé à l'hôtel. J'ai mis en réquisition le consul pour nous retenir des logements parce qu'il y a actuellement foule à Séville. Ce consul est un individu qui était ancien sergent d'infanterie et c'est lui qui, à l'échauffourée de Boulogne, avait apporté le fameux aigle qui fut lâché au moment de l'affaire.

Le duc de Montpensier fait partout ici la pluie et le beau temps (1). Néanmoins toutes les femmes ont adopté la coiffure à l'Impératrice, ce qui fait que presque toutes lui ressemblent.

(1) Antoine de Bourbon-Orléans (24-1890', duc de Montpensier, cinquième fils de Louis-Philippe, épousa 10 octobre 1846, la sœur de la reine Isabelle, d'où l'incident des mariages espagnols.

J'en suis resté là hier, chère enfant, et je reprends aujourd'hui. Nous sommes allés au spectacle espagnol. Le
drame était le tremblement de terre de la Martinique ;
nous avons vu les deux derniers actes. Les théâtres espagnols sont insupportables parce que le souffleur lit la
pièce d'un bout à l'autre et assez haut pour être entendu
de toute la salle. Les acteurs n'apprennent jamais leurs
rôles par cœur. Ils répètent, en y mettant le ton seulement, ce que dit le souffleur. On m'avait dit que cet
usage, que j'avais remarqué anciennement en Espagne,
était changé ; mais au contraire, le souffleur parle plus
haut que jamais. Après le drame est venu le ballet espagnol, qui était assez joli. Il y a une première danseuse, à
moitié Française, qui est réellement très forte. Je me suis
donné le genre grand seigneur d'aller, après le ballet, la
complimenter dans sa loge.

Avant ce spectacle nous étions allés à la promenade
publique, où il n'y avait presque personne. Cette promenade s'appelle : *Les Délices*. Il y a actuellement dans
tous les jardins une odeur de fleurs d'oranger et de fleurs
d'acacia très agréable, mais par trop forte. Nos acacias
de Normandie ne sentent rien auprès de ceux d'Anda-
lousie.

Nous avons passé auprès du palais du duc de Montpensier. C'est un ancien bâtiment qu'il a arrangé avec assez
de goût. Il paraît que le jardin surtout est superbe, ce
qui est facile avec un climat et une végétation comme ici,
et quand on a de l'eau et des hommes pour arroser. Ce
matin il pleut à verse ; nous allons néanmoins nous
mettre en route en voiture pour visiter l'intérieur des
monuments. Nous verrons comment le temps sera dans
l'après-midi. Nous repartons demain pour Cadix.

69

A sa fille.

Cadix, 25 avril 1858.

Ma Chère Petite Fille,

C'est à toi que je veux écrire aujourd'hui. Je suis allé
au palais du duc de Montpensier. J'étais dans mon
costume de voyage. J'ai demandé à parler à M. de Latour,
ancien précepteur du Prince et son secrétaire des com-
mandements. Le Prince savait que j'étais à Séville et j'ai
bien vu qu'on s'attendait à ma visite. J'ai demandé si et
à quelle heure le Prince pourrait me recevoir et dans
quelle tenue. M. de Latour m'a répondu que le Prince me
recevrait de suite tel quel. Il m'a fait entrer dans un salon
et une minute après le Prince est entré. Il a été des plus
empressés ; il m'a rappelé le voyage du roi en Angleterre
en 1844, où j'avais fait sa connaissance, et il m'a montré
tout son palais. L'Infante étant malade et couchée, il m'a
témoigné le regret de ne pouvoir me présenter à elle. Il
m'a parlé de mes compagnons de voyage et a donné
ordre que nous puissions visiter son magnifique jardin.
Il a pris une très grande ressemblance avec Louis-Philippe (la figure en poire) et il parle français avec un accent espagnol très prononcé. Il y avait le soir une ascen-
sion de ballon où il devait aller, n'en ayant jamais vu.
J'ai compris qu'il voulait m'offrir de l'accompagner, mais
j'ai éludé cette proposition. Je pouvais aller le voir en
particulier, mais non en public. Je suis resté environ
une demi-heure avec lui et j'ai retrouvé en lui l'en-

train et l'intelligence des princes d'Orléans. Je suis allé
rejoindre mes compagnons de voyage et nous sommes
allés ensemble visiter les jardins du Prince. C'est un
véritable Eden.

70

A la baronne de La Roncière Le Noury.

Saint-Pierre, *Gassendi*, 18 mai 1858.

CHÈRE ENFANT,

Voici une goëlette qui part ce soir pour Granville et
qui arrivera peut-être avant le courrier anglais. Me voici
à Saint-Pierre sans encombre et après une traversée
courte et pas trop dure. Je t'écrirai de Sydney, où je me
rendrai à la fin du mois, de manière à ce que tu aies une
lettre vers le 16 ou 17 juin ; puis je combine les mouvements des bâtiments de la division de manière à ce que
je reste en communication avec Sydney par tous les paquebots.

C'est le 15 que je suis arrivé ici. Depuis huit jours nous
avons le thermomètre de deux ou trois degrés au-dessus
de zéro seulement et hier il a neigé toute la journée. Nous
nous chauffons vigoureusement, si bien qu'hier les officiers ont mis le feu au carré. J'ai donné hier un dîner
pour la première fois à tous les officiers du bâtiment ;
nous étions douze. Après-demain, je donne à dîner au
gouverneur et à sa famille, chez qui je dîne aujourd'hui,
et là je clorai la liste de mes orgies.

Le gouverneur, M. Gervais, est un excellent homme ;
et sa famille, composée de sa femme et de trois filles dont

l'aînée a au moins 36 ans et la dernière 20 ou 22, est on ne peut plus empressée à nous être agréable. Je dois avouer que j'en profite peu, n'ayant été qu'une fois à terre. On a mis à ma disposition une chambre au gouvernement. Mais je n'en ferai certainement pas usage.

Dans ce pays-ci, ils sont une quinzaine de personnes qui pourraient se voir; mais elles sont toutes brouillées entre elles ; ce qui a toujours lieu dans ces petites localités. Il n'y a ainsi aucune ressource de société.

Mon cuisinier est détestable, et de plus un vrai chenapan. Je l'ai déjà fait mettre aux fers. J'ai acheté aux Açores une chèvre et son chevreau. Elle me donne d'excellent lait et en quantité suffisante.

J'attends le *Ténare*, parti de Cadix un jour avant moi, puis j'irai à Sydney, et de là je partirai vers le 2 ou 3 juin pour la côte de Terre-Neuve. Les rapports que j'ai de la côte me disent que les Anglais, informés de notre changement de politique, redoutent notre apparition. Nous ne les dévorerons pas, quoique tout ce qui est anglais le mérite.

71

Sydney (1), *Gassendi*, 5 juin 1858.

Chère Enfant,

Pas une seule lettre de qui que ce soit par ce paquebot-ci encore ; même pas de journaux. J'écris au directeur général des postes à Paris. J'ai écrit par l'autre courrier à celui de Halifax, qui me répond en me disant que la faute vient de Paris. Je ne doute plus que toutes mes let-

(1) Chef-lieu de l'île du Cap Breton, dans le bas Canada, à l'embouchure du Saint-Laurent, au sud du banc de Terre-Neuve.

tres et toutes celles de la division n'aient été à Sydney en
Australie. Tu juges quel contre-temps ; et je prévois que je
n'aurai pas de lettres avant un mois et demi d'ici. Si le
prince Napoléon va au Canada et m'a envoyé des instructions ? Et ce que tu es devenue ? Si tu es à Cherbourg ? Et les dépêches du ministre ? Je suis resté ici
cinq jours de plus que je ne voulais le faire, pour attendre
le courrier d'aujourd'hui, n'ayant rien eu par le dernier.
Je pars demain pour la côte de Terre-Neuve et je vais
être plus d'un mois sans communication aucune.

Nous avons eu ici, sur huit jours de séjour, quatre jours
magnifiques qui nous ont fait du bien, et puis quatre jours
de temps affreux qui ne font que de finir. Pendant le beau
temps nous n'avons fait que pêcher toutes espèces de
poissons. Moi-même, je suis devenu un pêcheur presque
distingué. Ce pays-ci est extrêmement pittoresque ; dès
qu'on va un peu dans l'intérieur, on arrive dans des bois
inextricables, remplis de ruisseaux et de cascades où on
prend des quantités de truites.

J'ai donné à Sydney-Ville un grand dîner à l'agent
consulaire de France et il m'en a donné également un.
C'est un brave Anglais, parlant très bien français et se
mettant en quatre pour nous. Il est vrai qu'il est en même
temps fournisseur des bâtiments de guerre, de sorte qu'il
y a intérêt. C'est un des principaux, si ce n'est le principal
personnage du pays. Mes grands dîners, d'ailleurs, ne
me coûtent pas cher, car le pays n'a presque rien encore,
les neiges n'étant fondues que depuis peu de jours. Le
poisson y joue par conséquent le principal rôle. D'ici à ce
que j'aille à Saint Jean ou à Saint-Pierre, ce que je n'ai
pas encore décidé, nous allons vivre en vrais sauvages ;
ce ne sera pas ennuyeux.

Nous avons été aujourd'hui visiter les mines de charbon

de Sydney-Mines, qui sont à une lieue d'ici. Il faut descendre à près de 400 pieds sous terre, descente qui se fait en 32 secondes. Nous sommes restés deux heures en bas. C'est fort intéressant ; j'avais déjà vu celles de Newcastle. Celles-ci sont plus curieuses.

J'ai été fort inquiet sur le compte du *Ténare*. J'ai enfin appris hier qu'il était arrivé à Saint-Pierre. Il avait fait toutes sortes d'avaries, il avait mis trente-cinq jours à faire une traversée que j'ai faite en seize ; il était parti un jour avant moi. Il a aussi consommé bien plus de charbon que moi.

Le *Gassendi* est déjà une ménagerie. A l'heure qu'il est, il y a à bord 4 bœufs, 6 moutons, 9 cochons, 1 chèvre et son chevreau, 4 chiens, 1 renard et des poules, oies, canards, pigeons, etc., et puis aussi 4 chats, dont l'un est ma propriété particulière, l'ayant sauvé à l'entrée du port de Brest au moment où il allait se noyer. J'ai toujours l'ambition d'avoir un petit ours en bas âge. Mais il paraît qu'il est très difficile de s'en procurer. Quant à des peaux, il n'y en a d'aucun animal. Il faudrait venir ici au mois de mars.

Jamais on n'avait vu dans ce pays-là les mauvais temps se prolonger si tard. Il y a eu plus de sinistres qu'on n'en avait jamais eu parmi les pêcheurs de morue ; il paraît qu'il y a encore beaucoup de glaces sur la côte nord de Terre-Neuve. J'y serai dans une quinzaine de jours, et j'attendrai dans quelque port qu'elles me laissent passer, si elles ne sont pas encore dissipées.

Dans la lettre n° 72 et la suivante, le commandant de La Roncière s'adressant à sa fille, comme il le fait toujours, par des récits vifs et pittoresques, raconte les détails de sa navigation à travers les méandres du French Shore. La côte française de

Terre-Neuve, telle qu'elle a été fixée par le traité d'Utrecht et modifiée par les traités de Paris et de Versailles, commence au nord de l'île, au cap Saint-Jean. Elle comprend les établissements que nous allons dire en allant de l'est à l'ouest et du nord au sud, et dont la plupart sont mentionnés par le commandant : d'abord le havre de la Scie, le havre Paquet, la baie des Pins, la baie de la Fleur de Lys, puis la baie Blanche qui s'ouvre à l'est de la grande presqu'île du nord, laquelle s'allonge sur plus de 200 kilomètres au nord-ouest de l'île. Le long de la presqu'île du nord, sur la côte orientale, se trouvent la baie du Repos, la baie du Chat, du Petit-Port, la baie Rouge, la Fourche, le Havre sans fond, la baie du Canada, la baie de la Conche, le cap Rouge, au large duquel est l'île de Groix, la baie de Croz, la Baie aux Lièvres, les Trois-Montagnes, la baie de la Crémaillère, la baie de Saint-Antoine, la baie de Saint-Maur, la baie de Saint-Lunaire, la baie des Griguets. L'îlot de Kirpont et le cap Bauld à l'entrée du détroit de Belle-Isle marquent l'extrême pointe septentrionale de l'île et l'endroit où la côte tourne droit au sud, on trouve alors la baie du Sacre et la baie du Pistolet, l'Anse aux Fleurs, le Vieux Sérolle, l'anse Sainte-Marguerite, la baie Saint-Jean, la baie d'Ingarnachoix, la Bonne Baie, la baie des Iles, l'île Rouge, le cap Saint-Georges, le cap Raye.

72

A sa fille.

Terminée au Havre des Griguets, le 29 juin 1858.

MA CHÈRE PETITE FILLE,

Je vais te raconter toute notre odyssée. C'est le **6 juin** que je suis parti de Sydney. Je voulais toucher à une île nommée Cod Roy ; mais, le temps étant très mauvais, il n'y avait pas moyen d'y arriver. Je suis allé directement à Saint-Georges. Saint-Georges est le village le plus important de toute la côte ouest de Terre-Neuve, où il n'y a guère que des habitations isolées. Il compte 1.000 habitants demeurant dans des baraques en bois, bâties au hasard, sur une plage de sable, et autour de quelques-unes desquelles on voit un jardin, grand comme le salon de Cracouville, où poussent à peine quelques choux et quelques salades. La plupart des habitants gagnent cependant pas mal d'argent à la pêche du hareng. Le hareng ne paraît sur cette côte que pendant une quinzaine de jours, mais il y en a alors une si grande abondance qu'en un seul coup de filet on peut en prendre de quoi remplir mille barils. J'ai signifié aux habitants qu'à partir de l'année prochaine, la pêche leur serait absolument interdite par le gouvernement français, les Français ayant seuls le droit de pêcher sur ce qu'on appelle la côte française de Terre-Neuve; et dès à présent, je n'ai plus permis à aucun navire anglais autre que ceux de la localité même de pêcher encore cette année sur cette côte. Je ne sais pas ce que deviendront ces pauvres diables d'habitants qui n'ont guère d'autres ressources pour vivre, l'agriculture étant impossible dans ces pays-là. Mais telles sont les exigences de la politique que les petits souffrent toujours des sottises des grands. Et en effet les mesures que j'ai à prendre ne sont que la conséquence de l'entêtement des gens qui dirigent les affaires publiques dans la capitale de l'île.

A Saint-Georges, il n'y a pour toute autorité qu'un curé catholique qui est d'origine française, fort instruit mais sourd comme une boîte. C'est la seule personne que j'aie voulu voir là, et je l'ai fait venir dîner à bord. La population, d'ailleurs, est un composé d'Irlandais, de Canadiens réfugiés, de Français déserteurs des bâtiments de commerce et de quelques sauvages du Canada.

Je voulais ne rester que trente-six heures à Saint-Georges, mais le mauvais temps m'y a retenu. Pendant ce mauvais temps, j'ai remonté en canot un torrent fort pittoresque, où nous avons pêché quantité de truites. Pour ma part, en deux heures j'en ai pris quarante ; et je ne suis qu'un apprenti pêcheur. Le docteur, qui est mon professeur de pêche, en a pris le double.

Nous sommes partis de Saint-Georges le 10 juin, à 3 heures du matin, emmenant à la remorque la goëlette la *Gentille*, qui est un des bâtiments de la division. Nous sommes arrivés le même jour, à 10 h. 1/2, à l'île Rouge, où je suis resté deux heures à terre. Je suis allé ensuite sonder sur un nouveau banc de sable, sur lequel j'avais été informé que le *Sésostris* avait touché. Puis, à 2 heures, je me suis mis en route, et à 9 heures du soir, je mouillais dans le havre de Lark, dans la baie des Iles. Le temps était devenu très mauvais dans la nuit. J'envoyai un officier à terre, à un havre nommé Petit-Port, inspecter nos pêcheries. Il y a une heure et demie de marche. Paulin et Lossieux l'ont accompagné, mais ils sont revenus trempés, ayant fait fausse route et ayant traversé d'affreuses fondrières ; ils sont restés six heures dehors. A leur retour, le temps prenant meilleure apparence, nous avons fait route et avons parcouru toute la baie des Iles. Il y a des sites grandioses ; je me propose de l'explorer plus complètement lorsque je retournerai de ce côté là. Le soir, nous avons mouillé à quelques lieues de là, au havre des Roches. Nous avions largué la veille au soir la remorque de la goëlette, à qui j'avais donné ordre d'aller à un petit port nommé Tête-à-la-Vache.

Le 12 au matin, à 3 heures, je suis parti du havre des Roches par un très mauvais temps, et je suis allé, à travers mille difficultés et par une pluie battante, mouiller à

Tête-à-la-Vache ; mais je n'ai pas trouvé la goëlette, ce qui, à cause du temps, m'a fort inquiété. Je suis reparti immédiatement et je l'ai trouvée à six lieues de là, ne sachant absolument pas où elle était. Son capitaine est un bien brave homme, mais voilà tout. Il a d'ailleurs plus de cinquante ans. J'ai continué ma route par le mauvais temps et nous sommes allés mouiller au port Saunder, dans la baie d'Ingarnachoix. La *Fauvette*, autre goëlette de la division, est venue nous joindre, elle était à quelques lieues de là. Nous sommes allés à la pêche aux homards ; mais la saison étant encore très froide, ils n'avaient pas encore paru. Nous avons fait une immense course à pied, les uns armés de fusils, d'autres de cannes, d'autres de petits tridents pour prendre les homards, mais nous n'avons rien rapporté du tout. Terre-Neuve est une terre de désolation, où très peu d'animaux peuvent vivre. Les seuls qu'on y rencontre, et seulement en très petite quantité, sont des rats musqués, des castors, des merles, des outardes et des canards sauvages : pas un insecte ni un moineau. Mais en échange, la mer est richement peuplée. Aussi est-ce la seule chose que l'on exploite. On prétend qu'il y a encore quelques ours dans l'intérieur ; mais il y a longtemps qu'on n'en a vu. L'animal le plus curieux, mais devenu très rare aussi, c'est le caribou, sorte de cerf qui tient le milieu entre la vache et le renne. Quelques renards, quelques loups, quelques grosses perdrix et quelquefois des nuées de courlis, voilà toute la faune de Terre-Neuve. L'île est cependant en partie couverte de bois, presque tous sapins, en général très serrés, ce qui rend la circulation par terre presque impossible, à moins de se frayer un chemin à coups de hache. Là où il n'y a pas de sapins, il y a des marais et des fondrières, où on enfonce jusqu'aux genoux.

J'ai quitté le port Saunder, remorquant la *Fauvette*, et
je suis arrivé le même soir au vieux Port-au-Choix, près
la pointe Rèche, port d'une entrée fort difficile, Je suis
allé de là par terre, il n'y a que dix minutes de chemin,
au nouveau Port-au-Choix, où nous avons d'importants
établissements de pêche. C'est à l'entrée de ce dernier
port que le *Newton*, l'un des vapeurs de la station, s'est
perdu l'année dernière. Les glaces de l'hiver l'ont tout à
fait démoli, on ne voit plus que quelques morceaux de sa
machine qui restent au-dessus de l'eau.

Nous sommes allés voir pêcher la morue par un pro-
cédé que l'on appelle « lever les harouelles ». Les harouelles sont de longues cordes auxquelles sont attachées, de
mètre en mètre, de petites cordes de 2 mètres de long,
au bout desquelles est l'hameçon. On tend le soir les
grandes lignes au fond de l'eau et on va les lever le matin. Quand il y a beaucoup de poissons, il y a quelquefois
une morue prise à chaque hameçon et chacune de ces morues pèse bien 8 livres en moyenne.

Le 14, on a signalé le *Ténare*, auquel j'avais donné rendez-vous. Je suis parti de suite à bord de la *Fauvette* pour
le guider dans la passe. Il m'apportait le courrier qui,
par la faute de l'employé de la poste, ne m'avait pas été
remis à Sydney. C'est ainsi que j'ai eu vos dernières lettres des 18 et 20 mai. Seulement, comme il me manque
un courrier, je ne sais pas du tout comment vous êtes
installées à Cherbourg. J'ai aussi des dépêches officielles
qui me manquent, ce qui m'embarrasse, ne comprenant
pas celles qui me sont arrivées par le *Ténare*.

Je suis parti le 15, à bord de la *Fauvette*, pour une île
nommée Saint-Jean, où je savais qu'étaient plusieurs
navires de pêche anglais. J'en ai fait partir huit, qui,
malgré le peu d'apparence du bâtiment que je montais,

n'ont pas fait la moindre objection, Et j'ai signifié aux quelques habitants de ce port qu'eux-mêmes ne pourraient plus, à dater de l'année prochaine, pêcher un seul poisson. J'avais fait la même signification à tous les Anglais de la côte et je la ferai ici partout.

En revenant, nous nous sommes arrêtés à une petite île où nous avons pris des œufs de goëlands et de mauves, et aussi sept petits cagnats, espèce de très gros goëlands, récemment éclos, et que je tâche d'élever.

De retour au vieux Port-au-Choix, j'ai trouvé la *Gentille*, qui venait d'y arriver et qui s'était échouée à l'entrée du port, mais sans se faire mal. La veille, avant d'aller au-devant du *Ténare*, j'avais fait une excursion à un lac où je n'ai pu arriver qu'après mille difficultés, ayant eu à traverser des bois impénétrables et des marais où j'étais trempé. Le site en est très joli; il y a beaucoup de poissons; malheureusement. nous avions emporté nos fusils, qui ne nous ont servi à rien, au lieu de nos lignes de pêche, qui nous eussent été très utiles.

Le 16, à 4 heures du matin, je suis parti du vieux Port-au-Choix, remorquant la *Fauvette*, et y laissant le *Ténare* et la *Gentille*, avec des instructions sur leur marche ultérieure. J'ai visité successivement le nouveau Férolle, la baie Sainte-Marguerite et le vieux Férolle, port d'une entrée très étroite où je suis resté deux heures au mouillage. Du vieux Férolle. nous sommes allés mouiller à la baie Sainte-Barbe; c'est dans ce trajet que nous avons aperçu la première glace flottante. Nous y sommes restés une heure, puis nous sommes allés sur la côte du Labrador, à l'anse des Blancs-Sablons. En nous approchant de la côte, nous avons eu à traverser une ligne de glaces flottantes, et nous avons aperçu des montagnes de glace. L'anse elle-même était fort encombrée de glaces. J'y ai mouillé cependant à 8 heures du soir et suis allé de suite à terre prendre quelques renseignements.

Je voulais repartir le lendemain de très bonne heure, mais il était survenu une brume épaisse à laquelle succéda bientôt un coup de vent. Ce n'est que le 18 au soir, le coup de vent n'étant même pas encore fini, que j'ai pu quitter les Blancs-Sablons, et je ne suis allé qu'à trois lieues de là, à la baie Forteau. J'ai vu là des quantités de grands chiens du Labrador, dont les rares habitants se servent pour atteler à leurs traîneaux quand la terre est couverte de neige. Ces chiens ne sont pas beaux, mais ils sont très intelligents.

Le lendemain 20, je suis parti à 4 heures du matin, par un temps magnifique ; mais j'ai été bientôt pris dans une de ces brumes épaisses comme on n'en voit que dans ces pays désolés. J'ai persisté néanmoins, et malgré la brume je suis parvenu à atteindre la baie Rouge, toujours sur la côte du Labrador, cherchant mon chemin entre la côte et de nombreuses montagnes de glaces. Je crois que c'est un tour de force. J'ai trouvé le port plein de glaces ; je suis parvenu, non sans peine, à m'y placer tout à fait au fond, ainsi que la *Fauvette*, que je remorquais toujours. J'ai donné cet après-midi du dimanche repos à l'équipage, qui le méritait bien et moi aussi.

Je suis allé néanmoins de suite à terre et j'ai d'abord couru les montagnes et remonté une rivière. Nous voulions absolument atteindre une chute d'eau magnifique que nous apercevions, mais cela nous a été impossible. Il n'y avait pas moyen, sans l'aide de haches, de traverser l'épaisseur du taillis. Nous sommes allés alors au village ; c'est le plus important de toute cette côte et il n'a que cent misérables habitants. Nous sommes entrés dans une case où on nous a fait boire une boisson qui est le cidre de ce pays-là ; c'est de la bière de spruce. Le spruce est une sorte de sapin, dont on fait infuser les feuilles avec de la mélasse.

Le 21, ce ne sont plus seulement des montagnes de glaces que nous avons rencontrées, mais la banquise elle-même qui descendait le détroit de Belle-Ile. Il a fallu la contourner pour traverser le détroit et atteindre la côte de Terre-Neuve. Nous sommes arrivés à 10 heures du matin dans le havre de Cook où je suis resté deux heures mouillé. En y entrant, j'ai aperçu, à mon grand étonnement, le *Ténare* mouillé à deux lieues de là, dans la baie du Pistolet; son capitaine vint à bord du *Gassendi* et m'expliqua qu'il avait été arrêté par les glaces. Je partis néanmoins et rencontrai bientôt la banquise qui me barrait le chemin, ainsi qu'un grand nombre de montagnes de glaces presque aussi grandes que celles du Groënland. Je n'hésitai pas à essayer de la traverser, malgré les appréhensions de quelques-uns de mes officiers pour qui ce spectacle était nouveau. Je traversai carrément deux ou trois lignes de banquise, me frayant un passage avec l'avant du bâtiment. Je réussis comme je le voulais et j'en fus quitte pour de très faibles avaries dans mes roues par suite de l'état de la mer qui était très houleuse. J'avais l'intention d'entrer au Kirpon; mais l'entrée du port était entièrement fermée par les glaces et le *Sésostris* y était ainsi bloqué. Je fus donc mouiller le soir à un port de la côte est, appelé les Griguets. J'étais excessivement fatigué. Je n'avais pas quitté la passerelle depuis quatre heures du matin et mon attention n'avait cessé d'être tendue. Je comptais en partir le lendemain 22; mais une forte brise qui s'était élevée la nuit avait amené des masses de glaces devant l'entrée du port qui s'est trouvé ainsi fermé. Je fus alors par terre communiquer avec le

Sésostris, puis ayant appris là que le *Ténare* avait mouillé la veille au soir à la baie aux Mauves à peu de distance du Kirpon, j'y suis allé également ; puis je suis retourné à bord. Dans la journée, le *Ténare*, ayant trouvé un passage dans les glaces, est venu me rejoindre aux Griguets. Le lendemain, le *Sésostris*, voulant aussi me rejoindre et ayant pu sortir du Kirpon, ne put parvenir à entrer aux Griguets, les glaces s'y étant à nouveau amoncelées ; il a dû rentrer au Kirpon.

Le 23, je suis allé en canot au milieu des glaces, faire une longue excursion à des établissements de pêche et régler diverses affaires. Enfin, aujourd'hui 24, je suis toujours bloqué par les glaces ; heureusement que je suis dans un excellent port. Il est dans ce moment-ci plein de glaces flottantes ; mais comme il n'y a pas de mer, elles ne font pas de mal aux bâtiments. Seulement il faut toujours avoir des embarcations prêtes à les détourner et de grands bâtons sur l'avant pour les écarter ou au moins pour qu'elles frappent moins fort l'avant du bâtiment.

La plupart des navires pêcheurs venant de France ne sont pas encore arrivés. Ils sont arrêtés au large par la banquise. Quelques-uns seulement ont pu passer par hasard, les mouvements de cette banquise étant extrêmement variables. Tout le sud de la côte est entièrement pris, ce qui dérange tout mon itinéraire, tant pour le *Gassendi* que pour les autres bâtiments de la division. Aujourd'hui j'ai fait faire des exercices à feu, profitant de l'inaction où les glaces nous plongent pour perfectionner l'instruction militaire des équipages ; mais je suis bien ennuyé de ce retard. L'activité est ma santé, et je me trouve bien de cette vie en plein air.

. . . .

Toujours retenu par les glaces, ma chère petite fille.

Voilà deux jours que nous sommes dans cette situation. Ce soir, le vent paraît vouloir changer, et les glaçons paraissent se mettre en mouvement. Peut-être suffira-t-il d'un fort vent pour chasser en deux jours toutes ces glaces, hors de la baie. Il y a trois jours, j'ai voulu aller en canot inspecter des établissements au Kirpon, à trois lieues d'ici. A moitié chemin, j'ai été pris dans les glaces et je n'ai eu que le temps de débarquer à terre au premier point venu et de renvoyer mon canot. Nous sommes donc allés, Jonquières et moi, par monts et par vaux ; et nous avons atteint notre but, non sans une grande fatigue, d'autant plus qu'il a fallu revenir à pied. Comme le temps était à la pluie, nous avons été dévorés de moustiques.

Je suis allé aussi, il y a quatre jours, voir donner quelques coups de filets pour prendre de la morue. Elle n'est encore qu'en petite quantité sur la côte à cause des glaces' Les glaces empêchent aussi le développement des filets. Nous en avons vu prendre cinq cents dans un coup de senne. Mais dans la saison, et dans les endroits favorables, on en prend quelquefois jusqu'à douze ou quinze mille dans un seul coup. Les morues que l'on prend ainsi ne sont pas bien grosses, elles pèsent en moyenne 3 livres chacune, mais dans le nombre il y en a quelquefois de 8 à 10 livres.

J'ai une correspondance officielle très étendue à faire ces jours-ci. J'envoie le *Sésostris* la porter à Sydney avec vos lettres. Dès que les glaces nous permettront de sortir du port, je continuerai mon inspection en allant vers le sud ; j'ai là une grande quantité de ports à voir. J'irai ensuite sur le grand banc de Terre-Neuve, au milieu des pêcheurs qui ont éprouvé cette année de nombreux sinistres, Je passerai à Saint-Jean, capitale anglaise de l'île, et j'irai ensuite à Saint-Pierre-Miquelon, où j'espère arriver

du 12 au 15, si je ne suis pas trop contrarié par le temps.
C'est là que je dois trouver des lettres de vous.

73

A la même.

Sydney, le 23 juillet 1858.

MA CHÈRE PETITE FILLE,

Ce n'est que le 3 juillet au matin, qu'impatienté outre-
mesure d'être depuis douze jours enfermé, les glaces
commençant à diminuer, j'ai fait appareiller les quatre
bâtiments que j'avais avec moi. Nous nous en sommes
tirés tant bien que mal, le *Gassendi* non sans grand'peine,
parce que, étant plus grand que les autres, il lui fallait
plus d'espace pour tourner. Nous en avons été tous quittes
pour quelques pales cassées et quelques rayons de roues
forcés. Au large, la mer était plus libre, et chacun de nous
a fait route pour sa destination, le *Sésostris* pour Sydney,
emportant le courrier et devant visiter les établissements
sur son chemin, le *Ténare* pour un port appelé le Croc,
où je le fais séjourner quelque temps pour venir au besoin
en aide aux pêcheurs, et le *Gassendi* remorquant la
Fauvette pour continuer, en allant vers le sud, à visiter
les pêcheries, que je tiens à voir toutes en personne.
Notre navigation, au milieu d'une quantité innombrable
d'énormes montagnes de glaces, était fort pittoresque,
mais en même temps fort épineuse.

En sortant des Griguets, nous fûmes mouiller dans la
baie Saint-Lunaire, dans une anse appelée l'anse Amélie.
L'hydrographie de cette baie a été faite, en 1786, par M. de

Granchain, capitaine de vaisseau de Sa Majesté, lequel était, je crois, un peu parent de ma mère. J'en ai souvent entendu parler dans mon enfance. Il avait quatre filles et a donné le nom de chacune de ses filles à quatre îles qui sont dans la baie. Sa femme s'appelait Amélie, d'où le nom de l'anse où nous mouillâmes. Si je découvre une île, je l'appelerai l'île Marguerite ; la seconde que je découvrirai sera l'île Toto (1).

De l'anse Amélie je suis allé aux Bréhats, pour y mouiller. Je suis allé du large en canot visiter les établissements ; de là au fort Saint-Antoine, puis à la Crémaillère, où j'ai mouillé et d'où je suis allé en canot aux Trois-Montagnes, et des Trois-Montagnes, par terre, aux Petites-Oies. Dans ce port, nous avons trouvé par millions des poissons que l'on nomme capelans et qui servent à amorcer les lignes pour prendre la morue. Ils venaient s'échouer en masse sur le rivage et la mer en était noire, on ne voyait pas le fond. Ces poissons ressemblent par la forme et par le goût aux éperlans, mais ils sont moins fins.

Aux Petites-Oies, la pêche avait été très bonne, un seul établissement avait pris 3.000 morues en dix jours. Nous sommes revenus aux Trois-Montagnes, où le *Gassendi*, était venu nous attendre et nous sommes allés mouiller à 10 heures du soir, non sans difficulté, à cause de la nuit, des roches et des bancs de glace, au port des Grandes-Ilettes. Tu vois que nous avons rudement employé la journée.

Dès 4 heures du matin, le lendemain, nous étions en canot pour aller visiter les établissements des îles Fichot et des Petites Ilettes. Une brume des plus épaisses nous

____

(1) Toto, chien favori de Mme de La Roncière.

retarda beaucoup. Nous ne pûmes être de retour à bord qu'à 1 heure ; malgré la brume, nous appareillâmes dans une éclaircie, visitâmes les Saints-Juliens et les Grandes-Oies sans mouiller ; et, à 4 heures, nous mouillions dans le havre du Croc, où était le *Ténare*. Son capitaine était allé à la chasse ; nous l'appelâmes à coups de canon.

J'avais là diverses affaires à régler. Je laissai des instructions au commandant du *Ténare* et, à 7 heures, par une brume à ne pas voir l'avant du navire, je suis parti pour le havre du Cap Rouge, que j'ai trouvé en tâtonnant et où j'ai mouillé à 10 heures du soir, ayant encore fait une très fatigante journée. Le lendemain, dès 4 heures du matin, j'étais en canot. Je visitai tous les établissements du Cap Rouge, puis je fus, par terre, à la Conche, où j'eus pas mal de difficultés avec les Anglais, qui sont là en nombre et fort récalcitrants, ce qui m'obligera à y envoyer souvent des bâtiments et à y retourner moi-même plusieurs fois. J'étais de retour à bord à 2 heures. J'ai appareillé immédiatement après avoir réglé diverses contestations de pêcheurs ; remorquant toujours la *Fauvette*, je suis allé visiter successivement, mais sans mouiller, et par des alternatives de brume et de pluie, les établissements de Boutitou, des Aiguillettes, des Canaries, de Raincé et du Degrat du Cheval. Enfin, à 10 heures, je mouillai par un coup de vent du nord dans le havre Sans Fond, où j'ai eu grand'peine à tenir sur mes ancres. C'était encore une journée bien remplie. Le lendemain, 6, le coup de vent durait toujours, j'en ai profité pour dormir jusqu'à 10 heures du matin. A 1 heure, je me suis décidé à appareiller, malgré le temps. Je n'avais plus d'établissements à voir sur cette côte, réservant de visiter la baie Blanche à mon prochain voyage en août.

Je me dirigeai donc sur le port de la Fleur de Lys, par

les 50°6' de latitude. Là je ne fis que prévenir de mon inspection pour le lendemain, et je fus au Pot d'Etain, où je visitai l'établissement; enfin, à 10 h. 1/2 du soir, je mouillai au havre de Pasquet, charmant endroit, au milieu de beaux sapins, où il eût été très agréable et très reposant pour nous tous de rester quelques jours. Mais j'avais des devoirs plus pressés. A 5 heures j'étais en canot et visitai les établissements. A 8 heures j'étais avec le *Gassendi* à la baie des Pins, et de là je retournai à la Fleur de Lys, où j'eus beaucoup d'affaires à régler.

Le temps était devenu tout à fait beau, quoique je circulasse toujours au milieu des montagnes de glaces. J'avais laissé au havre de Pasquet la *Fauvette*, avec des instructions sur les mouvements ultérieurs. Je fus de la Fleur de Lys au havre de la Scie par les 50°7' de longitude, et malgré la petitesse du port je m'obstinai à y mouiller le *Gassendi*, ce qui réussit parfaitement. J'inspectai tous les établissements par une chaleur de 32°, quoique entouré de plusieurs montagnes de glaces, ayant passé quatre jours avant pendant plus d'une semaine enfermé dans la banquise. Voilà une transition ! Je partis de la Scie le même soir, 7, à 7 heures du soir, et je fis route pour Saint-Jean, capitale de l'île, située à la pointe la plus est de Terre-Neuve, à 80 lieues de là. J'eus à exercer une grande surveillance la nuit à cause des glaces flottantes; mais j'eus beau temps. Je passai en vue de l'île Funk et, pour ne pas arriver avant le jour à Saint-Jean, j'allai mouiller pendant trois heures à Bonavista.

A Bonavista, nous rentrions dans un commencement de civilisation, les habitants de la côte que nous venions de parcourir étant encore à l'état très primitif. Nous vîmes ici de vraies femmes, à chapeau, qui nous offrirent une branche de vrai lilas. Malheureusement tous ces pays-là,

vivant presque exclusivement de la pêche et du commerce
de la morue, en répandent partout la désagréable odeur,
de sorte que je me figure que les fleurs même la sentent.
On fume d'ailleurs le peu de terre cultivable avec des
capelans et des harengs, tant il y en a, et avec des têtes
de morues.

Le 9, à 8 heures du matin, nous entrions dans le havre
de Saint-Jean. Nous étions enfin dans une vraie ville.
J'envoyai Jonquières porter mes compliments au gouverneur et lui annoncer ma visite pour 11 heures. L'animal d'agent consulaire de France, qui est le maître du
principal hôtel de Saint-Jean, était absent, quoique je lui
eusse fait savoir qu'un bâtiment de guerre français irait
à cette époque à Saint-Jean. Je ne sais qui a fait nommer
cet homme agent consulaire de France. Il n'est pas convenable d'avoir dans cette position un aubergiste, quelque riche qu'il soit, et quoiqu'il soit le seul Français
habitant le pays. Plusieurs petits fonctionnaires de la
ville vinrent me visiter ; mais je les ai reçus fort leste-
ment, n'étant pas venu là pour voir tous ces faiseurs
d'embarras, mais simplement pour faire une visite au
gouverneur représentant de la Reine. Je m'abstins d'ailleurs de saluer la ville. Je ne reçus moi-même que le
commandant militaire, vieux brave qui m'a pris en
grande amitié. Je fis recevoir le reste par un aide de
camp.

A 11 heures, je fus chez le gouverneur *in fiocchi*, avec
Jonquières, Massenet, Lossieux et Paulin dans son magnifique habit noir. Le gouverneur, Sir Alexander Bannermann, a soixante-quinze ans et beaucoup d'analogie extérieure avec lord Stratford Canning (1). Mais il y a cette

(1) Stratford de Radcliff, vicomte Canning, né en 1786, ministre en Suisse
en 1814, participe au Congrès de Vienne. Mission aux États-Unis et en

différence que Sir Alexander se grise une fois tous les jours pairs, deux fois les jours impairs et toute la journée le dimanche, afin de mieux le sanctifier, selon la mode anglaise. Comme il était 11 heures du matin, et que c'était un jour pair, il était dans tout son bon sens et a été fort aimable. Il nous a présenté à lady Bannermann, femme de cinquante ans, qui m'a paru parfaitement distinguée et qui parle français. Lui n'en dit pas un mot. Il voulait me faire rester deux jours pour me donner un grand dîner, mais j'ai refusé. A 3 heures du soir, j'ai appareillé par un temps magnifique. J'ai fait route pour le banc de Terre-Neuve, où je voulais voir nos pêcheurs, qui, cette année, ont beaucoup souffert du mauvais temps. Outre de grandes pertes matérielles, il a péri beaucoup de matelots.

Je voulais préalablement aller reconnaître un écueil nommé *Virgin's Rock*, dont la position n'a jamais été bien déterminée ; mais le mauvais temps m'a pris dans la nuit. J'en ai passé assez près, mais il n'y avait pas à songer à aller sonder sur l'écueil même. La mer était grosse et il y avait beaucoup de brume. J'ai traversé plus de deux cents goëlettes américaines pêchant, et je suis allé à une quarantaine de lieues plus au sud chercher nos pêcheurs. Pris par des brumes continuelles, je n'ai pu en voir qu'un petit nombre, et je suis allé moi-même à bord de la plupart. Cette marque d'intérêt donnée à ces dignes marins, qui font le métier le plus dur et le plus dangereux possible, a fait, je n'en doute pas, un très bon effet. Je suis resté deux jours parmi eux et suis allé de là à Saint-Pierre, n'ayant pas cessé un instant d'avoir la brume la

Russie (1820-1824), ambassadeur à Constantinople en 1825, nommé à Pétersbourg en 1833, mais n'est pas agréé par le tsar. Siège aux Communes (1833-1841), ambassadeur à Constantinople (1851-1858), un des principaux instigateurs de la guerre de Crimée.

plus épaisse. J'ai fait néanmoins le tour de force de trouver l'île et d'entrer dans le port sans voir à vingt pas
devant le bâtiment. C'est le 14, à 3 heures du soir, que
j'y suis arrivé. J'y ai trouvé la *Perdrix*, à bord de laquelle
j'ai pris des vivres. J'ai été passer la soiree chez le gouverneur, où on a fait un vingt-et-un. Le 15, j'ai passé la
journée à régler toutes sortes d'affaires de service et d'administration, et le soir j'ai dîné chez le gouverneur; après
le dîner, nouveau vingt-et-un. Je voulais partir le lendemain 16, de bonne heure. Mais la brume étant toujours
excessivement épaisse, j'ai attendu jusqu'à midi. Comme
elle augmentait au lieu de se dissiper, je me suis déterminé à midi à partir nonobstant, ce que j'ai fait sans accident, et le lendemain 17, à 10 heures du matin, elle s'est
enfin dissipée. Elle ne m'avait pas quitté un instant depuis
le 10 au soir. Le même jour, à 7 heures du soir, j'étais à
Sydney, où le *Sésostris* m'attendait et d'où je l'ai immédiatement expédié pour la côte nord de Terre-Neuve. Le
18, j'ai passé toute la journée à lire tous mes journaux.
Le 19, l'agent consulaire de France, l'illustre M. John
Bourinot, esquire, m'a emmené faire une promenade dans
l'intérieur, avec Jonquières, dans son berlingot. Je suis
allé prendre le thé chez lui, le soir. C'est un homme
instruit, intelligent et fort désireux de nous être utile et
agréable. Il a une femme, puritaine exagérée, qui a un
goître, et qui ne rit jamais. En outre, elle ne dit pas un
mot de français. Il a aussi une fille de dix-sept ans, qui
parle assez bien français, et d'un caractère naturellement
gai, mais on voit que sa mère ne lui permet même pas de
rire.

Je reçois ici des invitations de tous côtés. La présence
du commodore français, c'est ainsi que l'on m'appelle ici
suivant l'usage anglais, est la principale époque de l'an-

née à Sydney. Cela donne lieu à des parties sur l'eau, des soirées, etc. Je refuse tout. Je me contente de donner un dîner à l'agent consulaire de France ; douze personnes, tout compris. Aussitôt après le départ du courrier qui emportera cette lettre, j'irai faire mon charbon à 2 lieues d'ici. Le *Ténare* doit être ici le 24. Je l'enverrai de suite à Saint-Pierre chercher des dépêches que l'on m'annonce de Paris. Dès qu'il sera de retour et selon ce que me diront ces dépêches, j'irai très probablement à Halifax conférer avec l'amiral anglais qui m'y attend. Je resterai deux ou trois jours, reviendrai à Sydney prendre du charbon et je retournerai de suite sur la côte de Terre-Neuve, où je passerai tout le mois d'août ; je ne reviendrai ici qu'au commencement de septembre.

74

A la baronne de La Roncière Le Noury.

Sydney, *Gassendi*, 24 juillet 1858.

CHÈRE ENFANT,

J'ai reçu toutes tes lettres, sauf toujours celle partie de France le 6 mai. Tout ce courrier-là m'a manqué, ce qui me gêne beaucoup, parce qu'on me parle de dépêches que j'ai dû recevoir et qui ne me sont pas arrivées. Elles sont allées en Australie sans aucun doute, car Hubaine m'écrit qu'il a été à la poste à Paris lui-même, et que les employés ne paraissaient pas se douter qu'il y eût une Nouvelle-Ecosse. L'un d'eux prétendait qu'on voulait parler de la Nouvelle-Calédonie.

Les journaux de Terre-Neuve commencent à m'injurier ; c'est très amusant, et je suis convaincu que cela ira en

CLÉMENTINE CLÉMENT DE RIS
BARONNE DE LA RONCIÈRE LE NOURY (1847).

augmentant ; mais je m'en soucie autant qu'un poisson
d'une pomme.

Je vois qu'en somme vous ne passez pas trop mal le
temps à Cherbourg, et cette pensée est un très grand repos
d'esprit pour moi. Cette lettre t'arrivera au milieu des
fêtes de la présence de l'Empereur. J'aurais voulu voir
Babé, au milieu des jeunes filles, offrant des bouquets à
l'Impératrice. Il faudra que tu me donnes de longs détails
sur toutes ces cérémonies.

Je ne suis pas étonné que M. Charlemagne soit fort
monté contre tous les actes du gouvernement actuel. C'est
un orléaniste déterminé. Il ne s'appelle pas Charlemagne.
Il s'appelle Loignon et a été adopté, je ne sais plus trop
comment, par un M. Charlemagne, ancien député, ami et
parent de M. Thiers. C'est d'ailleurs un garçon très comme
il faut, mais très impopulaire dans la marine. Je me suis
néanmoins employé pour lui à la sollicitation de Chasseloup.

D'ailleurs, la circulaire du ministre de l'Intérieur Espinasse (1) est tout ce qu'on pouvait imaginer de plus impo-
litique. Avec deux ou trois actes comme cela, c'en est fait
de l'Empire, et cette malheureuse circulaire laissera de
plus profondes traces dans l'esprit public, travaillé par
l'opposition, pour laquelle c'est un thème admirable, que
toutes les plus mauvaises mesures qu'a pu prendre l'Empereur depuis son accession au pouvoir, y compris même
les décrets du 22 janvier (2). Sans doute, au fond, le pro-

(1) Allusion a la politique de répression que suivit l'attentat d'Orsini·
Le ministère de l'Intérieur fut confié, au lendemain du crime du 14 janvier 1858, au général Espinasse, qui s'était fait remarquer au coup d'État
en entrant dans le palais de l'Assemblée à la tête du 42ᵉ de ligne, dont il
était colonel, et en arrêtant les questeurs. Brigadier en 1852, divisionnaire en 1855, le général Espinasse, qui avait fait une excellente carrière
en Afrique et s'était distingué en Crimée, ne resta au ministère de l'Intérieur que jusqu'au 15 juin 1858, pour être remplacé par M. Delangle. Il
fut tué à Magenta, à la tête de la 2ᵉ division du corps de Mac Mahon.
(2) 1852. — Décrets attribuant à l'État certains biens de la famille d'Orléans.

jet n'est pas mauvais et on pouvait engager confidentiel-
lement les préfets à agir dans ce sens avec modération.
Mais heurter si directement l'opinion publique dans les
circonstances actuelles, quand même on aurait cent fois
raison, est de l'aberration, et je ne puis croire que l'Empereur ait connu cette circulaire.

Je regrette peu la duchesse d'Orléans (1). Je n'aime pas
le genre d'opposition qu'elle faisait à Louis-Philippe, et
elle a été une des causes de la révolution de Février. Elle
s'y est alors conduite courageusement ; mais c'est comme
Lamartine, avec cette différence que si, comme lui, elle a
attiré la foudre, elle n'a pas su la détourner ensuite.

Le duel de Pène (2) est une très fâcheuse affaire. Ce de
Pène est un drôle ; mais ces sous-lieutenants sont des
fous. S'il fallait relever tous les outrages de cette nature,
on tournerait au Don Quichotte ; seulement cela aurait un
avantage qui ne manquerait pas de valeur : c'est qu'au
bout d'un temps donné, il n'y aurait plus de journalistes.

Tu me parles du mariage de Dubuisson, mais sans me

(1) Hélène de Mecklembourg-Schwerin (1814-1882). Mère du comte de Paris
et du duc de Chartres.

(2) Henri de Pène, journaliste français, né à Paris le 25 avril 1830, débute
dans la presse légitimiste, collabore à *L'Opinion Publique*, dirigée par Net
tement jusqu'au Coup d'Etat, se distingue par de spirituelles chroniques
publiées sous les pseudonymes *Marie* et *Nemo* au *World*, au *Figaro*, à
l'Indépendance Belge, à la *Revue Européenne*, à la *Revue*. Voici l'incident
auquel fait allusion le commandant de La Roncière. En mai 1878, de Pène
publie un *Echo* rendant compte d'un bal donné par une riche Américaine.
Cet écho, qui fut, d'après l'auteur, allongé à la hâte pour les nécessités
de la mise en page, contenait les phrases suivantes :

« Progrès sensible, il n'y avait plus l'inévitable sous-lieutenant en uniforme arrachant les dentelles avec ses éperons, opérant des razzias sur
les plateaux. La plaie, inévitable plaie des salons qui commencent. On
l'invite une fois, jamais deux. Le premier acte des salons qui ont fait leurs
dents est de se débarrasser de lui. A peine marchent-ils qu'ils l'envoient
au diable, comme fit Sixte-Quint pour ses béquilles..., après l'élection. »

Cet entrefilet mordant déchaîna une pluie de protestations. Le 14 mai,
de Pène dut s'aligner sur le terrain avec M. Courtiel, du 9e chasseurs. Il le
blesse à l'avant-bras. Un des témoins de M. Courtiel insulte de Pène, ce
qui provoque un nouveau combat immédiat, dans lequel M. Hyenne blesse
très gravement le journaliste. L'affaire produisit une sensation énorme

nommer la jeune personne ni me la détailler. Je sais seulement que c'est une fille noble. Ils sont bien amusants avec les filles nobles ! Est-ce qu'il y a encore des filles nobles ? Ces réserves ne sont faites que par les gens qui ne sont bons à rien, qui n'ont jamais pu passer un examen, ou qui ont manqué leur carrière. On se rattrape alors sur sa race, quelque peu ancienne qu'elle soit. Comme caractère, je ne fais pas grand cas de Dubuisson, mais cela ne me regarde pas. Il m'a bien secondé, c'est tout ce que je demandais de lui. Il avait épousé en premières noces une femme dont le frère est peu considéré, quoique capitaine de frégate. Mais lui, une fois marié, peut très bien être un fort galant homme et, en somme, une fille noble qui n'a pas le sou fait bien d'épouser un officier qui a de l'avenir. Un officier est toujours noble.

Je voudrais bien pouvoir rapporter des peaux d'ours, mais on n'en trouve pas. Par suite de son privilège, la compagnie de la baie d'Hudson les accapare toutes et, dès le commencement du printemps, les fait prendre chez les naturels et les envoie directement en Europe. On n'en trouve même pas au Canada. Le nombre des ours d'ailleurs a considérablement diminué, à mesure que les défrichements et la civilisation avancent. Dans cinquante ans il n'y en aura plus. J'ai vu au Labrador quelques peaux de martre de rebut qui étaient affreuses. Il y a quelques peaux de loutre qui ne servent à rien en France et des peaux de renard roux. Cela n'a aucune valeur. On m'a montré une peau de renard noir. Ces peaux ont une grande valeur en Angleterre, mais je ne crois pas qu'il en soit de même en France. Ou en voulait d'ailleurs 200 francs. En somme je n'ai rien acheté. Il n'y a d'ailleurs absolument rien à rapporter de ces pays-ci, si ce n'est de la morue et toujours de la morue. Mais c'est une bien importante branche de commerce, dont on ne se doute pas en France. Malheureusement, on en prend tant qu'elle diminue en grosseur et en quantité, quoiqu'on prétende qu'une morue contient 9 millions d'œufs. Je n'ai pas compté.

Les journaux anglais ont fait beaucoup de bruit ici du prétendu attentat contre l'Empereur. On ne peut imaginer les balivernes que publient ces journaux sur tous les sujets possibles. Les journaux de Londres sont bien exagérés, mais ce n'est rien auprès de ceux des colonies anglaises.

Je m'étais arrangé pour être à Saint-Jean pour l'arrivée du câble transatlantique. J'aurais bien désiré être là à son arrivée comme j'étais là à son départ, et pouvoir adresser de suite une dépêche à l'Empereur. Mais aujourd'hui même une dépêche de New-York m'apprend que l'opération n'a pas réussi. Quoique ce soit une entreprise anglaise, je le regrette. C'était une brillante et hardie tentative. Mais on la reprendra.

Je ne vais pas mal. Cette activité, c'est ma vie. Si je me trouvais obligé de passer six mois dans l'inaction ou dans une vie fainéante, je mourrais sans aucun doute.

J'aurais préféré que le prince Napoléon fût en Algérie(1). Je n'ai pas idée que ce ministère puisse marcher. Il aura maille à partir avec tous les ministres, qu'il malmènera. Si cela pouvait les faire changer, à la bonne heure ! Ils sont usés, archiusés. Le Prince les galvanisera un peu, mais il vaut mieux les changer, et tu sais que c'est depuis longtemps mon opinion. Le Prince lui-même, qui était d'un avis contraire, revient à cette idée et me l'écrit. Il m'a demandé à cor et à cri à l'Empereur et au ministre

(1) Nommé ministre de l'Algérie et des Colonies, le Prince Napoléon restait à Paris.

de la Marine. Celui-ci a refusé net et, tout en voulant paraître m'en plaindre, j'en suis très content. Tous les choix du Prince, toutes ses fautes seraient tombés sur moi. Il est vrai que je l'aurais certainement empêché de faire de mauvais choix, mais j'aurais été là le bouc émissaire.

C'est par les colonies. je crois, que le Prince aura des difficultés. C'est une bouteille à l'encre. Roujoux est fort capable de mener cela, mais le Prince le trouvera bien lourd.

Je ne sais pas ce qui a fait transformer ainsi le projet de l'Algérie. Le Prince m'avait parlé des deux combinaisons depuis longtemps. Je préférais l'Algérie, et il était bien convenu que j'y commanderais la marine. J'aurais bien arrangé les choses de manière à ce que tu puisses y venir.

L'affaire que je traite ici a de l'intérêt et peut acquérir beaucoup d'importance. Je peux ne pas réussir, mais je ne crois pas que je puisse m'y couler, au moins m'y couler d'une manière fâcheuse. Je fais ce que je crois pour le mieux dans une affaire des plus compliquées ; je peux m'y tromper et. si je ne réussis pas, je serai dans la catégorie de tout le monde. J'aurai fait pas mieux, mais autrement. C'est déjà quelque chose. Jusqu'à présent, les choses vont bien et l'affaire n'est pas mal engrenée. Adieu, chère enfant, je t'embrasse tendrement.

75

Halifax, Gassendi, 29 juillet 1858

CHÈRE ENFANT,

Je suis ici le *lion*, ce qui m'ennuie. On me fait toutes sortes d'honneur, que je ne suis guère en train de recevoir : aussi je pars après-demain, étant arrivé cette nuit. Je suis accablé de visites officielles et de curieux qui ne me laissent pas un instant tranquille. Je prends des mesures pour que mes courriers m'arrivent sans retard sur la côte de Terre-Neuve. Je ne peux pas faire comprendre au Ministère qu'il faut m'adresser mes dépêches à Sydney. Tout va bien à bord jusqu'à présent, Dieu merci.

L'amiral anglais qui commande ici m'a expliqué fort confus toute l'affaire avec les Américains, dont tu auras vu les détails dans les journaux (1). Toutes les fois que les Anglais ont des affaires avec les Américains, les premiers cèdent. Les Anglais avaient cent fois tort dans ce cas-là ; mais il y a manière de céder, et ils l'ont fait honteusement, parce que les Américains pouvaient leur nuire, tandis qu'ils se sont conduits comme des rodomonts et des lâches avec les Napolitains, en leur extorquant 3.000 livres sterling, parce qu'ils savaient bien que le roi de Naples ne pourrait pas leur résister.

Adieu, je vais dîner chez l'amiral Stewart. Je l'ai connu jadis à Malte et en Crimée.

76

Sydney, 7 août 1858.

CHÈRE ENFANT,

J'ai reçu à Halifax une réception princière. J'y ai eu les relations les plus agréables avec lady Mulgrave, à laquelle je trouve moralement beaucoup d'analogie avec toi. Lord Mulgrave est bien, mais très John Bull.

(1) Différend entre les Etats-Unis et l'Angleterre au sujet du droit de visite.

Elle, est une des femmes les plus distinguées que j'aie rencontrées. Elle a environ trente-quatre ans, et sept enfants. L'amiral Stewart est un bon vivant, très fin, mais qui aime fort le bon vin. Sa femme ressemble à ma tante Henriette et est d'une très mauvaise santé. Le général Trollope est un parfait gentleman. Enfin, quand on a passé trois mois à Saint-Pierre, à Sydney, à Terre-Neuve, on est là dans un Eden. Je n'ai pas voulu cependant que ce fût une Capoue, et je suis parti abruptement au bout de trois jours, refusant des invitations pour toute la semaine.

On m'apprend à l'instant que le télégraphe transatlantique a réussi. J'expédie une dépêche au ministre de la Marine, qui est à Cherbourg et qui aura, je l'espère, l'esprit de te donner de mes nouvelles.

77

Havre Paquet, 25 août 1858.

Chère Enfant,

Je ne croyais pas pouvoir t'écrire par ce courrier-ci, mais je me trouve obligé d'expédier de suite le *Sésostris* à Saint-Jean et je t'écris pendant qu'il chauffe, et qu'on prépare les instructions. Je viens de faire une navigation mirobolante. Il est vrai que j'ai manqué de mettre le *Gassendi* et le *Sésostris* en morceaux. Nous naviguions tous deux de conserve, et en entrant le soir dans un port situé dans la baie Blanche et nommé l'anse de Jackson, nous nous sommes échoués tous les deux. Mais nous nous en sommes tirés de suite tous les deux. Je t'écris du havre Paquet. Je vais en partir pour remonter au nord et me trouver le 1er septembre au Kirpon, où le *Ténare* doit venir me rejoindre, venant de Sydney, et m'apportant deux courriers. Tu comprends que je ne veux pas le manquer d'une heure. Tout continue à bien aller à bord.

Je vais actuellement, après avoir été rejoint par le *Ténare*, aller à Sydney en m'arrêtant sur plusieurs points de la côte du Labrador et de celle ouest de Terre-Neuve. Je resterai quelques jours à Sydney et j'irai à Saint-Pierre, puis sur la côte sud de Terre-Neuve ; je retournerai à Sydney, où je serai le 25 septembre, et j'en repartirai le 29 pour Saint-Pierre et Saint-Jean. Tels sont mes projets s'il ne survient aucune éventualité qui bouleverse tout cela.

Je serai bien heureux de pouvoir me reposer en arrivant en France. Je mène la division autrement que qui que ce soit l'ait jamais menée ; c'est rudement fatigant, surtout fatigant d'esprit. Mais à défaut de capacité qui me permette de faire mieux que les autres, je me rattrape en faisant autrement. Il faudra que je reste un mois sans bouger à Cracouville comme les quinze jours que j'y ai passés avant mon départ, mais ne m'y occupant de rien du tout et oubliant tout à fait Terre-Neuve. Je n'aspire qu'à cela.

78

Sydney, *Gassendi.* 29 septembre 1858.

C**hère** E**nfant**,

Voici la dernière lettre que je t'écris des rivages d'Amérique. Elle t'arrivera vers le 19 ou le 20 octobre, et huit jours après je serai probablement en France, s'il ne survient rien de fâcheux d'ici là. J'ai été fort occupé

tous ces temps-ci. L'amiral anglais est venu me joindre
pour discuter la grande affaire de Terre-Neuve. J'ai été
fort satisfait de lui, comme je pense qu'il l'a été de moi.
J'espère qu'à Paris on ne sera pas trop mécontent de la
manière dont j'aurai mené les affaires ici.

Le Prince me fait écrire qu'il part le 25 octobre pour
l'Algérie, et qu'il faut que je l'y accompagne J'estime
qu'il veut me faire donner le commandement d'Alger. Je
le veux bien, à condition qu'on me donne le logement à
terre, sinon non. Mais il paraît tenir beaucoup à m'emmener là-bas. Je réponds évasivement. Cela m'ennuierait
beaucoup, à peine arrivé, de repartir. Je ne suis pas très
content de ma santé ; j'ai besoin de me reposer.

Je ne suis pas étonné de l'excès de légitimisme de B...,
S..., et *tutti quanti*. Le succès de l'Empereur en Bretagne
a mis tous les légitimistes en fureur. Ils croyaient qu'il y
ferait fiasco (1). Ils croient s'en venger en se faisant plus
légitimistes que jamais. Ils ne sont pas dangereux, et ils
sont niais.

79

Brest, 18 octobre 1858.

Chère Enfant,

J'ai ta dépêche. Je ne sais encore quand je pourrai partir ; le Ministre, informé dès hier soir de mon arrivée,
n'a encore rien répondu ce soir.

Il paraît qu'ils combinent de grandes choses pour moi.
Ici mon arrivée a mis tout en émoi. Les bonnes gens se

(1) Voyage politique et triomphal de Napoléon III et de l'impératrice
Eugénie en Normandie et en Bretagne qui s'acheva le 15 août 1858 au
sanctuaire de Sainte-Anne d'Auray, au milieu des ovations des populations.

figurent que, parce que le Prince est ministre, je vais être quelque chose dans l'Etat. Je serai Gros-Jean comme devant. Ce qu'il me faut avant tout, c'est remplir mes conditions, et je n'accepterai rien qui ne me les fasse pas remplir. C'est là mon ultimatum. Je demanderai à suivre ma carrière de Terre-Neuve où j'ai entrepris de grandes affaires, et puis nous verrons.

III

MISSION EN RUSSIE

La fin de l'année 1858 a été marquée par un des épisodes
les plus remarquables de la carrière de La Roncière. L'empereur Napoléon III l'a chargé de négocier la neutralité de la
Russie, en prévision de la guerre qui ne pouvait manquer
d'éclater à brève échéance avec l'Autriche par suite de la
politique conduisant à la reconstitution de l'Italie.

Le fait est assez peu connu. On attribue en général l'attitude prise par la Russie en 1859 à la rancune des Romanof
contre les Habsbourg. Il est certain qu'Alexandre II n'a jamais
pardonné ce qu'il a appelé lui-même « la monstrueuse ingratitude » de l'Autriche : l'abstention pendant la guerre de
Crimée. Les Russes considéraient que les services éclatants
rendus par leurs armées dans la répression de l'insurrection
hongroise méritaient une autre récompense. Il y avait là un
facteur que Napoléon III ne pouvait ignorer puisqu'il s'était
rencontré en 1857 à Stuttgart avec le Tsar. Pourtant, une politique prudente ne pouvait se baser uniquement sur un état
d'esprit; avant de songer à tirer l'épée contre l'Autriche,
l'Empereur des Français devait chercher des garanties plus
précises.

Il peut sembler surprenant qu'une telle mission ait été
confiée à un jeune capitaine de vaisseau, même en tenant
compte de la haute estime dans laquelle Napoléon III tenait
le caractère et l'habileté de La Roncière. D'autres raisons
justifient le choix. Il fallait avant tout éviter d'attirer l'attention. Il fallait un homme très fin, d'un dévouement à toute
épreuve, ayant assez d'autorité pour se faire écouter. La Roncière remplissait ces conditions. Il était connu en Russie, où
on savait le rôle remarqué joué par lui dans la guerre de

Crimée. N'est-ce pas le commandant du *Roland* qui, en découvrant la base de Kamiesch, a permis l'hivernage de la flotte alliée, sans laquelle la prise de Sébastopol aurait été impossible ? La Roncière était donc assuré de trouver en Russie la considération que les épreuves des champs de bataille développent chez des adversaires également valeureux.

Il est certain, d'autre part, que l'influence du prince Napoléon a été décisive. Le Prince était l'homme de la guerre d'Italie. Il appréciait hautement La Roncière et il n'a pas hésité à le mettre en avant. Le fait est d'autant plus caractéristique que le commandant n'approuvait pas la politique du Prince et ne le lui dissimulait pas.

La mission a nécessité deux voyages successifs. Dans le premier, La Roncière était accompagné de sa femme pour ne pas attirer l'attention. C'était une reconnaissance du terrain. Quelques semaines après, au début de décembre, il reprenait, cette fois seul, le chemin de la Russie. Il emportait un projet de traité secret dont le texte se trouve dans ses papiers et mérite d'être reproduit. Le voici :

« PRÉAMBULE. – Pour rester fidèle à ce qui a été convenu entre les deux souverains à Stuttgart, en 1857, de ne s'engager dans aucune grande question européenne sans s'être préalablement consultés avec une entière franchise, S. M. l'Empereur Napoléon a fait part à S. M. l'Empereur Alexandre des complications qu'il prévoit en Italie. La guerre venant à éclater entre l'Autriche et le Piémont, les sympathies de la France, sa politique traditionnelle, ses intérêts l'obligent à soutenir le Piémont.

« Si l'Empereur des Français tire l'épée, ce ne sera pas pour modifier à son avantage l'équilibre européen ni pour élever des prétentions qui puissent alarmer la Russie, l'Angleterre ou l'Allemagne, mais pour créer à la France des alliances que les traités de 1815 lui rendent impossibles.

« L'empereur Alexandre a reconnu de son côté que la Russie ne pouvait pas rester indifférente à ces événements.

« Cette situation envisagée, Leurs Majestés l'empereur Napoléon et l'empereur Alexandre sont convenus des articles suivants :

« Article premier . — En cas de guerre du Piémont et de la France contre l'Autriche, l'attitude de la Russie sera, dès la déclaration de guerre, celle d'une neutralité bienveillante pour la France.

« Article 2. — L'Empereur de Russie s'engage à réunir sur ses extrêmes frontières, du côté de la Galicie, une armée suffisante pour forcer l'Autriche à immobiliser une armée de 150.000 hommes au moins dans cette partie de son empire.

« Article 3. — Leurs Majestés s'engagent à appuyer, au règlement de la paix, l'un l'agrandissement territorial de la France du côté de ses frontières d'Italie, l'autre la revision des articles du traité de Paris qui portent aux yeux de l'Empereur de Russie atteinte à ses droits de souveraineté dans la mer Noire.

« Article 4. — Sa Majesté l'Empereur de Russie ne s'opposera pas à ce que la Maison de Savoie soit agrandie en Italie, en respectant les droits des souverains qui n'auraient pas pris part à la guerre.

« Article 5. — Les deux Empereurs s'engagent à expliquer la situation qui naîtra de la guerre entre la France et l'Autriche à leurs alliés respectifs et à leur faire comprendre que cette lutte ne peut être préjudiciable aux intérêts des grandes puissances neutres, dont l'équilibre ne sera pas modifié. »

Le capitaine de vaisseau La Roncière a eu de longues conversations avec le Tsar et surtout avec le prince Gortchakoff. Des modifications de rédaction ont été envisagées. Finalement, le Tsar a préféré ne pas signer le traité. La Russie n'y a rien gagné puisque les événements se sont déroulés exactement dans le cadre des engagements que Napoléon III proposait. Seulement la Russie a dû attendre le lendemain de Sedan pour réaliser les modifications du traité de Paris que l'Empereur des Français proposait dès 1858. La mission a d'ailleurs donné les résultats attendus en ce sens que La Roncière a rapporté de Russie des assurances assez précises pour permettre à Napoléon III de se lancer dans la grande aventure.

80

Lettre envoyée après une première mission à Saint-Pétersbourg. Cette mission avait été donnée au commandant de La Roncière au retour de Terre-Neuve. Il avait emmené sa femme avec lui. Il lui écrit :

Paris, 6 décembre 1858.

Chère Enfant,

Je suis resté hier une heure avec l'Empereur, le Prince présent, ce qui m'a gêné. J'ai raconté tout ce que j'ai fait. L'Empereur hésite à accepter et même à continuer à traiter. Le Prince veut tout casser. En somme rien n'est décidé. J'ai dit que j'avais été malade à Berlin, et que je t'avais emmenée ; tout cela a très bien passé. Je vais tâcher de voir le général Niel (1). Je vois que l'Empereur hésite, et le Prince veut le pousser à des extrémités. Il faut arrêter cela. Rien donc n'est encore décidé sur ce que je ferai. Je tâcherai de revoir l'Empereur seul ou avec le général Niel et aussitôt je m'en irai à Cracouville. Ainsi que je l'avais prévu, les Anglais me demandent à traiter de nouveau pour Terre-Neuve. J'ai passé la journée d'aujourd'hui avec le Prince. Je vais courir après le général Niel.

(1) Le maréchal Niel (1802-1869), sorti de Polytechnique en 1823, se distingue à la prise de Constantine, chef d'état-major du maréchal Vaillant au siège de Rome en 1849, brigadier le 13 juillet 1849, divisionnaire en 1853, commande le génie du corps de Baraguay d'Hilliers et contribue à la prise de Bomarsund (1854), aide de camp de Napoléon III, commande le génie en Crimée et prépare la prise de Malakoff ; sénateur en 1857 ; chargé de demander la main de la princesse Clotilde pour le prince Napoléon ; commande le 4ᵉ corps à Magenta et à Solférino ; maréchal de France, succède au maréchal Randon comme ministre de la guerre en 1867, cherche à réorganiser l'armée en introduisant le chassepot et en créant la garde mobile qui reste malheureusement formée sur le papier.

81

Paris, 8 décembre 1858.

CHÈRE ENFANT,

Je sors de chez l'Empereur, avec lequel je suis resté seul
près d'une heure. Il veut la guerre absolument. Il n'y a
même pas à la faire ajourner. La seule chose que je crois
avoir obtenu, c'est de sauver le Pape.

Il n'est pas encore décidé à me renvoyer à Pétersbourg.
Il a fini par trouver très bien tout ce que j'ai fait, et m'a
dit que je ne pouvais faire plus. Mais c'est Strasbourg et
Boulogne toujours. Il a de bons arguments ; mais il ne se
rend pas compte du sentiment public.

Je serai vendredi à Cracouville. Je tâcherai de partir
par le train express du matin. Je t'écrirai d'ailleurs demain. Va donc pour la guerre !

82

Paris, 9 décembre 1858.

CHÈRE ENFANT,

Je ne peux aller demain à Cracouville. L'Empereur, le
Prince et le général Niel vont chasser demain à Fontainebleau et doivent, sous prétexte de chasse, discuter de
nouveau, ce qui me fera probablement appeler samedi.
Rien autre de nouveau. J'ai passé la journée d'hier aux
Affaires étrangères pour Terre-Neuve. *L'Indépendance*
résonne de mes hauts faits. Mais personne ici, dans les
ministères comme ailleurs, ne soupçonne que j'ai été à
Saint-Pétersbourg.

Je vais encore dîner chez le Prince. Réponds partout,
si on s'étonne que je ne sois pas dans les commissions
qu'a nommées le Prince, que je ne veux pas y être. Je
suis bien autrement fort, n'y étant pas : on va en nommer
encore où j'ai refusé net d'entrer. Je veux être tranquille
à Cracouville, voilà tout. On saura bien venir m'y chercher s'il le faut absolument.

83

Paris, 10 décembre 1858.

Chère Enfant,

J'espère bien que demain, à 7 heures du soir, je serai à
Évreux. Envoie m'y chercher. J'ai passé la soirée, hier,
avec le général Niel. Le Prince est ébranlé ; mais d'après
ce que j'ai vu, je crains bien que l'Empereur ne soit décidé à la guerre. C'est une folie. Il n'y a pas d'autre mot.
Je saurai demain s'il s'est passé quelque chose de nouveau
à Fontainebleau.

84

Paris, le 20 décembre 1858.

Chère Enfant,

Je dois toujours voir l'Empereur demain matin. Je
crains qu'il veuille me faire partir de suite ; mais je m'ar-
rangerai pour que je puisse te voir avant. Il y a sur le
bureau de ma chambre, à Cracouville, à gauche, à côté de
mon grand portefeuille, une grande liasse de papiers qui
traitent tous de Terre-Neuve. Fais-en faire un paquet et
adresse-le-moi par la grande vitesse.

Le grand-duc Constantin (1) arrive ce soir, mais il est
convenu qu'on ne lui dira rien de notre affaire. L'Empereur veut que ce soit toi qui me serve d'intermédiaire si
j'ai quelque chose à écrire de là-bas, et que je convienne
alors d'un chiffre. Adieu, le Prince m'appelle.

85

Paris, le 20 décembre 1858.

CHÈRE ENFANT,

Je vois que je partirai ou demain soir ou après-demain
matin. Je ne puis me figurer que je partirai sans te voir.
Viens demain mardi à Paris, seule. Pars par le train de
10 h. 1/2 ou celui de 2 h. 40. Je te donnerai en outre des
instructions sur ce que tu auras à faire si je t'écris de là-
bas. Je vais chez l'Empereur demain, à 10 heures, seul.
Je t'attendrai ou à 2 h. 1/2 ou à 5 h. 1/2.

86

Paris, le 22 décembre 1858.

CHÈRE ENFANT,

Je pars; je ne sais si j'aurai le temps de t'envoyer au
net le chiffre que j'ai préparé pour toi. J'ai une lettre de
l'Empereur pour l'empereur Alexandre. Je l'ai lue; elle
est très nette. Il annonce carrément qu'au mois de mai il

(1) Le grand-duc Constantin, second fils de Nicolas Ier, frère du tsar
Alexandre II. Grand-amiral commandant la flotte de la Baltique pendant
la guerre de Crimée. Rend visite à Napoléon III en 1857, prend une part
importante à l'émancipation des serfs, vice-roi de Pologne en 1862, président du conseil de l'Empire en 1865, époux d'une princesse de Saxe-Alten-
bourg, beau-père du roi Georges Ier de Grèce.

commencera les hostiliiés avec l'Autriche, qu'il n'attend
que mon retour pour faire ouvertement ses préparatifs.
Mais je doute que l'empereur Alexandre veuille se joindre
à lui si carrément. Le Prince ira à Turin vers le 25 janvier. Il faut qu'il soit de retour avant l'ouverture des
Chambres, qui a lieu le 7 février, parce que le discours
d'ouverture sera le manifeste.

Tous ces bonnes gens sont fous, ce qui serait peu de
chose si la France n'était pas derrière eux. Enfin, Dieu est
grand !

87

Paris, 23 décembre 1858.

Chère Enfant,

Je t'envoie la clé dont je t'ai parlé, je n'ai pas le temps
de la remettre au net. Dans le cas où tu recevrais une
dépêche dans ce grimoire, porte-la ou envoie-la sans le
moindre retard, avenue Montaigne, 18, au Prince, très
pressé ; tu y joindras la clé que je t'envoie aujourd'hui.
J'adresserai à Mlle Le Roy, boulevard du Nord, 1, Louviers. Préviens dans cinq ou six jours au télégraphe. En
envoyant ma dépêche au Prince, tu lui écriras en lui disant
que, pour plus de sûreté, en outre de la clé qu'il m'a
donnée, j'ai imaginé celle-là dans le cas où la sienne ne
pourrait pas passer.

Adieu, je t'embrasse et Babé, je n'ai qu'une minute.

En envoyant au Prince la dépêche avec la clé, tu y
joindras l'exemplaire du traité ci-joint.

88

Dresde, 25 décembre 1858.

Chère Enfant,

J'arrive à Dresde; je n'ai que le temps de faire signer
mon passeport et je repars. Quoi que m'ait dit le Prince,
c'est bien plus long par ici que par l'autre route. Je vais
bien et je n'ai pas eu froid. Je bois du vin comme un Polonais et de la bière comme un Prussien. Je n'aurai pas
le temps de voir ici la galerie de tableaux, qui n'ouvre
que de midi à 3 heures, demain dimanche. Adieu, je t'embrasse et Babé.

89

Dresde, 27 décembre 1858.

Chère Enfant,

Il m'a été impossible, ni pour or ni pour argent, de faire
viser mon passeport ici à cause du dimanche. Il a fallu
attendre jusqu'à aujourd'hui, ce qui me force à ne pas
aller par Varsovie, parce que j'aurais une trop longue
traversée. Je me décide à aller par Kœnigsberg de nouveau; je tâcherai de revenir par Varsovie.

Hier j'ai pris un fiacre et suis allé voir les environs de
Dresde, là où s'est livrée la bataille. J'avais un domestique de place, vieux militaire, qui y était. J'ai visité le
musée, et enfin le soir, je suis allé au spectacle, à un opéra
allemand très renommé appelé le *Tannhauser*, mais ennuyeux à périr. Il n'y a que des récitatifs. Cela commence
à 6 heures et finit à 10 heures. La salle était pleine comme

un œuf, parce que l'auteur est actuellement exilé pour faits politiques (1). Si on jouait aujourd'hui, en France, une pièce de Victor Hugo, les billets vaudraient 100 francs. Les peuples sont comme cela.

Je pars dans deux heures pour Berlin et je vais aller, en attendant, voir le musée historique, que l'on dit très curieux. Je ne serai pas à Pétersbourg avant le 2 janvier au plus tôt.

90

Kœnigsberg, 28 décembre 1858.

Chère Enfant,

Me revoilà à Kœnigsberg, au « Deutscher haus », dans une chambre voisine de celle que nous avions. C'est un peu plus triste pour moi. Il y a très peu de neige. Il a dégelé jusqu'à hier. Cette nuit, il a commencé à geler un peu, mais en partant d'ici il n'y a pas de traînage possible. J'ai une calèche de courrier, très dure mais légère ; et je vais avoir un domestique. Je partirai de suite et irai probablement par Riga pour voir cette ville et pour changer. Je n'ai fait que traverser Berlin.

Je suis vraiment frappé de l'immensité de la chose que je fais et de l'effrayante responsabilité qu'elle entraîne. Mais je ne m'en effraie pas plus que de mesure, et je ne perdrai pas la tête, sois en sûre.

Je vais aller m'acheter des gants fourrés, et peut-être prendrai-je une grosse peau commune pour me couvrir encore. J'aurai bien plus froid que quand nous étions deux dans le coupé. Je n'ai commencé à voir de la neige

____
(1) Richard Wagner (1813-1883).

qu'à une dizaine de lieues d'ici. Pour peu qu'il dégèle encore, je vais avoir une longue traversée. Je ne peux parvenir à savoir si les rivières sont gelées ou non. Néanmoins, en partant ce soir 28, j'espère bien être le 2 à Pétersbourg. L'ennui, c'est que le 6 sera pour les Russes la fête de Noël et il y aura deux ou trois jours où on ne fera rien. Il serait bien bon que je pusse être prêt à partir alors ; mais c'est bien difficile. On veut des choses impossibles. Adieu, chère enfant, je t'embrasse tendrement et Babé.

Ne m'écris toujours pas avant que je te le dise.

91

Riga, 31 décembre 1858.

Chère Enfant,

Je t'écris de Riga où je suis arrivé non sans peine. Mon voyage est toute une histoire. Depuis que je t'ai écrit de Kœnigsberg, voici ce que j'ai fait. Avant de partir de Kœnigsberg, Fitzler est venu me faire des conditions pour sa voiture. J'étais de mauvaise humeur, je l'ai envoyé promener aussi bien que le domestique que j'avais arrêté et qui prenait sa défense ; et je suis parti pour Tilsitt par la diligence qui avait encore une sixième place d'intérieur. A Tilsitt, il n'y a plus de diligence jusqu'à la frontière russe qui est à Tauroggen, à huit lieues de là, et d'où partent les diligences pour Riga. J'ai pris alors une voiture de louage. A Tauroggen, pas une seule place à la diligence, ni en dedans ni à l'extérieur. C'était le jour du départ. Il n'y avait plus de diligence que le samedi, c'est-à-dire trois jours après. J'ai loué alors une espèce de berlingot et un jeune domestique, bête comme chou,

mais parlant russe et allemand. J'ai eu maints retards
avec la douane et les passeports, il a fallu que je finisse
par montrer mes dépêches. Il y a eu de bonnes histoires
que je te raconterai. Enfin, à 4 heures du soir, j'ai pu
partir. Mais mon domestique est si bête que de Tauroggen
ici il a fallu que je descendisse moi-même à chaque relais
pour faire viser le passeport et faire atteler. Il ne pouvait servir exclusivement que d'interprète. Il voulait
s'arrêter partout pour manger. Moi qui ne mange pas, qui
ne prends pas de thé, et qui avais emporté un poulet et
une bouteille de vin, cela ne lui allait pas. Je suis allé en
vingt-quatre heures à Mittau ; route détestable : ou trop,
ou trop peu de neige. A Mittau, j'ai trouvé une neige
énorme, et je ne suis arrivé à Riga, hier soir, qu'à
10 heures du soir ; un peu plus, il aurait fallu ouvrir des
tunnels sous la neige pour passer. Enfin, à 10 heures du
soir, j'étais sain et sauf à l'hôtel de la « Ville de Londres » à Riga ; mon domestique complètement démoralisé.
J'ai de suite envoyé chercher le consul, un vrai consul,
M. Latour, qui a été fort empressé et fort aimable. Je
me suis décidé alors à coucher ici, voyant qu'il me serait
difficile de continuer ainsi avec une voiture, et je vais
acheter ici une kibitka et prendre un autre domestique.

. . . .

Je viens d'acheter une kibitka et de prendre un domestique avec l'aide du chancelier du consulat, qui va
déjeuner avec moi. Le consul soigne sa femme, qui ac-
couche. Je lui ai dit d'appeler son enfant Adalbert si c'est
un garçon, et Marguerite si c'est une fille. J'ai circulé en
traîneau dans la ville, qui a un certain cachet. Je t'en
rapporte un plan. Presque tout le monde parle allemand
ici. Hier je me suis passé la fantaisie de rosser un postil-

Ion qui ne voulait plus avancer à cause de la neige, j'en ai encore mal au poing, mais cela m'a fait du bien.

Je t'écrirai de Pétersbourg.

Quand je te parlerai de l'habitant de l'avenue Montaigne, je le désignerai par le Colonel, le prince russe par M. Gros, et l'homonyme du plus jeune des frères Le Noury sera M. de Courtois (1). Ne m'écris toujours pas avant que je te le dise, ou plutôt, à tout hasard, écris-moi le 6 de vos nouvelles, bureau restant, à Varsovie et à Kœnigsberg. Je ne sais pas encore par où je reviendrai. Adieu, chère enfant, je vais déjeuner et partir. Il neige effroyablement ; mais il faut arriver à tout prix.

Je passerai un peu durement mon 1er de l'an.

92

A sa fille.

Saint-Pétersbourg, 4 janvier 1859.

Ma Chère Petite Fille,

J'espère que ta mère a reçu la lettre que je lui ai écrite de Riga, où je lui disais que j'avais acheté une kibitka et loué un domestique. C'est à 4 heures du soir que je me suis mis en route pour un voyage traversé de péripéties. D'abord, j'ai manqué être dévoré tout cru ; j'ai fait l'agréable rencontre d'une douzaine de loups, puis j'ai versé dans un grand fossé, où j'aurais pu me casser le cou ; j'en ai été quitte pour d'assez fortes contusions et une grosse écorchure au nez, du côté gauche : j'ai soin de ne me présenter que du côté droit. J'ai un nerf du cou distendu et

(1) Le colonel signifie le prince Napoléon ; M. Gros, le prince Gortchakoff ; et M. de Courtois, l'empereur Alexandre.

douloureux, mais c'est déjà très diminué et il n'y a presque plus d'enflure. Je passe aux détails.

Je suis donc parti de Riga dans ma kibitka, où j'étais réellement bien installé, ayant à côté de moi mon domestique. Que je te le décrive d'abord : il s'appelle Antonin Lamoal ; son père est français de Quimper, vieux militaire de l'Empire s'étant établi à Riga, où son fils est né. Ce fils est un garçon de vingt-cinq ans, plein de bonne volonté, mais bête et maladroit, et surtout dormant à un point que tu ne pourrais imaginer ; ce n'est qu'à force de coups de poing que je parvenais à le réveiller dans les relais et ce n'est qu'après mille phrases incohérentes en allemand qu'il parvenait à ouvrir les yeux. De plus, il est peureux comme une chouette et je suis sûr que c'est cela qui est cause de toutes mes péripéties. Il arrive toujours des aventures aux poltrons.

Dès notre départ, il m'avait fait part de sa peur excessive des loups ; et on m'avait dit, en effet, à Riga, qu'on en rencontrait souvent aux environs de Volmar, mais qu'un coup de pistolet les faisait inévitablement fuir. J'avais donc chargé mon revolver et l'avais mis dans ma poche. Dès en partant, j'avais remarqué que tous les paysans allant en traîneau avaient un pistolet à leur ceinture.

Le voyage se passa très bien jusque vers minuit. Nous allions très grand train avec trois chevaux à la kibitka. Au milieu du relais, entre Ledzentrof et Volmar, je vis que les chevaux hésitaient, ne marchaient pas droit, cherchaient à s'arrêter. Tout d'un coup, ils ont tourné à droite et monté une berge presque à pic de 2 mètres de haut, sans que le traîneau versât, ni que le postillon fût renversé ; et les chevaux allèrent se heurter dans des sapins, où ils cassèrent les timons et restèrent entortillés, se pressant les uns contre les autres et soufflant comme des bœufs. Je sautai en dehors, ainsi qu'Antonin, qui, réveillé en sursaut, poussait des cris lamentables dans je ne sais quelle langue (il parlë tous les dialectes du pays) et, s'étant cramponné à mon bras droit, me serrait à me faire crier et paralysait ainsi tous mes mouvements. Le postillon poussait des gémissements, mais n'avait pas perdu la carte et me disait : « pistolet, pistolet ». Tout cela fut l'affaire de deux secondes; et ce n'est qu'à ce mot « pistolet » que j'ai pensé aux loups. J'ai saisi le mien, qui était enveloppé dans du papier dans la poche gauche de mon manteau de fourrure, et, au même instant, j'ai entendu un bruit semblable à un troupeau de moutons qui court; j'ai aussitôt vu sortir du bois, du côté opposé à celui où j'étais, une douzaine de loups qui couraient à toute vitesse vers nous. J'ai aussitôt tiré un coup de pistolet, dont la lumière m'a empêché de bien voir au moment même. J'ai vu seulement du désordre dans la troupe; j'ai aussitôt tiré un second coup et, quand j'ai pu voir, je n'ai plus rien vu du tout. Toute la troupe avait disparu et je n'entendis plus rien. Les chevaux eux-mêmes, qui avaient eu si peur, étaient tranquilles et le postillon se remettait en mesure de les atteler, ce qui me démontrait que le danger était passé. Quant à Antonin, qui n'avait jamais été plus loin qu'à 4 ou 5 lieues de Riga, il a bien dû jurer qu'on ne le reprendrait plus à voyager. Je dois dire cependant que cette alerte ne l'a pas empêché de se rendormir plus que jamais. Nous avons raccommodé notre timon de notre mieux pour aller jus-qu'à Volmar (1), petite ville où nous l'avons fait arranger plus solidement; non sans peine, car il était 2 heures du

______

(1) Volmar, ville de Livonie, à 58 kilomètres au nord-est de Riga.

matin et dans ces pays-là on ne parle ni russe ni allemand, mais cinq ou six dialectes différents qui changent
toutes les 20 lieues et qu'Antonin sait à peu près.

Nous avons continué ainsi notre voyage sans encombre, Antonin dormant toujours et voulant manger partout,
jusqu'à la nuit suivante, où, vers 2 heures du matin, faisant 4 lieues à l'heure, et dormant profondément, tous
deux nous avons été réveillés en sursaut, la tête en bas,
les pieds en l'air. Comment cela est-il arrivé, nous
n'avons jamais pu le savoir. Nous n'avons pu que consta-
ter le fait à nos dépens. Antonin, qui était cependant du
côté où nous avons versé, n'a eu qu'une petite contusion
aux reins. Moi, j'ai eu : 1º la tête renfoncée dans le cou ;
2º une contusion au bras ; 3º une contusion aux reins ;
4º une écorchure au nez.

Ayant constaté que je remuais facilement tous mes
membres, je me suis remis en route. Je n'ai jamais su
comment le postillon nous avait mis dans ce trou, mais je
soupçonne bien qu'il faisait comme Antonin et moi, qu'il
dormait ; cependant, il avait eu le temps de sauter en
dehors avant la chute. Arrivé à Narva (1), pendant trois
relais de suite, impossible d'avoir des chevaux ; il y
avait des accumulations de voyageurs depuis vingt-quatre heures ; il a fallu attendre. Je me suis établi dans une
auberge à Jambourg et j'ai pansé mon nez.

Enfin, le 3, à 2 heures du matin, j'étais à Strelna, relais
qui précède Pétersbourg. Ne voulant pas arriver de nuit
à l'hôtel, je me suis établi sur un canapé ou plutôt sur
ce qu'on appelle un canapé, dans la maison de poste ; et
j'ai dormi là jusqu'à 7 heures du matin, où je suis parti
pour Pétersbourg. J'y suis arrivé à 9 heures et suis des-

____

(1) Narva, port à 135 kilomètres au sud-ouest de Saint-Pétersbourg.

cendu à l'hôtel de Russie, où j'étais avec ta maman. J'y ai trouvé un billet de l'ancien futur de Mlle Lanjuinais qui me disait de passer chez lui avant de voir qui que ce soit. J'y fus de suite. Il avait reçu l'avant-veille une dépêche du cousin du colonel [*l'empereur Napoléon III*] qui lui en transmettait une chiffrée pour moi du même cousin, qu'il me remit. C'était de nouvelles instructions, que j'ai exécutées. J'ai vu M. Gros [*Prince Gortschakoff*] déjà deux fois, mais je n'ai pas encore vu M. de Courtois [*l'empereur de Russie*] : il est à la chasse depuis deux jours et ne revient que ce soir. Son secrétaire est venu me trouver déjà. Je crois que je ne tirerai pas grand'chose de M. Gros, mais beaucoup de M. de Courtois, comme la dernière fois. Une lettre du colonel [*le prince Napoléon*] très vraie, au fond, a beaucoup blessé le premier.

Il ne fait pas trop froid. Pendant mon voyage le thermomètre s'est maintenu entre 6 et 9 degrés en dessous de zéro, et dans la kibitka il n'y avait que 2 degrés de différence. Pour aller de Königsberg à Riga, j'avais eu jusqu'à 8 degrés dans la voiture et je ne sais combien à l'extérieur, mais il devait faire bien froid. Mon pauvre domestique d'alors n'était pas couvert pour la circonstance et je suis bien content de l'avoir renvoyé. Il ne savait qu'une chose, c'était m'appeler : *ma bonne Excellence*. Antonin est plus dégourdi. Il est actif et se formerait, mais, pour le moment, quand il passe dans une porte avec moi, il m'invite toujours à passer devant en me disant : « Je vous en prie. »

Jusqu'à présent, je ne me suis pas trop ennuyé ici depuis hier, ayant eu beaucoup à travailler pour mes affaires ; je crains bien de ne pouvoir pas voir Moscou, ce qui serait dommage, mais les affaires doivent se faire avant tout et je suis bien pressé de retourner près de vous.

93

A la baronne de La Roncière Le Noury.

Saint-Pétersbourg, le 8 janvier 1859.

Chère Enfant,

Les choses ne vont pas comme je voudrais. Je vais voir M. de Courtois aujourd'hui. Quant à M. Gros, nous ne nous entendons pas du tout jusqu'à présent. J'espère pourtant que je pourrai partir lundi.

J'ai de plus un bien grand ennui. Le domestique que j'avais pris à Riga vient de tomber très malade. Je lui crois ou une fièvre typhoïde ou je ne sais quoi d'analogue. Je ne pourrai pas très certainement l'emmener; il faut que je le laisse malade ici et que j'en trouve un autre. Tout cela m'agace au dernier point; de plus il ne fait que dégeler; je crains qu'il n'y ait plus de traînage. Aujourd'hui il y a cependant 13 degrés de froid.

De Paris, ils m'ennuient aussi. Ils m'accablent de dépêches télégraphiques pour rien. Je voudrais bien que tout cela soit fini. Si je pars lundi, j'arriverai comme cette lettre. Je te télégraphierai de toute manière de la route. Je juge qu'il faudrait que tu retournasses à Cracouville pour mon arrivée. Je voudrais bien toujours y recevoir mes officiers de Terre-Neuve. Tu viendrais de là à Paris. Réfléchis à cela et donne-moi ton avis. Adieu, je t'embrasse et je vais me préparer à ma visite à M. de Courtois (1).

(1) Nous n'avons pas de lettre relatant la visite à l'Empereur Alexandre. M de La Roncière, partant aussitôt après cette audience, n'aura pas écrit.

IV

GUERRE D'ITALIE

Nous voici au seuil de la guerre d'Italie, dont le prélude
est le mariage du prince Napoléon avec la princesse Marie-
Clotilde de Savoie. Le commandant de La Roncière Le Noury
assiste à la cérémonie comme ami personnel du Prince.
Contrairement à ce qu'il croit et à ce qu'il écrit, Mme de
La Roncière deviendra dame d'honneur de la Princesse et
lui témoignera le plus fidèle attachement, à travers toutes les
épreuves de la politique et de la vie privée.

Dès que la guerre est déclarée, le commandant de La Roncière reçoit une mission qui doit le mettre en première ligne.
Il est nommé au commandement de la division des canonnières, chargé de mener à l'avant-garde l'attaque de Venise.
Les lenteurs de la préparation de la flotte, la précipitation
des événements militaires et les réactions politiques amè-
nent la fin des hostilités avant que la marine ait eu le temps
d'opérer autre chose que son entrée en ligne. Grosse déception pour La Roncière, qui s'est dépensé vainement pour armer sa flottille et stimuler l'ardeur des grands chefs. Le récit vivant de cette crise, le contraste saisissant entre l'ardeur
des heures d'espoir et l'amertume du retour donnent à cette
partie de la correspondance un relief intense.

94

A la baronne de La Roncière Le Noury.

Turin, le 29 janvier 1859.

CHÈRE ENFANT,

Je suis arrivé ici ce matin ; j'ai de mauvaises nouvelles à te donner : tu ne seras pas dame d'honneur. Je vois cela. Evidemment il n'y a rien d'arrêté, mais je suis certain que cela ne sera pas. Nous verrons ce qu'en somme on fera pour nous. Le Prince m'a parfaitement reçu. Le mariage est demain. Les époux partent de suite après pour Gênes avec le Roi. Ils en repartent mardi sur la *Reine Hortense*, escortée de l'*Algésiras*, du *Napoléon* et de l'*Impétueux*. J'irai à Gênes, lundi, seul, où je m'établirai sur l'*Algésiras*, à bord duquel j'irai en bourgeois.

J'ai passé aujourd'hui plusieurs heures avec le Prince qui m'a raconté tout l'agencement du mariage, ses affaires, etc. Jurien (1) est ici ; il m'a chargé de tous ses respects pour toi.

Cela m'ennuie beaucoup d'être ici en redingote bourgeoise au milieu de tous les uniformes et me trouvant néanmoins le meilleur ami du Prince présent ; aussi on m'a fait des salamalecs magnifiques.

Je n'ai pas vu la Princesse. Le Prince me l'a dépeinte ; elle est réellement jolie et surtout excessivement fraîche. Elle pèche un peu par la bouche, qui est autrichienne, et quelques dents mal placées, mais elle fera grand effet. Elle est très bien faite et a l'air d'avoir plus que son âge ;

(1) Contre-amiral Jurien de la Gravière.

elle a beaucoup d'aplomb et est très religieuse, mais d'un bon esprit.

J'ai beaucoup causé avec le général Niel ; il y a un grand revers de médaille à tout cela (1). La Princesse sera à Fontainebleau jeudi matin, y sera reçue officiellement, et sera à Paris à 3 heures et demie. Mmes de Saulcy et de Rayneval iront au devant d'elle à Marseille. Il paraît certain que Mme de Padoue sera grande maîtresse. On parle d'une dame de Clermont-Tonnerre, je n'ai pu savoir laquelle, et de Mme Édouard Thayer comme dames d'honneur, mais rien n'est décidé.

Le Prince vient encore de me tenir une heure en conférence ; il m'a montré le portrait de la Princesse qu'elle vient de lui donner. Je la trouve moins bien que Jurien ne me l'avait dit.

Le général La Marmora (2) a dérangé notre conversation.

Je te raconterai tout ce que le Prince m'a dit des préliminaires du mariage : il y a eu d'abord du tirage, puis le Roi a tout arrangé et le Prince et elle sont, en somme, enchantés l'un de l'autre. Je serai à Paris jeudi ; je ne sais encore par quel train. J'ai été voir l'endroit où je suis né.

Adieu, chère enfant. Je vais fermer cette lettre avant que le Prince me rappelle. Je t'embrasse tendrement et Babé.

P. S. — J'ai causé longtemps avec M. de Cavour. (3).

---

(1) Allusion à la guerre d'Italie, qui était une condition du mariage.

(2) Général marquis de la Marmora (1804-1878), sauve le roi Charles-Albert, lors de l'émeute de 1848 ; deux fois ministre de la guerre, réprime l'insurrection de Gênes après Novare ; commande le corps expéditionnaire de Crimée, prend part à la guerre d'Italie, à Palestro et à Solférino. Président du Conseil, et ministre des Affaires étrangères en 1864, conclut l'alliance avec la Prusse, d'où est sortie la guerre de 1866.

(3) Camille, comte de Cavour (1810-1861), député en 1849, ministre du Commerce en 1850, des Finances en 1851, rompt avec le chef du gouvernement, Massimo d'Azeglio, sur la question du libre-échange (1854). Peu

95

Toulon, le 6 juin 1859 (1).

CHÈRE ENFANT,

J'ai vu aujourd'hui tout le monde officiel, j'embarque demain. Mais les canonnières ne pourront aller en rade et partir que dans dix jours au plus tôt. Je vais dîner avec l'amiral Desfossés.

J'espère que tu étais avec la Princesse dans sa pérégrination à travers Paris, dimanche (2) ; à demain les détails, comme pour la bataille de Magenta. Compliments pour moi à la Princesse ; écris moi à bord de l'*Éclair* à Toulon. Je pense que c'est ce bâtiment que je monterai.

96

Toulon, le 8 juin 1859.

CHÈRE ENFANT,

J'ai reçu ta première lettre. Je suis bien heureux que tu aies eu la chance d'assister à cette ovation. Je regrette bien ce pauvre général Clerc (3) qui était mon ami. J'ai

après devient président du Conseil jusqu'à sa mort. Libéral à l'intérieur : au dehors poursuit énergiquement l'unité italienne, décide la participation du Piémont à la guerre de Crimée, pose la question italienne au congrès de Páris, prépare l'alliance avec la France à l'entrevue de Plombières : se retire après l'armistice de Villafranca en manière de protestation contre l'arrêt de la guerre et cède la place à Ratazzi ; reprend le pouvoir en 1860 ; annexe l'Italie centrale ; encourage sous main l'expédition des Mille.

(1) Nommé au commandement de la division des canonnières de l'Adriatique, le commandant de la Roncière vient d'arriver à Toulon.

(2) A la suite de la victoire de Magenta remportée le 4 juin, la fille du roi Victor Emmanuel avait été l'objet d'une ovation dans les rues de Paris.

(3) Le général Clerc, commandant une brigade de zouaves à Magenta, tué au début de la bataille, quand Napoléon III fit donner l'assaut.

dîné avec lui chez l'Empereur, le jour de son départ ; la médaille que lui avait alors donnée l'Impératrice ne lui a pas été d'un grand secours, ici-bas, s'entend. Imagine-toi qu'ici on ne sait absolument rien. C'est moi qui ai annoncé la mort de Clerc et d'Espinasse. Tu me ferais un bien grand plaisir de m'écrire le plus de nouvelles possible. Cela t'est facile, surtout quand tu es de semaine. C'est un puissant moyen d'action et d'influence que d'être bien informé.

Rien de nouveau pour moi.

97

Toulon, le 10 juin 1859.

CHÈRE ENFANT,

Mes journées se passent comme des heures, tant je suis occupé : tout cela présente beaucoup d'intérêt, mais j'ai de grandes difficultés à vaincre.

Bouët (1) part dimanche, décidément. Moi, je partirai le dernier ; ce sera probablement le samedi 18 ou plutôt le dimanche 19, le 18 étant l'anniversaire de Waterloo. J'ai dîné hier chez le préfet ; ce sont d'excellentes gens. J'ai vu Kenney, il est sur l'*Impératrice-Eugénie* ; Saint-Vulfran, le capitaine de frégate qui commande le *Cassini*. Tout ce monde-là me parle de toi, cela me fait plaisir.

Nous sommes en pantalon blanc depuis hier. Cela me paraît extraordinaire. Il ne fait d'ailleurs pas trop chaud. J'ai plus de quarante lettres à écrire. Il me semble que tu

(1) L'amiral comte Bouët-Willaumez (1808-1871), assiste à l'expédition de Morée, à la prise d'Alger, au siège d'Anvers (1832). En mission sur la côte occidentale d'Afrique : gouverneur du Sénégal, contre-amiral en 1854, commande la division légère pendant la guerre d'Italie ; vice-amiral en 1860. Nommé en 1870 au commandement de la flotte de la Baltique.

auras eu une semaine intéressante, la promenade de dimanche, le *Te Deum*, etc.

Offre mes profonds respects et hommages à la Princesse.

98

Toulon, le 12 juin 1859.

Chère Enfant,

Je ne t'ai pas écrit hier : je suis rentré trop tard. Aujourd'hui encore j'ai couru toute la journée ; quoique dimanche, tout l'arsenal travaille pour les canonnières. Le Ministre me joue toutes sortes de tours. L'amiral Desfossés est excellent pour moi. Je pense que nous partirons samedi.

Bouët doit être parti il y a deux heures avec quatre frégates à vapeur et les trois batteries flottantes Le rendez-vous général est à Antivari, à l'entrée de la mer Adriatique, sur la côte turque. Je trouve qu'on ne se dépêche pas encore assez. Il est important, au dernier point, que notre opération ne se fasse pas attendre. Quant à réussir, je suis loin d'être sûr du succès. C'est une grande entreprise et, quelque réputation d'habileté qu'ait Bouët, je crains toujours qu'il ne parle plus qu'il n'agisse. Néanmoins c'est un chef que je ne suis pas fâché d'avoir.

Je n'ai encore fait aucune visite ici. Toute la journée se passe en affaires et le soir à paperasser. Ma vie se fait monotone. Je me dispute du matin au soir avec les ingénieurs ; je réunis tous les jours mes vingt capitaines ; je vais solliciter le préfet maritime.

Je laisserai ici une partie du bazar que j'ai emporté, l'espace de l'*Éclair* étant très restreint, et conservant avec moi le capitaine de l'*Éclair*, qui est Bergasse du Petit-Thouars (1), neveu de l'amiral, et auquel on dit que l'amiral Hamelin veut donner sa fille.

99

Toulon, le 14 juin 1859.

.CHÈRE ENFANT,

Je me suis levé ce matin et à 6 heures j'étais en route sur la canonnière l'*Alerte*, accompagnée de la *Tirailleuse*, pour aller au large faire des essais de canons rayés. Nous sommes allés à 3 lieues de Toulon ; nous avons fait nos expériences en tirant sur des rochers, et à 11 heures et demie j'étais de retour en rade, J'ai été médiocrement satisfait de mes essais ; on me donne de détestables instruments. Je n'en tirerai pas moins parti, je l'espère. J'ai continué à passer ma journée à courir les Directions, voir le Préfet, le Major général, etc., puis je suis allé dîner à bord de la *Bretagne*. Mme Desfossés et sa mère, qui a quavingt-un ans, viennent d'arriver et dînaient là. C'est une bien mauvaise chose que cette présence continuelle des femmes à bord.

Nous partons toujours samedi. Je ne sais pas encore comment il faudra que tu m'adresses tes lettres ni comment je te ferai parvenir les miennes.

Six de mes canonnières partent demain, remorquées par l'*Arcole*. Ma division est augmentée de cinq petites canonnières que l'amiral Desfossés devait faire voyager par chemin de fer en Piémont et en Lombardie ; cela a été un fiasco complet. Mais je ne crois pas qu'une fois làbas, je garde ces canonnières sous mes ordres. J'en ai

(1) Bergasse du Petit-Thouars, futur vice-amiral lui-même.

pour le moment vingt-cinq et je te réponds que c'est un fameux tracas que l'armement précipité de tous ces navires.

Demain j'embarque mon bazar sur l'*Éclair* ; je pense qu'il sera en rade jeudi soir, j'y coucherai.

Adieu, chère enfant, je t'embrasse tendrement.

P. S. — Si tu as des journaux de Terre-Neuve, envoie-les moi de suite.

100

Toulon, le 18 juin 1859.

CHÈRE ENFANT,

Je n'ai pu t'écrire hier ; ce n'est pas une petite affaire que d'installer tant de monde sur un si petit bâtiment. Nous sommes à peu près casés. Nous avons dîné et couché à bord hier. Il fait aujourd'hui un coup de vent du nord-ouest, très fort, qui empêche la circulation des canots, ce qui nous retarde. Si ce vent-là cesse, nous partirons tous demain ; j'ai bien hâte de partir ; nous n'avons pas un instant à perdre. J'ai tant couru ici pour accélérer mon affaire que je suis très fatigué. La mer me remettra de tout cela. Mais il paraît que ces petits bâtiments roulent effroyablement.

Le Prince Napoléon continue à donner tête baissée dans les panneaux qu'on lui tend. Il est ridicule qu'il reste à Florence quand on se bat en Lombardie ; il faut qu'il dise carrément qu'il veut et qu'il doit aller là où on se bat. L'Empereur, je crois, serait très contrarié, si par hasard il avait un succès, mais peu importe dans ce cas la contrariété de l'Empereur ; le Prince, dût-il quitter le commandement de son corps d'armée, doit aller de sa per-

sonne près du lieu où on se bat. On ne sait d'ailleurs pas
ici exactement s'il est toujours à Florence. Ce qu'il y a de
fâcheux, c'est que le prince Jérôme lui-même ne se soucie
pas du tout que son cher enfant aille là où il y a des
coups à gagner. Quelle chance j'ai eue de ne pas être avec
lui ! J'y ferais trop de mauvais sang.

101

Phare de Messine, le 22 juin 1859.
(A bord de l'*Eclair*.)

CHÈRE ENFANT,

Nous communiquons avec Messine et j'ai le temps de
t'écrire quelques lignes. Ainsi que je te l'ai mandé, nous
sommes partis de Toulon le samedi 18, pas avant 6 heures du soir, diverses anicroches étant survenues. Beau
temps les deux premiers jours ; nous étions six canonnières remorquées par la *Bretagne*. Mais, dans la soirée de
lundi, le temps est devenu très mauvais, nous fatiguions
considérablement à la remorque, il a fallu nous séparer.
Nous avons ensuite navigué à la voile jusqu'à hier, où, le
vent tombant, nous avons mis à la vapeur. Au moment
où je t'écris, nous donnons dans le détroit de Messine.
Nous autres canonnières, nous continuerons notre route
pour Antivari ; la *Bretagne* enverra un canot à Messine,
nous rejoindra et nous prendra peut-être encore à la remorque. J'estime que nous serons à Antivari, qui est le
point de rendez-vous général, le samedi 25 matin. J'espère qu'on y restera le moins de temps possible. Je ne
suis pas mal installé relativement sur l'*Eclair*. Mais le
bâtiment ne marche pas ; comme toutes les canonnières,
d'ailleurs. Nous ne vivons pas mal, sauf l'espace : j'ai à

ma table Jonquières, Du Petit-Thouars et Pierre. Je me gorge de cerises et de mauvais abricots.

Je suis bien pressé d'arriver devant Venise et de voir ce qu'on y pourra faire. J'ai toujours peur qu'il survienne auparavant quelque événement qui empêche l'expédition. J'ai déjà fait tout le plan d'attaque comme je le conçois et je l'ai écrit. Mais ce n'est pas moi qui déciderai cela. Je serai appelé à donner mon avis, voilà tout ; et comme le Conseil se composera rien que d'amiraux, sauf moi, il est probable que je serai médiocrement écouté. Il n'est d'ailleurs pas possible de rien arrêter d'avance avant d'avoir vu.

102

A sa fille.

Lossini Piccolo, le 4 juillet 1859.
(A bord de l'*Eclair*.)

Ma Chère Petite Fille,

Voici l'acte préliminaire de notre campagne accompli. Nous sommes depuis hier à Lossini Piccolo (1). A 4 heures du soir, nous avons tous mouillé à l'extrémité nord de cette île ; il y a eu alors une réunion chez l'amiral Desfossés. Quelques informations, douteuses, il est vrai, nous avaient dit que le port était défendu et que, depuis quelque temps, on y avait construit des ouvrages importants ; il fallut donc faire un plan d'attaque et, une fois ce plan combiné et chacun bien pénétré de ce qu'il avait à faire (les canonnières devaient y jouer un rôle important), nous avons appareillé à 11 heures du soir et

_____

(1) Lossini Piccolo, île située à l'extrémité septentrionale de la mer Adriatique, à l'entrée du golfe du Quarnero, dépendant de l'Istrie.

à 7 heures du matin, hier, 3 juillet, nous étions à l'entrée de Lossini Piccolo, au poste de combat, et prêts à canonner vigoureusement. Mais il s'est trouvé que les défenses de ce port étaient à peu près imaginaires et nous sommes entrés dans le port sans coup férir.

A peine étions-nous mouillés que l'amiral envoya chercher les notables de l'île, qui furent amenés à bord de la *Bretagne*. Les pauvres gens étaient terrifiés, mais le langage conciliant qui leur fut tenu ne tarda pas à les rassurer ; l'amiral leur dit : « Nous ne venons pas ici pour nous emparer définitivement de l'île ; nous avons seulement besoin du port pour y abriter nos bâtiments et y établir des dépôts de vivres et de charbon. Aucune imposition, aucune réquisition ne pèsera sur les habitants. Tout sera payé ; nous ne voulons même pas user des droits de la guerre qui nous permettent de prendre tous les bâtiments qui sont dans le port. Seulement n'accomplissez contre nous aucun acte hostile, sans quoi vous seriez soumis à toutes les rigueurs de l'état de siège. »

Le discours de l'amiral Desfossés m'a beaucoup plu. Il sera fait comme il l'a dit, et nos actes contrasteront singulièrement avec les réquisitions et les duretés qu'exercent les Autrichiens dans les pays qu'ils occupent. A deux heures de l'après-midi, on a été prendre officiellement possession de l'île. Les compagnies de débarquement de la *Bretagne* et du *Redoutable*, celle du *Vittorio Emanuele* et les huit cents hommes de troupe de débarquement qui nous accompagnent ont été débarqués sur la place de la ville ; il y avait mille trois cent cinquante hommes sous le commandement de mon ami Pothuau (1).

(1) Pothuau (1815-1882), contre-amiral en 1864, commande en 1870 les fort du sud de Paris, puis une division ; se signale à l'attaque de la Gare-aux-Bœufs près de Choisy-le-Roi : vice-amiral, député de Paris à l'Assemblée nationale, ministre de la Marine, dans le premier cabinet formé pa

Chopart, le chef d'état-major de l'amiral Desfossés, diri-
geait les opérations. Comme la flotte de siège n'avait pas
là à fonctionner, je suis allé à terre en amateur avec
l'amiral Bouët. Une proclamation de l'amiral Desfossés
aux habitants fut d'abord lue aux notables à l'Hôtel de
Ville; puis on hissa, aux sons de la musique de la *Bretagne*,
les pavillons français et sarde à un grand mât de pavillon
élevé sur la place. A cet instant, la *Bretagne* et le *Vittorio Emanuele* ont fait un salut de vingt et un coups de
canon. On a fait ensuite reconnaître pour gouverneur
de l'île le capitaine de frégate du Vauroux. Enfin, toutes
les troupes ont défilé, puis une partie s'est rembarquée
et l'autre partie occupe la ville, puis un petit fort qui la
domine. On retourna ensuite à l'Hôtel de Ville, où on
causa quelque temps, puis chacun s'en fut chez soi, la
cérémonie faite.

En somme, c'est une bonne fortune pour les habitants
de l'île que notre arrivée ici ; nous y laisserons beaucoup
d'argent et on dit qu'ils en sont très avides. L'attitude de
la population pendant toute la cérémonie sur la place fut
celle de la stupéfaction, de l'étonnement profond ; ces
troupes, cette musique et cette bienveillance les faisaient
douter même de ce qu'ils voyaient. C'est d'ailleurs une
population assez pauvre, composée en grande partie de
marins, que les Autrichiens n'ont pas habituée à un régime
si doux. Bien qu'on ne parle là qu'italien, je ne les crois
pas très imbus des idées italiennes. A ce moment-ci, d'ailleurs, ils n'ont d'autre idée que celle de l'étonnement,
d'autant plus que hier soir, après la cérémonie à terre, il
est survenu un grand groupe venant d'Antivari, et qui a
porté notre nombre de bâtiments à quarante-quatre.

Thiers (13 février 1871), sénateur inamovible (1875), ministre de la Marine
dans le cabinet Dufaure (1877-1879), ambassadeur à Londres (1879-1881).

C'est vraiment effrayant pour un petit pays comme celui-là.

Le port est excellent et je me félicite bien de l'avoir proposé à l'Empereur dès qu'il fut question de guerre. Chose singulière, j'ai été le principal acteur et le promoteur de l'occupation de Kamiesh (1), et je suis encore ici le promoteur de l'occupation de Lossini Piccolo, notre nouveau Kamiesh. Le seul inconvénient, c'est qu'on ne peut y faire assez d'eau même pour la consommation journalière de l'escadre, et il y fait moyennement 28 degrés de chaleur. Cela compense les deux étés qui ont été rayés de mon existence par la campagne du Groënland et celle de Terre-Neuve.

Tels sont les faits qui se sont passés depuis notre départ d'Antivari et tel est le premier coup porté aux Autrichiens dans l'Adriatique : il a été fort pacifique, mais il en sera différemment, je crois, quand il s'agira d'attaquer Venise et tous ses abords. Par tous les renseignements que nous recueillons successivement, nous sommes informés qu'on y a accumulé et qu'on y accumule encore d'importants moyens de défense, mais nous avons à notre disposition d'importants moyens d'attaque, et il y aura une lutte des plus opiniâtres et des plus intéressantes. Rien n'est encore fixé pour l'époque où nous attaquerons ; le plus tôt serait sans doute le mieux, car plus nous attendrons, plus les défenses augmenteront, tandis que nos moyens d'attaque resteront les mêmes, sauf une plus grande habileté dans les équipages, par suite des exercices que nous n'épargnons pas. Selon toute probabilité, l'attaque de Venise sera subordonnée aux opérations de l'Empereur en Lombardie ; et comme nous serons en commu-

(1) Lors de la guerre de Crimée.

nication par Rimini, où on amène actuellement un fil élec-
trique, nous n'agirons que par ses ordres, Je ne laisse pas
que d'être assez inquiet à ce sujet, car il serait possible
que, par suite des diverses combinaisons de la guerre,
l'opération ne se fît pas du tout. De plus, dès le mois de
septembre, il devient très difficile de rester devant Venise à cause des vents de nord-est qui règnent alors.
Selon moi, il serait nécessaire de s'emparer, dès à présent, d'un point aux environs de Venise où l'on puisse
abriter les petits bâtiments et que là, on attendît les ordres ultérieurs de l'Empereur pour attaquer Venise même.
Le port de Chioggia, qui est à huit lieues au sud de Venise, remplit les conditions désirables. Il n'est pas accessible aux vaisseaux et aux frégates, mais les grands bâtiments peuvent toujours rester au large, tandis que, s'il
survenait un bora — c'est le nom que l'on donne aux coups
de vent du nord-est, qui sont de vrais ouragans — les canonnières, les batteries flottantes et les avisos courraient
de très grands dangers et il serait ridicule de perdre là
des bâtiments autrement que par le canon. Néanmoins, il
faut que nous attendions des ordres ici et, en attendant
l'amiral Desfossés, l'amiral Bouët et moi allons partir dans
deux jours sur un ou deux bâtiments pour aller devant
Venise examiner la place et recueillir de Jurien, qui y est,
tous les renseignements qu'il a dû accumuler. Je pense
que nous resterons là cinq à six jours et nous reviendrons
ici attendre les décisions de l'Empereur. Pendant notre
absence toute l'escadre restera ici et notre autorité s'établira solidement dans l'île. On a d'ailleurs ôté aux habitants le moyen de communiquer avec les îles voisines en
coupant un pont qui la joignait à l'île de Cherso.

Adieu, ma chère petite fille, je t'embrasse bien tendrement.

103

A la baronne de La Roncière Le Noury.

En mer á bord de l'*Eclair*, 7 juillet 1859.

CHÈRE ENFANT,

Nous venons de recevoir l'ordre d'aller devant Venise ; si nous voulons faire quelque chose, il faut nous dépêcher, sans quoi l'Empereur est capable d'y arriver avant nous, ce qui serait, comme tu le penses bien, parfaitement ridicule.

J'ai reçu deux lettres du prince Napoléon. Je lui écris quelques lignes aujourd'hui. Je ne serais pas étonné qu'il vînt à Venise avec son corps d'armée ; il doit le désirer, car il ne saura pas longtemps rester avec l'Empereur. Maintenant d'ailleurs que l'Empereur a fait ses preuves de général d'armée, il sera moins désireux de susciter des embarras au Prince ou de lui laisser tendre des pièges ; et il sera ainsi plus facile à ce dernier de se maintenir au quartier général. Mais comment cela ira-t-il avec tous ces maréchaux ? Enfin tout cela ne me regarde pas. Je dois jouer le rôle d'une baïonnette inintelligente.

104

A bord de l'*Eclair*, devant Venise, le 9 juillet 1859.

CHÈRE ENFANT,

Il est dans les fatalités de ma carrière de manquer les occasions. Déjà à Tripoli (1), j'en ai manqué une des meil-

(1) Nous n'avons pu trouver à quelle occasion manquée fait ici allusion La Roncière.

leures. Aujourd'hui je manque la plus brillante qui se
soit jamais présentée à un officier : la nouvelle de la sus-
pension d'armes nous est arrivée hier matin à Lossini-
Piccolo, au moment où nous appareillions pour venir ici;
nous sommes partis néanmoins et arrivés ce matin. Si
nous étions venus ici trois jours plus tôt. nous eussions
pris Venise ! Pourquoi nous avons été en retard, il serait
trop long de te l'expliquer. Les fatales habitudes de l'escadre arrêtent toute action, toute initiative. Quand il
faut en sortir, tout devient difficile. Le temps se perd
ainsi et on arrive trois jours trop tard. Au départ d'Antivari, au départ de Lossini, les canonnières ont été les
premières prêtes, mais je suis sûr que, comme nous sommes les petits, on prétendra que c'est nous qui sommes la
cause des retards. Et Dieu sait si nous avons arrêté en quoi
que ce soit ! Je n'ai fait autre chose que de répéter journellement à l'amiral Desfossés et à l'amiral Bouët depuis
mon arrivée à Toulon : « Dépêchons-nous, dépêchons-nous,
l'Empereur ne nous attendra pas. » Mais à bord des vaisseaux il faut que les choses se fassent à leurs heures. Bouët,
lui, va rondement, mais les vaisseaux ! les vaisseaux !
Enfin la chose est faite. L'armistice est évidemment la
paix ; l'Autriche est écrasée, elle ne veut pas aller plus
loin et il est évident que notre arrivée à Lossini-Piccolo,
avec des forces imposantes, l'a déterminée à traiter. Elle
veut au moins sauver l'immense matériel qu'elle a à
Venise.

Aussitôt la paix faite, on va nous envoyer à Toulon et
nous désarmer ; et personne ne se doutera des efforts
inouïs qu'il nous a fallu faire pour préparer, pour le combat, des navires qui y sont si impropres, avec des équipages et des capitaines nouveaux, armés sans égard au
service spécial qu'ils avaient à remplir; et ce service

était le plus difficile et le plus dangereux de tous. Enfin, je pense que d'ici à un mois nous serons de retour à Toulon, ridiculisés par toute l'armée, par toute la France. Jamais un officier n'avait été dans une plus belle position que moi : commander devant l'ennemi la force qui est au plus grand du danger et avoir sous mes ordres dix-sept navires de guerre, étant un des plus jeunes de l'armée ! Mais je fais abstraction de ma personne, de mon grade qui était naturellement au bout de cela ; ce qui me préoccupe, c'est l'abaissement, encore bien plus grand qu'il ne l'a été depuis la Crimée, où la marine va tomber dans l'opinion publique ; c'est à ne plus se montrer à Paris. Et quand on sait pourquoi nous avons perdu ces trois jours !... L'amiral envoie Fouillioy, son gendre, au quartier général impérial, tâcher d'expliquer les retards ; il avait été question de m'y envoyer. J'aime mieux qu'un autre aille s'exposer aux quolibets de l'armée.

Je pense que nous allons rester ici jusqu'à ce que la paix soit signée ; nous y serons très mal, nous autres, petits bâtiments, mais qu'importe !... Ah ! quelle leçon pour faire les choses vite en marine ! et quand dans mes diverses campagnes, dans celle du Groënland, par exemple, on se moquait de ma rapidité ! Je n'ai pas le courage d'écrire à la Princesse ni à personne ; dis-le lui et lis-lui ma lettre.

105

A sa fille.

A bord de l'*Eclair*, devant Venise, 12 juillet 1859.

MA CHÈRE PETITE FILLE,

Ta maman a dû te conter dans quelle situation d'esprit m'a mis la lenteur désolante de nos opérations, lenteur qui a été cause que nous avons laissé passer la plus belle occasion, lenteur qui a fait que la marine va encore baisser, si c'est possible, dans l'esprit public, enfin lenteur qui me fait [manquer mon grade de contre-amiral. Mais je ne veux pas t'écrire des lamentations, bien que mon esprit y soit entièrement porté et que je n'aie pas assez de philosophie pour me soumettre facilement à ces décisions de la Providence.

L'armistice dure jusqu'au 15 août. Il est évident qu'un armistice si long c'est la paix au bout. En attendant nous allons rester ici ou à Lossini, à fondre de chaleur, d'impatience, de regret et d'ennui. Après le 15 août, nous resterons peut-être encore quelques jours devant Venise, et puis, on nous renverra à Toulon, où nous serons la risée de tout le monde, on nous désarmera et j'irai alors à Paris, où je me garderai bien de me vanter d'être officier de marine.

Le gendre de l'amiral Desfossés, Fouillioy, qui avait été envoyé au quartier général de l'Empereur à Valeggio, est revenu ce matin. Il paraît que l'Empereur ne regrette pas que nous n'ayons pas pris Venise. Il lui suffit que nous soyons là, prêts à la prendre. Fouillioy a eu la bonne fortune de se trouver à Villafranca pendant l'entrevue des deux souverains. Il les a vus sortir de la maison où s'est tenue la conférence, fort soucieux tous deux. Ils se sont séparés sans se donner la main. Enfin nous allons voir ce qui va sortir de tout cela.

Hier matin au jour, je suis parti avec cinq canonnières pour aller faire de l'eau dans la rade de Garo, au-dessus de l'embouchure du Pô. L'eau que j'ai trouvée était saumâtre ; je suis allé alors à trois lieues plus au sud à un petit port nommé Magna Vacca, que tu verras sur la carte ; c'est le port de Comacchio, qui est dans les lagunes. En notre qualité de Français, nous avons été bien accueillis par les indigènes, mais ils se sont fort refroidis quand je leur ai dit qu'il fallait qu'ils se soumissent au Pape contre lequel ils sont révoltés pour le moment. Ils portent la cocarde sarde. Toutes les autorités de Comacchio sont venues à Magna Vacca pour crier : « Viva la Francia! ». Je les ai reçues glacialement et j'ai interdit à toutes les canonnières, qui vont aller là successivement, de laisser aller leurs officiers à terre.

106

A la baronne de La Roncière Le Noury.

L'*Eclair*, au mouillage de Magnavacca, 15 juillet 1859.

Chère Enfant,

C'est le 12 au soir que nous avons appris que la paix était signée : tu juges de l'accroissement de mon désappointement. Je me réjouis bien certainement comme Français de ce magnifique résultat. Mais il sera pour bien longtemps à la honte de la marine, ou plutôt des amiraux. Il y aurait bien long à dire sur tout cela et si on voulait éplucher tout ce qui s'est fait, il y a des gens bien blâmables, à commencer par l'amiral Hamelin. Mais c'est un fait accompli, et il faut que nous autres, marins, nous en supportions seuls les peines.

Nous n'avons rien appris, en apprenant la paix, des conditions de la paix. C'est une simple dépêche très laconique de l'Empereur à l'amiral Desfossés, qui dit : « La paix venant d'être signée entre l'empereur d'Autriche et moi, prenez vos dispositions pour rentrer à Toulon. » N'ayant donc plus rien à faire à Venise, Bouët est parti le 13 dans la journée, avec les frégates à vapeur et les batteries flottantes pour Lossini Piccolo ; le soir, Jurien, avec l'*Algésiras*, l'*Eylau*, l'*Impétueux* et les huit toutes petites canonnières, est également parti pour Lossini ; et moi, avec les quatorze grandes canonnières, je suis parti à Magnavacca pour faire de l'eau. J'y suis arrivé hier matin et je compte en partir ce soir pour Lossini.

La mère de Du Petit-Thouars et sa sœur, qui est déjà une vieille fille, sont ici ; elles habitent depuis plusieurs années les environs de Bologne. Je suis allé hier soir avec ces dames à Comacchio ; c'est une affreuse petite ville de sept à huit mille habitants, au milieu de marais puants. On nous y a fait une réception triomphale ; la musique, la garde nationale, la municipalité sont venues nous recevoir à la porte de la ville ; et la canaille nous entourait vociférant : « Vive la France ! Vive l'Italie ! Vive Napoléon III ! » etc. ; il ne leur a manqué que de dételer les chevaux et de nous traîner. Nous avons accepté très froidement toutes ces démonstrations, et toutes nos paroles aux autorités avaient pour thèse de ne considérer leur soumission au roi de Sardaigne que comme temporaire et qu'ils appartenaient et appartiendraient toujours au Pape.

Je pense que je serai demain à Lossini ; nous y reprendrons tout ce que nous y avons laissé ; il nous faudra pour cela deux ou trois jours ; et puis nous partirons pour Toulon, où je pense que nous arriverons vers les premiers jours d'août. Et notre campagne sera finie, à la plus grande honte de la marine.

J'estime que l'Empereur et le prince Napoléon sont aujourd'hui à Paris. Il est advenu au Prince ce qui nous est arrivé à nous ; il est arrivé le lendemain de la bataille. L'Empereur aura, en entrant à Paris, la plus belle ovation qui se soit jamais vue.

. . . .

Lossini, 17 juillet 1859.

P.-S. — Cette lettre était écrite et allait partir, lorsque nous avons été pris par un coup de vent sur la rade de Magnavacca. J'ai immédiatement rappelé tous les canots et appareillé sans plus communiquer avec la terre ; et j'ai eu une bonne inspiration de ne pas attendre la fin du coup de vent au mouillage, la rade étant fort mauvaise ; j'ai même bien manqué y avoir un de mes bâtiments à la côte ; mais nous nous en sommes bien tirés. Nous sommes arrivés ici hier soir après une traversée assez dure ; nous y sommes actuellement tous réunis. Il n'y a plus personne devant Venise, ce qui me semble singulier, mais cela ne me regarde pas.

Nous ne savons toujours absolument rien des conditions de la paix. Une dépêche télégraphique du Ministre de la Marine nous fait savoir qu'il écrit par le courrier comment se fera le retour en France ; cette lettre sera ici mardi soir 19 ou mercredi 20, et je pense que nous partirons jeudi. J'ignore si on remorquera les canonnières, je

préférerais de beaucoup que nous partissions seuls par
nos propres moyens L'amiral Bouët écrit au Prince, et je
me charge de faire parvenir la lettre.

Jusqu'au moment où nous sommes arrivés devant Venise, je me suis porté magnifiquement; depuis, la profonde contrariété que j'ai éprouvée de manquer une si
belle affaire m'a tout à fait désarçonné et mon estomac et
ma tête ne vont plus. J'aurais besoin d'un coup de
fouet, comme mon voyage en Russie, par exemple. Je ne
peux sortir de ma tête cette malheureuse circonstance,
qui provient des lenteurs de l'amiral Desfossés ! C'est à
ne plus avouer qu'on est marin.

107

Brindisi, 26 juillet 1859.

Chère Enfant.

J'ai beau chercher à me distraire, il m'est impossible de
chasser de mon esprit le cauchemar qui me poursuit.
Tripoli n'est rien à côté de ce que nous avons manqué là.
C'est à ne plus oser se montrer. Je suis parti de Lossini
le 21 au soir avec l'*Eclair* et les sept canonnières de
deuxième classe. Par ordre du ministre, les six autres
canonnières de première classe sont restées pour quelques jours dans l'Adriatique afin d'aller dans différents
postes ramasser tous les bâtiments de commerce qui nous
apportaient du charbon et les renvoyer en France. Je
suis allé d'abord à Antivari, j'y suis resté douze heures,
puis je suis venu à Brindisi, où je t'écris. Nous y faisons
du charbon. Je m'attendais à trouver une plus grande
ville. Après avoir été une des plus opulentes cités de l'an-
tiquité, ce n'est plus qu'une sous-préfecture, où, cepen-

dant, on nous accueille avec enthousiasme, car on n'y a pas vu de bâtiments français de guerre depuis un temps immémorial. Je voulais partir ce soir, mais demain il y a une grande fête en l'honneur de l'avènement au trône du nouveau roi (1). Vu les liens d'amitié qui nous unissent de nouveau au gouvernement napolitain, je me crois obligé de rester jusqu'à demain soir pour pavoiser et saluer. Avec nos gros canons de cinquante, nous allons casser toutes les vitres de la ville ; il est vrai qu'il n'y a pas vingt maisons qui en ont.

Je suis allé hier avec le gouverneur et plusieurs de mes capitaines faire une promenade en voiture aux environs. C'est un joli pays, mais très plat. Je vais d'ici à Messine si je n'ai pas mauvais temps, sinon je relâcherai à Corfou. Ce que je voudrais, c'est un point curieux à connaître. D'un autre côté cela nous retarderait ; il faut que j'arrive. Et de plus tout cela m'amuserait si j'étais dans une autre disposition d'esprit, mais je suis complètement démoralisé. Je ne sais pas ce qui pourra me sortir de là. J'espère que je serai à Paris vers le 10 ou le 12 août.

S'il fait chaud dans l'appartement du Palais Royal, je te réponds qu'il fait autrement chaud dans la mer Adriatique et particulièrement à Brindisi. Le bâtiment est encombré de visiteurs, en grande majorité des prêtres, et quels prêtres ! Ils pullulent dans ce pays-ci, mais je ne crois pas que ce soit à la plus grande gloire de Dieu.

(1) François II de Bourbon succédait, le 22 mai 1859, à son père Ferdinand II sur le trône des Deux Siciles.

108

Messine, 3i juillet 1859.

Chère Enfant.

Je t'écris de Messine ; je poursuis lentement ma marche vers la France, non sans difficultés, tous ces petits bâtiments ayant constamment des avaries. J'aurai encore une relâche à faire d'ici à Toulon ; selon le temps, je la ferai à Naples ou à Civita Vecchia ; je préférerais que ce fût à Civita Vecchia, parce que de là j'irais par chemin de fer passer vingt-quatre heures à Rome. De toute manière, j'estime que je serai le 8 à Toulon si je n'éprouve pas de trop grandes contrariétés ; je pense que de là on me laissera aller à Paris ; je n'aurai que faire à Toulon ; d'un autre côté, je ne suis pas très désireux de me trouver à Paris pour la fête du 15 août ; je n'aurais rien à faire là qu'à me mettre de mauvaise humeur et je suis déjà, Dieu merci, assez dans cet état depuis quelque temps.

Je n'écris pas au prince Napoléon, je n'ai rien d'intéressant à lui annoncer. Je me réserve pour causer avec lui de tous ces événements. Ici on dit ouvertement que l'Empereur Napoléon est un traître et il est certain que les Italiens le détestent plus qu'avant. Quelles indignes canailles que ces Italiens ! J'en excepte absolument les Piémontais, qui ont largement et noblement payé de leur personne. Mais tous les autres ! J'étais déjà bien persuadé de tout cela, mais j'en suis encore plus persuadé que jamais.

Je trouve le discours de l'Empereur aux grands corps de l'État bien pâle Ce sont les paroles d'un homme qui se justifie, et, en fait, j'ai la conviction que ce qui l'a

déterminé à faire si brusquement la paix, c'est bien moins
les menaces des puissances étrangères que la découverte
du peu de fonds qu'il pouvait faire sur les Italiens. Le
discours de M. Troplong (1) m'a semblé bien supérieur à
celui de l'Empereur.

Quoi qu'il en soit, voilà une paix qui ne me paraît pas
devoir être de longue durée, et on sera bien obligé d'en
venir à la guerre avec l'Angleterre. Eh bien ! ce sera joli
avec des amiraux comme ceux que nous avons ! Ils se
lèvent trop tard. Adieu, chère enfant, à bientôt.

109

Toulon, 8 août 1859.

CHÈRE ENFANT,

J'arrive à l'instant, très fatigué, mais sans encombre.
J'ai passé deux jours à Rome, où j'ai eu une longue audience du Pape. C'est le plus clair de ma campagne. Il
est minuit ; je n'ai vu personne et ne verrai les grands
chefs que demain. Je t'écrirai alors ce que je deviens.
Adieu, je vais me coucher et dormir profondément, ce
que je n'ai pas beaucoup fait depuis quelque temps.

(1) Troplong (1795-1869), débute dans la magistrature en Corse, président
de Chambre à Nancy en 1832, publie les traités des privilèges et hypo-
thèques, en 1833, de la vente 1834, de la prescription 1835. Conseiller à la
Cour de Cassation 1835, succède à Daunou à l'Académie des Sciences
morales et politiques 1840, membre de la Chambre des Pairs 1846 ; premier
président de la Cour d'appel de Paris, 22 décembre 1848, sénateur janvier 1852, établit le rapport du 6 décembre 1852 qui conclut au rétablisse-
ment de l'Empire, Membre du Conseil privé, 1858.

110

Stackelberg, 28 septembre 1859 (1).

CHÈRE ENFANT,

Je t'écris d'un des points les plus pittoresques et les
plus reculés de la Suisse, des bains de Stackelberg, au
delà de Glaris. Depuis que je t'ai écrit de Berne, nous
n'avons pas arrêté un instant et nous avons fait des
choses impossibles que je vais te raconter sommairement. Nous sommes partis de Berne le 23 à 10 h. 30
du matin, sommes allés à Thun en chemin de fer, puis en
vapeur à Interlaken, puis en vapeur à la cascade de Gies-
bach sur le lac de Brienz, revenus à Interlaken et été
coucher à Grindelwald en voiture. Le 24, à 6 heures,
nous étions à cheval. Nous sommes allés voir le glacier
de Grindelwald, puis passé le col de la grande Scheidegg,
visité le glacier de Rosenlaui, la cascade de Reichen-
bach et été coucher à Gutanen : neuf heures de cheval
dans des chemins fabuleux. Le 25, encore à cheval à
6 heures ; visité la cascade de Handek, passé le Grimsel, le Meyenwand, visité le glacier d'où sort le Rhône,
passé la Furka et arrivés à Hospenthal, au Saint-Gothard :
onze heures de cheval dans des chemins bien autrement
fabuleux que la veille. Jamais encore on n'avait fait tout
ce chemin en deux jours. Et encore, le même soir à Hos-

---

(1) Cette lettre est écrite au cours d'un voyage, ou plus exactement
d'une course organisée par le Prince Napoléon. En quelques jours, la
compagnie du Prince, parmi laquelle figure Ferri Pisani, court de Cler-
mont-Ferrand à Brioude, Saint-Étienne, Rives-de-Gier, Grenoble, la
Grande-Chartreuse, Allevard, Genève, Lausanne, Fribourg, Berne. La
lettre ci-dessus raconte la suite de l'odyssée par Interlaken, la petite
Scheidegg, le Grimsel, la Furka, le lac des Quatre-Cantons, Zurich et les
Grisons ; elle souligne la manière de voyager imposée à ses compagnons
par le Prince Napoléon.

penthal nous avons pris des voitures qui nous ont emme-
nés coucher à Amstëg, à 6 lieues de là. Dans nos tra-
versées des montagnes nous avons considérablement
marché, surtout dans les endroits difficiles. J'étais très
fatigué à Amstëg. Ferri aussi, et nous avons eu tous les
deux une fièvre de cheval toute la nuit ; néanmoins, le
lendemain 26, à 7 heures, nous étions en voiture.
Nous avons passé à Altorf et de là à Fluelen, où nous
nous sommes embarqués pour Lucerne sur le lac des
Quatre-Cantons. Nous y avons laissé Ferri très fatigué.
Il nous rejoindra à Zurich. A 2 h. 3o partis de Lucerne
en voiture pour Küssnacht où nous montons à cheval
au sommet du Rigi. Là nous couchons et y voyons le
lever du soleil le 27 matin. A 7 heures, partis à cheval,
nous opérons la descente, traversons la vallée du Gol-
dau ; à Arth nous prenons une voiture qui nous mène
à Zug, le long du lac de Zug, puis à Wadenschwyl
sur le lac de Zurich, où nous prenons le bateau à vapeur
qui nous mène à Rapperschwyl. Là, en chemin de fer pour
Glaris et ensuite en voiture pour ici où nous sommes
arrivés hier soir à 8 h. 3o. Ce matin, fait extraordinaire, nous ne pouvons nous mettre en route qu'à
10 heures à cause des correspondances du chemin
de fer, ce qui m'a permis de ne me lever qu'à 8 h. 3o
et de t'écrire. Nous allons aux bains de Pfaffers du côté
de Coire et nous serons demain à Zurich, où j'aurai
enfin de tes nouvelles. Je ne te parle pas de nos impressions de voyage ni de nos péripéties. Je te les raconterai. Nous n'avons pas cessé depuis Berne d'avoir le
temps le plus splendide possible et nous avons trop chaud.
Adieu, offre mes respects à la Princesse.

111

Paris, 5 octobre 1859.

CHÈRE ENFANT,

Étant en chemin de fer pour aller à Louviers, je trouve dans le chemin un employé de la maison de l'Empereur qui me dit que l'Empereur part le 9 de Biarritz. Je prends de suite un parti. Je quitte le chemin de fer à Vernon et je reviens à Paris où je viens de faire ma malle, et à 8 heures je pars pour Biarritz. Je n'en préviens personne ; je serai de retour dimanche. Si tu vois le Prince et qu'il te demande où je suis, tu lui diras que je suis allé pour affaires dans les Pyrénées et que peut-être de là je passerai par Biarritz.

112

Biarritz, 6 octobre 1859.

CHÈRE ENFANT,

Je suis arrivé ce soir à 5 h. 3o. L'Empereur est allé faire une excursion à Cambo, d'où il ne reviendra qu'à huit heures du soir ; je ne le verrai que demain. Il y a au château Toulongeon, Cadore, Riencourt, Mme de la Poize et Mme de la Bédoyère. En revenant, je m'arrêterai peut-être quelques heures à Bayonne, à Bordeaux, à Châtellerault, à Tours et à Orléans. Je ne suis pas encore décidé à cela. Décidément, si le Prince te parle de moi, tu lui diras que je suis allé à Bordeaux pour affaires et que je t'ai dit que j'irais peut-être de là à

Biarritz si j'avais le temps, et que tu n'as pas de nouvelles
de moi.

113

Biarritz, 7 octobre 1859.

CHÈRE ENFANT,

J'ai vu l'Empereur ce matin. Il est souffrant; je le
trouve très changé, ne l'ayant pas vu depuis la guerre. Je
ne suis resté que peu de temps avec lui. Je pense que j'y
déjeunerai demain. Je partirai ensuite. Il ne m'a guère
parlé que de son yacht l'*Aigle* qui est manqué, ce qui
paraît lui tenir à cœur. M. Waleski est ici; je l'ai vu. Je
me suis promené une partie de la journée. J'ai rencontré
M. Matthieu, l'avocat.

En somme, Biarritz est fort laid. Il n'y a pas d'arbres
et les gazons viennent mal autour du château. J'ai rencontré le petit prince à âne; on le laisse jouer maintenant
avec les autres enfants sur la plage. On fait bien. Je vais
aller faire un tour à Bayonne, que je ne connais pas, et
où sont la *Mouette* et le *Pélican*, commandés par des officiers que je connais.

J'ai raconté à l'Empereur notre excursion à Arenenberg (1), ce qui l'a intéressé. Je n'ai rien voulu lui demander. Il commençait à me parler de ma situation quand
M. Waleski est arrivé.

Décidément, je ne viendrai pas manger ma retraite à
Biarritz. Si tu vois le Prince, dis-lui que je cours la
France, que je suis à Bordeaux, Châtellerault, Tours,

(1) Arenenberg, château près du lac de Constance, où le Prince Louis-
Napoléon a passé son enfance. Le commandant de La Roncière y était
passé au cours de sa récente randonnée en Suisse avec le Prince Napoléon.

Orléans, etc... et que je serai de retour lundi. Adieu, chère enfant, je t'embrasse et Babé. Dis d'ailleurs au Prince que tu n'as pas de nouvelles de moi, c'est encore le mieux.

114

Le Châtellier, 10 octobre 1859.

CHÈRE ENFANT,

J'ai eu hier, une très longue conversation avec l'Empereur. Il a été très aimable. Il n'est pas content du tout que le Prince ait acheté une campagne à l'étranger (1). Il a dit très sèchement : « Il aurait dû au moins m'en demander la permission. »

J'étais bien tenté de rester pour les fêtes à Bordeaux où je connais le préfet, les députés, etc., mais je suis pressé de rentrer et je voudrais aller voir le *Great Eastern* avec le Prince.

(1) Allusion à l'achat de Prangins.

V

ORIENT

A la fin de 1859, le capitaine de vaisseau de La Roncière Le Noury est appelé au commandement de la division du Levant. C'est ainsi qu'il va se trouver, au début de 1860, activement mêlé aux affaires de Syrie. Le présent chapitre raconte les débuts de son commandement.

Parti sur le *d'Assas*, il est arrêté à Cagliari par une avarie de machine et obligé de revenir sur les côtes de France afin de faire réparer son bâtiment. Il en profite pour aller à Nice voir ses parents, le marquis et la marquise de Châteauneuf, qu'il reçoit à bord en rade de Villefranche. A Toulon, il apprend son changement de bâtiment. Il va chercher à Rochefort la frégate la *Zénobie*, et part avec elle pour l'Orient.

Les lettres datées d'Athènes donnent de curieux détails sur la cour du roi Othon et sur la société athénienne.

115

A la baronne de La Roncière Le Noury

Toulon, le 7 novembre 1859.

Chère Enfant,

Arrivé ce matin à 10 heures, je me suis habillé, j'ai déjeuné et je suis allé chez le Préfet, le major général, etc. Rentré à 5 h. 1/2, je me mets à t'écrire. Jamais un départ ne m'a été aussi pesant. Demain je prends mon commandement, avec saluts, cris de « Vive l'Empereur », etc.

Le Prince m'a télégraphié qu'il n'irait qu'à Lyon. Je lui ai demandé l'autorisation de me mettre de sa part à la disposition de la reine de Hollande (1), qui arrive ce soir ici, par terre, de Nice, et de la loger à la *Croix d'Or*, immédiatement au-dessous de moi. Je l'attends donc. Je pense que je la promènerai demain dans l'arsenal.

Je ne suis pas fâché que la Princesse ne vienne pas ici, toi n'étant pas de service; mais je regrette que le Prince n'y vienne pas; néanmoins, il fait bien de rester à Paris si son père ne va pas mieux. Je trouve ici pas mal de bon vouloir de la part des autorités, mais un grand étonnement de mon commandement; de sorte que je me méfie tout en faisant très bonne figure.

116

Cagliari, le 25 novembre 1859.

Chère Enfant,

Tu vas t'étonner d'avoir si tôt de mes nouvelles. Je suis en relâche à Cagliari avec une avarie grave dans ma machine. Je vais la réparer de mon mieux et continuer ma route clopin clopant, mais lentement. Le *d'Assas* est décidément un très mauvais bâtiment, avec lequel rien n'est possible ! J'ai eu gros temps pour venir ici, je pense que je repartirai demain. C'est stupide de faire naviguer des bâtiments comme celui-ci. Les ingénieurs

____

(1) Sophie, fille du roi de Wurtemberg, Guillaume Ier, avait épousé, en 1839, le roi Guillaume III de Hollande.

prétendent cacher leurs fautes en soutenant que ces bâtiments là peuvent aller et en les réparant sans cesse. J'ai découvert que les réparations faites successivement à la machine du *d'Assas* coûtent déjà une fois et demie ce qu'a coûté cette machine de prix primitif, et elle n'en a jamais mieux été. Dis cela au Prince pour son édification sur les ingénieurs.

Si ce n'était l'ennui d'avoir sous les pieds un bâtiment qui n'est pas sûr et avec lequel on ne peut rien tenter de hardi, je serais bien installé à bord. A force d'arrimer, j'ai fini par trouver plus de place qu'il ne m'en faut; les domestiques eux-mêmes ne sont pas mal.

Je suis content jusqu'à présent de mon second, Morier. Il a de l'analogie avec son cousin, mais il est aussi calme que son cousin est bouillant. Je ne connais pas encore mes officiers ni mes élèves. Mon abbé est bien, mais c'est encore un malin. Il a la qualité de jouer au tric-trac. L'équipage est bon, encore un peu nouveau, mais ils sont tous tristes comme des bonnets de nuit. Ce sont des Bretons, qui n'ont pas d'entrain. Dans ces pays-ci, les Provençaux valent mieux.

J'ai trouvé ici pour consul de France un M. Cavel qui se dit ami de Ferri Pisani. C'est un singulier monsieur; à peine était-il à bord, je lui ai demandé s'il était marié. Il m'a répondu : « Oh non ! mais je corrige cela, j'ai une femme qui me suit partout. » Il a eu des affaires avec toutes les autorités ici ; il voulait me faire entrer dans ses querelles ; que je ne saluasse pas, que je n'allasse pas voir le gouverneur, etc.

J'ai salué, néanmoins ; et la seule concession que je lui ai faite, c'est qu'au lieu d'aller aujourd'hui voir le gouverneur, je n'irai que demain. J'y ai envoyé Jonquières aujourd'hui,

Je donnerais beaucoup pour être arrivé dans le Levant.
Il ne faut pas moins de huit à dix jours pour aller d'ici à
Athènes dans cette saison-ci. Heureusement que dans ces
parages-ci il ne fait pas très froid. C'est un grand point.
Adieu, chère enfant, je t'embrasse et Babé. Donne de
mes nouvelles au Prince ; dis-lui que je ne lui écris pas
parce que je ne pourrais m'empêcher de remplir ma lettre
d'invectives contre le Ministre de la Marine et contre les
ingénieurs.

117

Villefranche, le 2 décembre 1859 (1).

Chère Enfant,

Ainsi que je te l'ai mandé avant-hier, je suis allé à
Nice. Les Châteauneuf sont à la campagne, à deux lieues
d'ici ; j'y suis allé après avoir fait une visite au consul
Léon Pillet, et m'être inscrit chez la grande-duchesse
Stéphanie (2). La campagne des Châteauneuf s'appelle
Gairaut ; il y a, pour y aller, des chemins impossibles à
cause des côtes. Une fois qu'on y est, il y a une vue admirable ; la maison est une baraque spacieuse, une vraie
bastide provençale ; le jardin pourrait être charmant si
on l'arrangeait. Mais dans ces pays-là on n'arrange rien.

On a été tout surpris de me voir et on m'a parfaitement
accueilli ; la vieille Mme de Chalaincourt, qui a quatre-
vingts ans, qui est toute percluse et qu'on traîne dans un
fauteuil, était émue aux larmes. Elle a une mémoire in-

---

(1) La Roncière est en relâche à Villefranche. Il doit rentrer à Toulon
avec le *d'Assas*, dont les avaries réclament des réparations sérieuses, pour
arborer son guidon de commandement de la division du Levant sur la
Zénobie. A Villefranche il retrouve des parents, les Châteauneuf.

(2) Grande-duchesse Stéphanie de Bade, nièce du général de Beauharnais, fille adoptive de Napoléon Ier (1789-1860).

croyable de toutes les choses de la famille et est seulement un peu sourde. Il y a dans la maison trois filles : une grande, de seize ans, Pauline ; une de huit, Marie, et une de six, Georgina ; une quatrième, Delphine, qui a douze ans, est au couvent à Nice, et un fils de quinze ans est au collège à Vienne. Mme de Châteauneuf est toujours excessivement distinguée. Mais elle est bien changée, on ne se douterait pas qu'elle a été une des jolies femmes qu'il y ait eu ; il est vrai qu'elle a quarante-huit ans passés. Son mari est un bon garçon, de beaucoup de bon sens. La fille aînée, très bien sous tous les rapports ; les deux petites filles très bien élevées.

Arrivé là à 4 heures du soir, j'y ai dîné et couché, et le lendemain nous sommes partis tous ensemble à 7 heures du matin pour Nice. Je les avais invités à déjeuner à bord à 10 h. 1/2, et il fallait alors qu'ils fussent en ville de bonne heure pour les leçons des enfants. Ils y vont une fois par semaine, justement ce jour-là. Ils n'ont pas de voiture, ne venant qu'une fois par semaine en ville et s'étant tout à fait retirés du monde. Pour aller à Nice, ils descendent à pied la grande côte en haut de laquelle est Gairaut, et en bas une voiture de louage, prévenue d'avance, les attend. Ils ont néanmoins une grande fortune qu'a laissée à M. de Châteauneuf une de ses tantes, Mme de Sainte-Agathe, que j'avais connue aussi à Nice en 1843, quand j'y suis venu avec La Suisse.

De Nice, je suis allé de suite à Villefranche à bord. A 10 h. 1/2 les Châteauneuf sont arrivés, père, mère et les trois filles, plus un abbé qui réside avec eux, instituteur du fils ; j'avais invité aussi le Consul, et, de fil en aiguille, nous étions quatorze à déjeuner au lieu de dix. Le nombre de quatorze est le maximum que je puis placer, et on est un peu serré ; j'avais ainsi six Châteauneuf, le Consul, son

élève consul et M. Zeltner, neveu de M. Drouin de
Lhuys (1), l'agent consulaire de Villefranche et un M. Bonnaffé, parent de l'amiral Baudin (2), ami de Jonquières,
et dont j'ai connu un frère, mort officier de marine.

J'avais fait dire au cuisinier la veille au soir que nous
serions dix à déjeuner ; dans son zèle et son désir de me
faire voir son talent et malgré les représentations de
Camille, il nous a fait un déjeuner splendide et excellent,
il faut bien le dire, et qui avait quinze plats ! Aussi,
sommes-nous restés deux heures un quart à table ; et
encore j'ai fait disparaître deux plats. Tu sais comme je
déteste cela, mais tu eusses été dans l'admiration ; je t'en
envoie d'ailleurs le menu. Je n'en ai pas moins vigoureusement admonesté maître Orgias pour ce repas de noce
de village, mais je l'ai complimenté sur la qualité des plats.

Pendant le déjeuner, Pillet, le consul. a été pris du mal
de mer quoique la frégate remuât à peine. Je l'ai fait
mettre à terre ; c'est un fort aimable homme, ancien directeur de l'Opéra à Paris ; il s'y était fait beaucoup
d'amis dans le monde pour ses complaisances, pour les
loges, les représentations, etc., mais il s'y était entièrement ruiné parce qu'il était l'amant de Mme Stoltz qui

(1) Drouyn de Lhuys (1805-1881), ministre des Affaires étrangéres dans le
premier cabinet du Prince-Président le 20 décembre 1848 ; remplacé par
M. de Tocqueville (juin 1849) ambassadeur à Londres, ministre des Affaires etrangères dans le Cabinet provisoire (10 janvier 1851) Sénateur après
le coup d'État, vice-président du Sénat, ministre des Affaires étrangères
(juillet 1852) ; essaie d'empêcher la guerre de Crimée ; démissionne ; quitte
le Sénat après un message de l'Empereur reprochant à la Haute-Assem-
blée son inertie. Ministre des Affaires etrangères de 1862 à 1868 ; réagit
contre la politique italienne de Thouvenel ; préconise l'intervention dans
la guerre austro-prussienne de 1866 et démissionne parce que cette politique n'est pas adoptée.
(2) Amiral Baudin (1784-1855), débute à 15 ans ; a le bras droit emporté
lors d'un combat dans la mer des Indes en 1808 ; lieutenant de vaisseau,
détruit un brick anglais dans la Méditerranée en 1812 ; quitte le service
pendant la Restauration et le reprend en 1830. Contre-amiral, bombarde
les forts de Saint-Jean d'Ulloa au Mexique, amiral de France peu avant sa
mort.

était, il est vrai, une actrice de premier ordre, mais qui ne lui permettait d'engager aucune autre cantatrice. L'Opéra dépérissait et ne faisait plus de recettes. Il fut obligé de quitter ; mais comme il s'était fait beaucoup d'amis, on le nomma consul à Nice. En 1849, on eut besoin de sa place pour un M. Aladenize, compromis dans les affaires de Strasbourg et Boulogne, et on l'envoya à Cagliari, ce qui était un exil. Il y resta sept ans, c'est là que je l'ai connu. Enfin, en 1856, on le replaça ici.

A 2 h. 1/2, tout mon monde est parti, je me suis mis en bourgeois et je suis allé trouver le consul que la grande-duchesse Stéphanie avait chargé de me dire qu'elle désirait me voir. Nous y sommes allés ensemble. Il est intime dans la maison. Nous y sommes restés trois quarts d'heure, causant de choses fort sérieuses et fort sages. Elle m'a invité à dîner pour aujourd'hui et je reste pour cela.

Je suis allé ensuite voir l'amiral Hugon qui est bien baissé. Ensuite chez le duc de Dino (1) que j'avais invité à déjeuner, mais qui avait un rendez-vous avec la grande-duchesse Stéphanie.

A midi, M. Bonnaffé, qui avait déjeuné à bord, m'avait offert une place dans une loge qu'il avait à l'Opéra. J'ai donc dîné à l'hôtel à table d'hôte, tout à fait *incognito*, et je suis allé au théâtre où on donnait *Hernani*, de Verdi. Je suis revenu à bord ce matin à 9 h. 1/2.

Nous n'avons été qu'en saluts depuis que je suis ici. Une frégate russe m'a salué, puis les Sardes m'ont salué, puis j'ai salué le pavillon sarde, puis notre consul. Enfin, une corvette russe, arrivée cette nuit, m'a encore salué ; il en a été de même à Cagliari : cela devient ridicule.

(1) Troisième duc de Dino, Alexandre-Edmond (1813-1894), second fils du mariage de Dorothée, princesse de Courlande avec Edmond de Talley-rand-Périgord, neveu de Talleyrand.

A 4 heures, j'irai à Nice, Dino doit venir me voir à l'hôtel ; il a une extinction de voix complète. Je m'habillerai, et à 5 h. 3/4, Pillet doit venir me prendre pour aller chez la grande-duchesse. J'y vais simplement en habit de ville. J'y suis allé hier en redingote. Je reviendrai à bord vers minuit et, si le temps le permet, j'appareillerai. Si je ne suis pas contrarié par le mauvais temps, je compte être à Toulon demain soir, écris-m'y jusqu'à nouvel avis.

Chez les Châteauneuf, nous avons, comme tu penses bien, beaucoup parlé de la Princesse. On l'aime beaucoup ici, on n'aime pas le Roi. Tout ce pays-ci n'aspire qu'à être Français, L'Empereur a conservé ici tout son prestige. Il n'y a plus beaucoup de pays comme cela. A mesure que je me remets à l'esprit tout ce que m'a dit la reine de Hollande, je ne puis m'empêcher d'être inquiet. Quant à la grande-duchesse Stéphanie, elle m'a dit hier entre autres : « On prête à la reine Marie-Amélie un propos qui est très juste ; elle dit : « Louis-Napoléon fait bien les affaires. Quand nous reviendrons là, nous n'aurons pas le moindre changement à faire dans le personnel ! » Il paraît qu'il y a eu quelque différend entre l'Empereur et la grande-duchesse et que la grande-duchesse avait raison. C'est la reine de Hollande qui me l'a dit, mais elle ne m'a pas dit ce que c'était. Adieu, chère enfant, je t'embrasse et Babé.

P.-S. — Déjeuner du 1er décembre 1859 :

MENU

Milieu

Le bar au naturel

Hors-d'œuvre

**Les huîtres
Les croquettes de volaille**

Relevés

**Le pâté de perdreau
La galantine de volaille**

Entrées

**La mayonnaise de homard
Le salmis de bécasse
Le filet au madère
Les grenadins de veau à la royale**

Rôtis

**La dinde
Le derrière de lièvre**

Légumes

**Les petits pois au beurre
Les asperges à la sauce hollandaise**

Entremets

**La gelée au marasquin
La crème à la vanille renversée**

N. B. — Le poisson et le derrière de lièvre ont été
soufflés ; j'ai déjeuné ce matin avec le poisson, je dînerai
demain avec le derrière.

118

Toulon, 3 décembre 1859.

Chère Enfant,

J'arrive à Toulon ; tu recevras en même temps que cette
lettre une longue lettre que je t'écrivais de Nice. J'ai eu

grand'peine à arriver ici. Il fait des temps épouvantables. Rien n'est décidé pour le *d'Assas*; on attendait une réponse du ministre. Je n'ai qu'un instant. J'espère avoir demain soir une lettre de toi.

P. S. — J'ai fait mon dîner hier chez la grande-duchesse; il s'est très bien passé. Elle a été fort aimable. Je vois qu'elle n'aime pas l'Impératrice et qu'elle a eu des affaires avec elle. Nous avons joué au whist ensuite; je lui ai fait gagner beaucoup, ayant eu un jeu fabuleux, ce qui a fait que j'ai eu un temps affreux pour venir ici. Elle m'a dit que l'Empereur avait été voir la reine de Hollande, à Châlons, à son passage; je ne savais pas cela; j'en suis très content; je crois que le public ne l'a jamais su. Adieu,

119

Toulon, 6 décembre 1859,

CHÈRE ENFANT,

Je ne peux pas dire encore si je suis content ou non de mon changement de bâtiment. Le principal est de savoir comment se fera le changement, surtout si la *Zénobie* viendra à Toulon. Si elle y vient, tout se simplifiera. Comme bâtiment, la *Zénobie* est bien mieux que le *d'Assas*, mais c'est un bâtiment qui n'a qu'une petite machine, une machine auxiliaire; j'estime qu'il doit filer à peine six nœuds. Si la machine est bonne et sûre, je m'en contenterai; mais nos ingénieurs ont-ils jamais fait une machine sûre?

Ce n'est que demain matin que je saurai ce que le ministre aura décidé; le mieux serait que la *Zénobie* vînt ici, conduite par l'officier qui la commande provisoirement et avec un demi-équipage, et qu'on fît passer tout le *d'Assas* sur la *Zénobie*. Mais comme c'est ce qu'il y a de plus simple et de plus rationnel, je crains qu'on ne le fasse pas. Si je suis obligé d'aller à Rochefort, je serai à Paris à la fin de la semaine.

L'évêque d'Evreux arrive ici jeudi, il vient chez les Gamot (1). Je le recevrai avec d'immenses honneurs, coups de canon, garde, etc.

Je suis allé visiter les bâtiments qui partent pour la Chine. La *Dryade* est déjà partie hier, commandée par un de mes amis, Sedaiges. Elle est de beaucoup la mieux installée. On a suspendu hier soir le départ des autres parce qu'un aide de camp de l'Empereur, M. le colonel de Castelnau, arrive ce soir. Plusieurs officiers ont fait des réclamations sur leur installation à bord et, dans certains cas, avec raison ; il y a bien quelque chose à faire, mais on ne le fera pas. Le ministre donne des ordres absurdes, stupides ; c'est toujours la même chose. Il est contraint à cette expédition et il ne veut pas faire ce qu'il faut pour la faire réussir ; c'est vraiment démontant de voir une semblable manière de faire. Il y a réellement, de la part des officiers de marine, beaucoup de bon vouloir ; ce n'est pas à eux que cela tient, mais on sent que la direction supérieure est mauvaise. Si tu en as l'occasion, dis cela au prince Napoléon.

(1) M. Gamot, receveur général à Evreux, puis à Marseille, était neveu du maréchal Ney. — L'évêque d'Evreux récemment nommé était Mgr Devoucoux.

120

Toulon, 7 décembre 1859.

CHÈRE ENFANT,

Je vais à Rochefort avec tout mon monde : huit maîtres
et quatre domestiques. Sous ce rapport, cela me va assez.
Mais mon bazar ! Je viens d'écrire par le télégraphe au
ministre pour lui demander si je dois l'emporter en entier
avec moi ou si la *Zénobie* passera à Toulon. J'attends sa
réponse. Si je suis obligé de tout emporter avec moi, je
n'aurai pas moins de trente-cinq caisses. J'ai six cent
soixante-quinze bouteilles de vin !

Quoique la route officielle pour Rochefort passe à
Bordeaux, je passerai naturellement par Paris, où je resterai deux ou trois jours, mais je ne veux y voir personne,
si ce n'est le Prince et la Princesse. Aussi ne dis à personne que je viens. Je voudrais, quand je serai à Paris,
te faire connaître toute ma suite, qui se compose de :
Jonquières, Morier, lieutenant de vaisseau, second du
d'Assas, que j'emmène ; l'abbé Métairie, mon aumônier,
Delacoux, commissaire de division, Eugène Martel, mon
secrétaire, Fleuriais, élève de la majorité. Avec Paulin et
moi, cela fait huit.

Je suis allé voir le général Montauban (1), qui part aujourd'hui pour Paris. Il m'a l'air aussi ignorant des affaires de Chine que les grenouilles de la mare Rouland (2).

____

(1) Le général Cousin-Montauban, comte de Palikao (1796-1878), colonel
en 1845, après s'être distingué en Afrique, brigadier en 1851, divisionnaire
en 1855, commande l'expédition de Chine en 1860, bat le 21 septembre, à
Palikao, l'armée chinoise de Chang-Kao-Li et entre à Pékin. Sénateur
(1861), ministre de la guerre et président du Conseil en août 1870.
(2) Mare près de Cracouville.

Il a pour aide de camp maritime Pina, lieutenant de vaisseau, beau-frère de Rostaing. J'ai vu Charlemagne. Adieu, il faut que j'aille au télégraphe.

121

En rade de l'île d'Aix, 30 décembre 1859.

CHÈRE ENFANT,

Il est impossible d'avoir plus de tribulations que je n'en ai. Il fait une série de temps épouvantables. Je ne peux rien terminer. Il a fallu que je me fâchasse tout rouge avec le préfet pour avoir des vivres. Je lui ai dépêché Jonquières par un temps affreux, sans quoi nous n'avions absolument rien à manger. Il eût fallu envoyer, au risque de les faire se noyer en route, les hommes se répandre dans la campagne pour vivre. Jonquières est encore à Rochefort ; je pense qu'il reviendra aujourd'hui, le temps s'améliorant un peu.

Rien n'est ennuyeux comme cette rade de l'île d'Aix. Je fais les installations intérieures du bâtiment. Mais rien ne peut se faire en dehors.

Je regrette bien de ne pas avoir été au petit réveillon de Noël. Je ne le pouvais absolument pas, et si j'étais resté à Paris, j'eusse été très inquiet, en voyant tous ces mauvais temps, de savoir la frégate sur cette mauvaise rade de l'île d'Aix, ne connaissant pas encore assez mon second pour mesurer le degré de confiance que je puis avoir en lui.

J'ai lu *Le Père prodigue ;* cela peut être joli sur la scène, mais à lire, c'est odieux et invraisemblable. Le père n'est pas plus croyable que le fils et réciproquement, et on ne voit de ces situations-là que dans le monde de réprouvés où vit l'auteur (1). C'est d'ailleurs absolument son histoire et celle de son père qu'il a écrites là.

Adieu, chère enfant, je t'embrasse bien tendrement ainsi que Babé. Offre mes vœux de nouvel an à la Princesse; je ne crois pas qu'il faille lui écrire pour le nouvel an, elle doit être assez accablée d'ennuis ce jour-là.

122

En rade de l'île d'Aix, 31 décembre 1859.

CHÈRE ENFANT,

J'ai reçu le règlement que tu m'as envoyé, je n'y vois guère rien de nouveau, ni rien d'extraordinaire. C'est bien le quatrième, je crois, que le Prince fait depuis dix mois. Lui qui crie tant contre les règlements! Mais il est comme cela; et tout le monde est un peu comme cela.

Je ne crois pas au grand amiralat (2). Il n'est que dans l'esprit de l'entourage et surtout de Dubuisson. Ce serait, sous tous les rapports, une grande faute en ce moment-ci.

123

Messine, à bord de la *Zénobie*, 24 janvier 1860.

CHÈRE ENFANT,

Tu sais que je suis parti de Rochefort le 10. J'ai eu une magnifique traversée, des temps superbes, et j'ai fait une moyenne de 50 lieues par jour, quoique n'ayant marché que cinq jours à la vapeur.

(1) Alexandre Dumas fils.
(2) Allusion à la velléité du prince Napoléon de se faire nommer grand amiral.

Nous avons mouillé ici hier, à 7 heures du soir. A peine étions-nous au mouillage qu'un coup de vent s'est déclaré et nous avons été jetés au fond du port. Nous nous en sommes retirés de suite. Une corvette anglaise s'est trouvée en même temps que nous dans la même position ; elle n'a pu s'en tirer que ce matin avec notre aide. Nous avons ainsi pratiqué l'entente cordiale.

Je vais engager ici quatre ou cinq musiciens pour avoir une simple musique de chambre à cordes. Il ne m'en revient pas, n'étant que capitaine de vaisseau, mais par diverses combinaisons je trouverai moyen de les entretenir aux frais du bord ; le tout est de les choisir bons. Je partirai quand le coup de vent aura diminué. Je pense que ce sera demain soir ou après-demain matin et il est probable que je serai au Pirée avant dimanche.

Je vois par le sommaire des journaux que l'Empereur revient à résipiscence pour le Pape. Il est évident qu'il y a là quelque chose à faire, mais c'est bien dangereux de toucher au Pape ! A la suite de tout cela, pour faire diversion, je vois bien que les affaires d'Orient renaîtront. Ce dont il faut se féliciter, c'est du nouveau replâtrage avec l'Angleterre. Il faut bien le reconnaître, quelque dur que ce soit : il n'y a d'existence possible que par l'alliance anglo-française, j'en deviens de jour en jour plus convaincu

124

Zénobie, Athènes, 3 février 1860.

CHÈRE ENFANT,

J'ai eu hier au palais, où j'ai dîné, une conversation si extraordinaire et si intéressante avec la Reine (1) que j'ai passé une partie de la nuit à l'écrire au Prince pour qu'il la communique à l'Empereur. Je lui écris huit énormes pages de grand papier. S'il ne te parle pas de cette lettre, ne lui en parle pas ; dis-lui seulement que LL. MM. et les autorités grecques m'ont fait un accueil différent et bien autrement empressé que celui qui a été fait à mes prédécesseurs, ainsi que le constatent les archives ; et que ce n'est ni à ma personne ni à mon grade que cet empressement s'adressait, mais au subordonné de l'Empereur. Il y a un grand bal lundi à la cour. J'ai hâte d'y revoir la Reine. J'ai trouvé ici mon ami de trente ans, Montour (2) ; il me rend de grands services.

(1) Amélie d'Oldenbourg, épouse d'Othon, second fils du roi Louis I⁵ᵉ de Bavière, né en 1815, mort en 1867 ; appelé au trône de Grèce par la conférence de Londres de 1832, déposé le 24 octobre 1862. La reine était aussi intelligente que le roi était borné.

(2) Lebeau de Montour, alors capitaine de frégate.

125

A sa fille.

Zénobie, Pirée, 3 février 1860.

Ma Chère petite Fille,

Je suis parti de Messine le vendredi 27 et suis arrivé à Athènes le lundi matin 30, à 7 heures et demie du matin, après une traversée facile. J'aurai ainsi fait les 860 lieues marines, c'est-à-dire les 4.778 kilomètres, qui séparent Rochefort d'Athènes en dix-sept jours de mer avec un temps toujours beau ; il y a eu un coup de vent dans l'intervalle, mais j'ai eu l'esprit de me trouver pendant ce temps-là à Messine.

Je suis donc arrivé à Athènes le 30 ; j'étais très fatigué ; j'avais passé presque toute la nuit sur le pont. A 8 heures du soir m'arrive une invitation pour le soir même à un petit bal de la Cour. Je me suis mis en grande tenue et, emmenant Montesquiou, je suis allé au bal où j'étais à 10 heures, malgré une pluie à verse. Le Roi et la Reine m'ont fait un accueil très distingué et ont beaucoup paru se rappeler de moi. Ils se rappelaient très certainement beaucoup d'incidents survenus pendant que j'étais ici avec l'amiral de la Susse, et notamment d'un spectacle et d'un bal qui leur furent donnés à bord de l'*Inflexible* en 1842. J'ai retrouvé au bal bien peu de mes anciennes connaissances. Tout cela a bien changé. La ville n'est plus reconnaissable. Ce pays-là est évidemment en progrès.

La Reine m'a beaucoup questionné sur la Princesse, et le Roi sur toutes sortes de balivernes. Il est im-

possible d'être plus laid et plus bête, si on peut dire cela
d'un roi. La Reine n'est plus cette admirable personne
que j'avais connue il y a vingt ans, mais elle n'est pas
aussi grossie qu'on le dit. Elle a seulement un peu
d'embonpoint, mais toujours une jolie taille ; elle est
malheureusement couperosée, ce qui, je crois, la contra-
rie excessivement.

J'étais de retour à bord à 2 heures du matin. Hier
soir je suis allé dîner chez la Reine avec Montour, Jonquières et Montesquiou. J'étais à table à droite de la
Reine et j'avais à ma droite Mme la baronne de Pluskau,
la princesse d'Essling (1) d'ici. J'ai eu avec la Reine les
conversations les plus intéressantes. les plus saisissantes.
Ni elle ni moi n'avons mangé. A 11 heures j'étais
de retour à bord. Bourée (2) était arrivé dans l'intervalle
sur le paquebot. Je vais aller à Athènes le voir. Adieu,
chère petite fille, je t'embrasse bien tendrement.

126

A la baronne de la Roncière Le Noury.

Zénobie, Athènes. 2 mars 1860.

Chère Enfant,

J'ai fait, dans ces derniers temps-ci, une vie de polichi-
nelle. Elle a cessé avec le carnaval. La première semaine
de carême est observée par les Grecs aussi strictement

(1) Grande Maîtresse de la Maison de l'Impératrice.
(2) M. Bourée (1811-1886) arrivait en Grèce, où il remplaçait comme ministre de France M. de Montherot. Consul à Beyrouth en 1840, ministre
en Chine (1852), en Perse (1855), en Grèce (1860), en Portugal (1864), ambassadeur à Constantinople (1886). Sénateur en 1870. Se retire après le 4 septembre.

que la dernière ; de sorte que toute cette semaine-ci je n'ai
vu et ne verrai personne, et pendant le carême j'irai
quelquefois, le soir. à Athènes, mais pas souvent. Il y a
des soirées musicales presque exclusivement et tu sais
que je n'aime guère la musique de salon. On me fait ici
des masses de politesses. Lundi prochain et jeudi prochain je donne un dîner de dix-huit personnes, ce qui
fait douze invités à chaque, étant déjà six à poste fixe à
table.

Lundi, j'ai eu M. et Mme Zaïmis (1) (M. et Mme Thouvenel), M. et Mme Coundouriotis (M. et Mme Billault) (2).
M. et Mlle Wyse (Lord et Miss Cowley), M. et Mme Sca-
glia (M. et Mme Antonini), M. de Werthern (M. de Pourtalès), Eliot. premier secrétaire anglais, Montour et un
officier du bord

Jeudi j'ai Mme de Pluskau (Mme d'Essling), Mlle Car-
bouri (Mme de Saulcy ou toute autre), M. et Mme Heyden-
stanner (M. et Mme d'Adelsward), M., Mme et Mlle Bourée
et Albert Bourée ; le prince Morousi (Fleury), Miaoulis
(Hamelin). Il est marié à la sœur de Coundouriotis. mais
sa femme ne dit pas un mot de français ; j'affecte de ne
voir et de ne recevoir que ce qui parle français ;
Galliani (le nonce) — mais il est civil — Montour et un
officier.

Le dîner est pour 5 heures et demie. c'est-à dire 6 heures, je t'en enverrai un menu. J'ai un excellent cuisinier,

(1) Les noms entre parenthèses indiquent les personnes occupant des
situations analogues dans le gouvernement français et à la cour des Tuileries.

(2) Billault (1805-1863). député modéré en 1837, sous-secrétaire d'État dans
le cabinet Thiers en 1840, député de gauche à la Constituante, député de
Saint-Girons après le coup d'État Ministre de l'intérieur en 1854, sénateur
en décembre 1855, cède le ministère au général Espinasse en février 1858,
après l'attentat d'Orsini, ministre sans portefeuille en novembre 1860, défend les projets liberaux de l'Empereur. Ministre d'État en 1863, se retire
et meurt peu après.

mais qui a un caractère effroyable. Il ne parle que de
tuer les gens. Tout le monde en a peur à bord. J'ai encore un dîner à donner outre ces deux-là, et mon affaire
officielle sera faite. Je le donnerai probablement l'autre
semaine ; j'aurai alors les ministres de la Guerre et de la
Justice, les présidents du Sénat et de la Chambre des
députés, le premier secrétaire du Roi, le grand chambellan, les envoyés de Bavière et de Turquie et des comparses. Une fois cela fait, je pourrai aller partout sans
scrupules.

Tu remarqueras que dans ce monde-là il n'y a pas de
Russes. Le ministre de Russie, M. Oseroff, est en deuil,
et sa femme est absente. Je lui ai fait une première visite,
qu'il m'a rendue assez longtemps après ; je suis retourné
chez lui ensuite, mais nous ne nous sommes jamais ren-
contrés ; nous en sommes là. De plus, son premier secrétaire a la prétention que je lui fasse la première visite, ce
que je ne ferai pas. Je le rencontre tous les jours dans
le monde et il ne veut pas se faire présenter à moi, ce qui
m'amuse. Ensuite, je me suis prononcé ici très nettement
au sujet de l'alliance de la Russie et de la Grèce, que je
qualifie de stérile et inintelligente. La reine se défend
beaucoup de cette alliance ; mais c'est là, au fond, que
sont ses sympathies.

Ils sont bêtes, ces gens-là ; s'ils s'étaient alliés carrément à nous, quel immense avenir ils auraient ! C'est
encore, néanmoins, le royaume d'Europe qui a le plus
d'avenir ; non par les souverains, ils n'ont pas d'enfants,
ce sont des passagers, que l'on tolère. Mais il y a dans ce
pays-ci un ressort énorme, c'est le patriotisme. Ils en sont
ridicules ; mais c'est une bien grande force.

Je n'ai encore ici aucune maison où j'aille de préférence,
ce que nous appelons, en terme de marine, une case. Au

Pirée, il n'y a que deux maisons à voir : celle du fournisseur, Feraldi, qui est en même temps consul de je ne sais
plus quel pays, qui reçoit assez souvent, dont la femme est
Française et bien ; et puis, Mme Castel, femme de l'agent
des paquebots. C'est une petite femme un peu préten-
tieuse, mais bien élevée. Il n'y a au Pirée que ces deux
Françaises et, comme d'habitude, elles étaient brouillées.
Je ne pouvais tolérer cette situation et Montour et moi
avons opéré la réconciliation dans un dîner qu'a donné
Montour, où il n'y avait que les deux maris et les deux
femmes. Dans cette réconciliation, Mme Feraldi a été
mieux que Mme Castel. Nous verrons ce que cela durera.
Cela nous a beaucoup ennuyés, Montour et moi.

Il est pour moi une immense ressource. C'est un ami de
trente ans, d'un caractère très agréable. Jonquières en est
très jaloux.

Ce qui me manque énormément, c'est une musique. Il
ne m'en revient pas. Il n'en revient qu'aux amiraux.
Mais comme il y avait toujours ici des amiraux, on était
habitué à voir cette musique à bord de la frégate française.
Si j'avais demandé à M. Hamelin, peut-être me l'aurait-il
accordée. Mais il est trop tard maintenant. C'est égal, je
ferai assez de bruit ici sans musique. D'abord, je tire un
coup de canon, tous les matins à 4 heures, ce qui réveille
régulièrement tous les habitants du Pirée.

127

Zénobie, Athènes, 3o mars 186o.

Chère Enfant,

Il m'arrive de singulières choses. Le roi et la reine
m'ont pris en adoration. Ils veulent que j'aille souvent, au

moins une fois par semaine, causer sans témoins avec eux, à leur ferme (1), à deux lieues au-delà d'Athènes. J'ai eu lundi, avec eux, la conversation la plus intéressante et la plus singulière. Elle a duré une heure et demie et n'a été interrompue que par la nuit ; et, pour la première fois, les souverains ne sont pas rentrés à l'heure pour dîner. Ils étaient en retard de trois quarts d'heure. Je ne sais ce que dira Bourée de tout cela, mais je m'en soucie peu. J'écris le tout très en détail au Prince. Je ne sais s'il le montrera à l'Empereur. Cela en vaut la peine.

128

Zénobie, Athènes, 13 avril 1860.

CHÈRE ENFANT,

J'arrive d'une nouvelle excursion que je viens de faire sur les côtes de l'Attique et en Eubée. J'avais emmené avec moi le ministre de Prusse, le ministre de Bavière et le chargé d'affaires d'Autriche, les trois puissances allemandes qui détestent la France. Tous trois sont des hommes parfaitement bien, fort instruits et de charmants convives. Le ministre de Prusse, le baron de Werthern, est ami de M. de Pourtalès et parent des Waldner : le ministre de Bavière est le comte de Hompesch, de ia famille du dernier grand-maître de Malte (celui qui remit l'île aux Français en 1798) ; le chargé d'affaires d'Autriche est le chevalier de Haymerlé, qui a été longtemps à Constantinople ; homme d'une profonde instruction et qui contraste singulièrement avec nos secrétaires d'ambassade qui sont tous d'une telle ignorance. J'ai eu ces messieurs

(1) Domaine de Tatoï devenu résidence d'été des souverains grecs.

à bord pendant trois jours qui ont été très agréables pour
moi, sauf la fatigue.

J'ai voulu dans ce court espace leur faire voir le plus
de choses possible. Nous avons visité Egine, Mégare,
Marathon, Rhamnonte, Chalcis, Zéa, et le cap Sunium. De
plus j'ai fait, pendant cette excursion, un grand exercice
de canon à feu. Au cap Sunium nous avons eu fort mauvais temps, et pour rejoindre la frégate nous avons dû
faire une rude course en canot. Il eût été désagréable de
noyer un de ces Allemands. Ici on ne comprend pas pourquoi j'ai choisi, pour faire une si jolie excursion, qui fait
ici l'ambition de tout le monde, les trois personnages qui
sont ou plutôt qui passent pour être le plus nos ennemis ;
mais j'aime à faire des choses que les autres ne comprennent pas.

J'envoie au prince Napoléon le dessin d'une statue à
vendre à Santorin, mais dont on demande 20.000 francs.
C'est exorbitant J'irai un peu plus tard la voir.

J'attends ici le passage de M. de Lavalette (1), mais je ne
sais encore rien de positif sur l'époque. Je partirai ensuite pour plusieurs tournées dont je n'ai pas encore
arrêté le programme. J'emmènerai avec moi et à chaque
tournée diverses personnes dont je n'ai pas encore arrêté
la liste. C'est un moyen de faire, à très bon marché. une
immense politesse ; car c'est ce qu'il y a de plus recherché
ici, parce qu'on ne peut pas le faire souvent. Les seules
gens que je n'emmènerai probablement pas, ce sont des
Anglais. Je les déteste de plus en plus.

L'affaire du prince Napoléon, dans le dix-septième vo-

(1) Marquis de Lavalette (1806-1881). Ambassadeur à Constantinople
(1851-1853), puis en 1860, puis à Rome (1861-1862). Ministre de l'Intérieur
(1865-1867), gère les Affaires étrangères par intérim. Membre du Conseil
privé, ministre des Affaires étrangères (1868 à juillet 1869), ambassadeur à
Londres de 1869 à janvier 1870.

lume de Thiers, me paraît grave. J'ai lu la lettre Paterson (1). D'après cette lettre, Paterson est dans son droit. Mais cela ne suffit pas ; nous ne savons pas tout. Ce serait, je crois, une faute de l'Empereur d'admettre cette réclamation et de déférer la chose aux tribunaux, car ceux ci condamneraient le Prince indubitablement ; en droit civil il a tort, et de plus il a eu le talent de se faire tant d'ennemis qu'il faut qu'il ne compte sur la bienveillance de personne. Ne pas arrêter tout cela serait jeter de la déconsidération sur la dynastie.

(1) Jérôme-Bonaparte Paterson, fils du prince Jérôme et de M᎐ᵉ Elisabeth Paterson, de Baltimore (Etats-Unis), venait une fois de plus, à l'occasion d'une interprétation du testament du cardinal Fesch, d'élever la prétention d'appartenir civilement et légalement à la famille Bonaparte. (Voir Thiers, *Consulat et Empire*, tome VIII, p. 28, et tome XVII, p. 903 et suivantes.)

VI

SYRIE

Au début de 1860, les événements vont mettre la question d'Orient au premier plan de l'actualité. Les Druses du Liban attaquent les Maronites, protégés traditionnels de la France. Une intervention aussi prompte qu'énergique s'impose pour arrêter les massacres. Telle est la lourde tâche qui incombe au chef de la division navale du Levant.

Rarement mission fut plus difficile. Il s'agit, avec quelques bateaux, sans forces sérieuses de débarquement, d'en imposer à des fanatiques surexcités par des irresponsables, encouragés par des intrigues internationales. La moindre imprudence commise sur la côte peut faire couler des torrents de sang à l'intérieur. Il faut être ferme et prudent. C'est exactement le programme que s'est tracé et qu'a su réaliser le capitaine de vaisseau de La Roncière. Les lettres qu'il écrit à sa femme dans ces heures troubles ne sont pas seulement très émouvantes. Elles projettent une lumière nouvelle sur les dessous d'un des plus tristes épisodes de la rivalité des grandes puissances.

L'action vigoureuse de Napoléon III règle l'affaire. Une expédition française est décidée. Pour l'appuyer, une partie de l'escadre de la Méditerranée se rend en Orient sous les ordres du contre-amiral Jehenne. La Roncière voit son rôle terminé au moment de recueillir les fruits de sa garde vigilante. Il n'était pas homme à ne pas réagir contre cette nouvelle trahison de la Fortune. La déception est brève. Bien vite elle disparaît devant l'intérêt d'une nouvelle mission à accomplir à Constantinople auprès du marquis de Lavalette. L'exposé de la situation de la capitale turque, quatre années seulement après la victoire de la guerre de Crimée, prend une allure presque prophétique.

129

A la baronne de La Roncière Le Noury.

Zénobie, Beyrouth, le 5 juillet 1860 (1).

CHÈRE ENFANT,

La situation s'améliore et c'est pour moi un immense
repos d'esprit. Ma santé allait tout de travers par suite
de mes tristes préoccupations. Je me sens aujourd'hui
tout raccommodé. Les misères sont bien loin d'être finies,
mais au moins il faut espérer qu'il ne s'en créera plus de
nouvelles. Les Sœurs de Saint-Vincent de Paul, unies
aux Lazaristes, et les établissements des Jésuites font
de grands sacrifices ; les Sœurs sont admirables de soins.
Je leur viens en aide de mon mieux. Mais ces établissements, auxquels se joint le consulat de France, ne peuvent pas, en somme, faire vivre plus de deux à trois
mille personnes. Il y en a au moins vingt mille dépour-
vues de tout absolument, qui ont échappé au massacre
et qui, en outre, ont été pillées dans leur fuite vers le bord
de la mer à la recherche d'un pavillon français.

La plupart de ces malheureux sont des familles dont
les chefs ont été tués, et où il ne reste que les femmes et
les enfants, les vieillards et les infirmes, les malades et
les nombreux blessés. Ils se sont en grande partie réunis
à Djouni, à 4 lieues d'ici, et j'ai fait connaître ma détermination formelle de les préserver d'un massacre. Je
tiens un bâtiment en station sur ce point et je suis certain

(1) Sur la *Zénobie*, le commandant de La Roncière s'est rendu à Beyrouth dès le commencement des troubles de Syrie.

qu'il suffira qu'on sache que je les défendrai, pour qu'on
ne les attaque pas. C'est ce qui est arrivé à Saïda (1) ;
mais ce qui me préoccupe pour ces malheureux réfugiés
de Djouni, c'est qu'ils vont mourir de faim.

Je me suis tout à fait fâché avec le patriarche maronite
qui habite tout près de Djouni, parce qu'il ne veut pas
forcer les couvents, qui sont riches, à faire quelques
sacrifices pour nourrir les réfugiés. Les moines sont partout les mêmes. Le patriarche, lui, fait tout ce qu'il peut
par lui-même, mais, comme ce sont les évêques et les
couvents qui l'ont nommé, il n'ose rien leur dire. Je m'en
irrite. C'est une infamie. Ah ! il y a bien à dire contre
ces pauvres chrétiens, et ce qui leur arrive aujourd'hui,
ils l'ont bien voulu. Ils sont incapables de s'organiser,
ils ne veulent obéir à personne des leurs, même au fort du
danger. Enfin ce qui est fait est fait. Nous ne devons
plus voir ici que des malheureux.

Je ne sais pas combien de temps je resterai encore sur
cette triste côte. Je ne vois et ne veux voir personne. Ma
seule consolation, c'est que j'y rends quelques services
et que j'éprouve une certaine satisfaction d'amour-propre
de voir qu'on n'a ici confiance que dans la France, et,
plus particulièrement, en moi seul.

Je suis bien pressé de connaître l'impression que tous
ces événements feront en Europe. Je crains bien que le
ministère anglais n'y saute. Au moment même où avaient
lieu les premiers désastres de Saïda, lord John Russel (2)

(1) Saïda, l'ancienne Sidon, à une trentaine de kilomètres au sud de
Beyrouth.
(2) Lord John Russel (1792-1878), célèbre homme d'État anglais, auteur de
la réforme parlementaire de 1832, leader du parti libéral. Premier ministre de 1846 à 1852, rentré au pouvoir presque immédiatement comme ministre des Affaires étrangères. Ministre des Colonies en 1855. Ministre des
Affaires étrangères en 1860. Soutient la révolution italienne. Premier
ministre en 1865, travaille à la réforme électorale, tombe en 1866.

disait en plein Parlement que les rapports de tous ses agents dans le Levant s'accordaient à représenter la situation des chrétiens en Orient comme de plus en plus satisfaisante !

Je demande au Ministre deux bâtiments de plus. J'en ai besoin pour contenir les Turcs des villes du littoral et rassurer les habitants. Ce bon Ministre, j'en suis sûr, ne me les enverra pas. On dit ici que l'escadre de l'amiral de Tinan (1) va venir. Je ne le crois pas. Elle ne servirait à rien ici. Ce sont des petits bâtiments qu'il faut.

C'est une chose curieuse que cette entrevue de Bade (2). Nous verrons ce qui en sortira. Les Anglais doivent être furieux. Tant mieux.

Adieu, chère enfant, je t'embrasse et Babé.

130

Zénobie, Beyrouth, le 7 juillet 1860.

CHÈRE ENFANT,

Il ne s'est rien produit de nouveau depuis avant-hier. Nous commençons à respirer comme politique, mais non comme charité. Il arrive tous les jours des réfugiés qui ont eu des peines infinies à parvenir au bord de la mer. C'est à Saïda qu'ils vont de préférence, parce que, là, ils

(1) L'amiral Le Barbier de Tinan prend part comme enseigne de vaisseau à l'expédition d'Espagne (1823). Contre-amiral en 1851, commande la station navale d'Orient au début de la guerre de Crimée, contribue au débarquement de Gallipoli, bloque les côtes de Grèce. Vice-amiral en 1855, commande en 1860 l'escadre de la Méditerranée, fait accepter par le roi de Naples François II l'armistice proposé par le gouvernement français lors de l'expédition des Mille (Garibaldi en Sicile), conduit la flotte sur les côtes de Syrie, lors des troubles de 1861. Membre du Conseil d'amirauté.

(2) Entrevue de Bade entre l'Empereur et les princes allemands (16-17 juin 1860).

ont un refuge sûr, et la nourriture dans le khan français.
Mais cela ne peut durer ainsi. Les hostilités étant terminées, les assassinats vont diminuer, et il faudra bien
que la plupart des familles retournent chez elles. Nous
allons tâcher de les amener petit à petit à cette détermination.

Ce qu'il y a de fâcheux, c'est que l'autorité turque, qui
est l'autorité légale, au lieu de nous aider en cela, nous
contrariera comme en tout; et il en résulte que ces
malheureux réfugiés ont une peur effroyable d'elle. Ils
sont convaincus que les Turcs veulent les exterminer.
Je ne le crois pas; mais ils leur feront bien certainement
toutes les avanies possibles. Un village chrétien entier,
de religion grecque orthodoxe, vient de se faire musulman. Il y a quelques exemples, mais très peu nombreux,
de catholiques qui se soient faits musulmans.

Beaucoup de femmes ont été enlevées et mises dans des
harems. On en a vendu plusieurs à Damas. A Saïda
même, je suis informé que des officiers turcs en gar-
dent chez eux. Il y en a dont les parents sont au khan,
mais je ne veux pas qu'on les réclame; cela ferait une
grosse affaire. Il y en a, de ces jeunes filles, qui se sont
échappées, et se sont réfugiées au khan. Les Turcs ou les
Druses qui les avaient sont venus les réclamer, on ne les
a pas écoutés et on ne les a pas même laissés entrer. Tout
ce qui est sous le pavillon français est sacré. J'ai là, à
Saïda, un officier très solide, le capitaine de la *Sentinelle*,
Krantz (1), auquel j'ai donné les instructions les plus péremptoires à ce sujet. J'ai pris la haute main dans toute

---

(1) Krantz, né en 1831, commande le fort d'Ivry au siège de Paris Contre-amiral en 1871, vice-amiral, ministre de la Marine dans le cabinet
Tirard (janvier 1888), le cabinet Floquet (avril 1888-février 1889) et le second cabinet Tirard (mars à novembre 1889).

cette affaire. Il ne s'agit pas là de diplomatie ; il faut montrer de la force. Les consuls n'ont rien à faire là.

J'espère bien qu'une grande souscription va s'ouvrir en Europe pour les chrétiens du Liban. Il y a au khan de Saïda quarante et un enfants de trois à dix ans qui sont arrivés là on ne sait comment lors du massacre général qui a eu lieu autour de la ville, et dont les parents ont été alors tués, très probablement. Les Sœurs de Saint-Joseph, qui sont au nombre de quatre dans le khan, les ont gardés jusqu'à présent ; j'en prendrai peut-être un à bord, je le ferai instruire par l'abbé dans la religion catholique.

Tous ces catholiques du Liban dont on fait tant de bruit sont aussi ignorants que possible dans leur religion. Leurs prêtres peuvent se marier, excepté ceux qui vivent dans les couvents. Ceux mariés ne peuvent pas devenir évêques. Ces prêtres sont d'une ignorance qu'on ne peut imaginer. La messe se dit encore dans l'ancienne langue syriaque, qu'ils ne comprennent pas. Plus je vais, plus je cours le monde, plus je suis convaincu qu'il n'y a qu'un véritable clergé, celui de France. Il est singulier, et c'est là un des contrastes de la nature, qu'en présence d'une telle persécution, ces Maronites, qui ne sont catholiques que de nom, qui ignorent les éléments même de la religion, ne se convertissent pas à l'islamisme.

Tu ne m'as pas parlé de ma lettre à la Princesse pour sa fête. Je ne crois pas, de mon côté, t'avoir parlé du comte de Paris et du duc de Chartres, qui ont passé ici il y a trois semaines, venant de Jérusalem et allant à Smyrne. Ils sont restés trois jours ici. Montesquiou les connaît. Il a fait la bêtise de me demander officiellement s'il pouvait aller dîner avec eux. J'ai dû lui dire que non, qu'étant officiellement mon aide de camp, ce n'était pas possible.

Je lui ai fait savoir ensuite par Jonquières que, s'il ne m'avait pas parlé, j'aurais fait absolument comme si je ne savais pas ; que j'avais été informé qu'il était allé les voir à leur arrivée la veille, et que je n'avais rien dit, qu'en somme il pouvait voir les Princes tant qu'il voudrait à condition que je n'en sois pas informé officiellement ; mais que, s'il me le demandait comme affaire de service, je ne pouvais pas l'autoriser. En somme je lui ai dit que, s'il les voyait *sans que je le sache*, il leur présentât mes respects. Ils demeuraient ici chez Perthuis, qui était aide de camp de La Susse avec moi sur le *Gomer* en 1844 et qui est fils d'un officier d'ordonnance de Louis-Philippe.

Perthuis, qui a donné sa démission de lieutenant de vaisseau en 1852, a été nommé agent des paquebots des Messageries impériales ici. En même temps il s'est mis à la tête de la construction d'une route d'ici à Damas, route dont tout le monde est actionnaire. y compris Bentivoglio (1), ce que je n'aime pas. Cette route est à moitié faite ; la guerre a interrompu les travaux ; elle a été une des causes de la guerre. Les peuples non civilisés ne veulent pas de routes. La route représente la facilité des communications, la circulation du gendarme, la collection plus facile de l'impôt, l'anéantissement de certaines industries et la création d'industries perfectionnées, la civilisation enfin. Les Druses ne veulent pas de cela. Les Turcs eux-mêmes n'en veulent pas. Sans route on pêche plus en eau trouble ; et tous les fonctionnaires turcs ici sont d'effroyables concussionnaires.

(1) Bentivoglio, consul général de France à Beyrouth.

131

Zénobie, Beyrouth, le 11 juillet 1860.

CHÈRE ENFANT,

J'expédie l'*Éclaireur* à Smyrne porter de tristes nouvelles. Le massacre des chrétiens a commencé à Damas avant-hier. Je ne sais où cela s'arrêtera. La tranquillité paraissait s'être rétablie depuis quelques jours et *on allait signer la paix entre les Druses et les Maronites lorsque nous avons appris les malheureux événements de Damas.* Il est probable que les mêmes événements vont se produire à Alep, à Homs, à Nazareth, etc., peut-être même jusqu'à Jérusalem. Ce matin sont arrivés un vaisseau et deux frégates turques apportant 2.800 hommes de troupe. L'autorité dispose ainsi ici de 6.000 hommes. Si l'ordre est troublé à Beyrouth, c'est qu'elle le voudra. Mais à Damas nous sommes informés qu'elle est restée inactive, et que les soldats turcs prennent part au pillage.

A 11 heures du soir, avant-hier, date des dernières nouvelles, on estimait que 500 hommes avaient déjà été massacrés. On ne tue pas les femmes, on enlève et on prend pour les harems turcs toutes celles qui en valent la peine.

Il paraît que les consulats de France, de Russie et de Grèce sont brûlés. Les trois consuls sont réfugiés chez Abd-el-Kader, qui fait ce qu'il peut pour sauver les chrétiens, mais, dit la lettre de l'agent qui annonce ces faits, ce qu'il peut aujourd'hui, le pourra-t-il demain? Dès qu'une maison est saccagée, on la brûle. Je ne sais comment tout cela finira. Les Anglais jouent ici un singulier jeu, que nous ne pénétrons pas encore. Il est évident que, s'ils ne sont pas contre les chrétiens, ils sont pour les Turcs. Le jeu des Russes n'est pas très clair non plus.

Malgré toute l'effervescence qui règne ici, je ne crains pas beaucoup pour la ville de Beyrouth. Ma présence et mon attitude de sécurité, la manière nette dont je traite les Turcs, contient tout le monde ; mais en réalité je suis impuissant à empêcher effectivement le massacre des chrétiens. Il faudra que je me borne à sauver les nationaux et les protégés. Il me faudrait des bâtiments ; je n'en ai pas assez ; j'en demande. Je prends d'ailleurs des mesures pour toutes les éventualités. Tu peux être sûre que je ferai les choses carrément. Les circonstances pourront me tromper, je pourrai être desservi parce qu'on cherche à se disculper, et il y a bien des gens qui cherchent à se disculper, mais peu m'importe ; je ferai ce qu'il faut faire. J'envoie une dépêche télégraphique chiffrée à Paris ; elle partira de Chio ou de Smyrne. En somme, je suis bien préoccupé de ces si graves événements, et ce qui m'en préoccupe davantage, c'est que le gouvernement français va être pris au dépourvu par toute cette affaire ; et avec l'extension qu'elle prend, il n'y a plus moyen de l'étouffer.

Je t'écris à bord de l'*Éclaireur* qui me porte à Djouni, où je vais à un rendez-vous que j'ai donné à Joseph Baïk Karan (principal chef maronite), dont je t'ai parlé. Je retourne de suite à Beyrouth d'où partira l'*Éclaireur* avec mes dépêches une heure après. On attend ici deux hauts fonctionnaires turcs, Vely pacha, que j'ai connu à Paris, et Namik pacha, ancien pacha de Djeddah, qui viennent pour arranger les choses et faire une enquête. Ils ne remettront pas les têtes qui ont été coupées. Quant à l'enquête, ce sera comme toutes les enquêtes. On

me dit que je dois être l'un des membres de la commission d'enquête. Il est probable que je refuserai. Je ne
veux pas m'associer à quelque chose qui n'aboutira à
rien. Nous verrons. On paraît avoir confiance en moi ici.
Il faut que je la justifie. Ce qui est certain, c'est que je
ne suis encore compromis en rien. J'ai montré les dents
pour Saïda, et on me craint. Adieu. chère enfant, montre
cette lettre au Prince. Le temps me manque pour lui
écrire.

132

Zénobie, Beyrouth, 14 juillet 1860.

CHÈRE ENFANT,

Je n'ai qu'un instant. J'envoie d'importantes dépêches
à Paris par une occasion. Le massacre des chrétiens de
Damas continue depuis trois jours. On est très inquiet
ici. On craint un massacre semblable. Je suis plus rassure
et j'affirmerais qu'il n'y aura rien ; mais la ville est dans
une panique. Je refuse toujours de recevoir les peureux à
bord ; pas même les malles chargées de valeurs. Si on
me voit avoir peur, tout est perdu. Mais j'ai un aplomb
imperturbable et une contenance qui contient tout le
monde. On crie contre moi beaucoup parce qu'on me
croit indifférent à cause de mon calme ; mais peu importe.

J'écris quelques mots au Prince pour la mort de son
père (1). que je viens d'apprendre. Adieu, le paquebot
part. Je t'embrasse et Babé.

(1) Le roi Jérôme, dernier frère de Napoléon Ier, né à Ajaccio en 1784
mort à Paris en 1860. prend part comme officier à l'expédition de Saint-
Domingue, se rend aux États-Unis en 1803, épouse Élisabeth Paterson, fille
d'un commerçant de Baltimore ; répudie le mariage en 1805, sur l'opposition de Napoléon. Roi de Westphalie en 1807, perd sa couronne en 1813,
vit à Trieste, Rome, Florence. Gouverneur des Invalides en 1848, maré-

133

Zénobie, Saïda, 19 juillet 1860.

CHÈRE ENFANT,

Voici bien autre chose. On vient d'envoyer à Beyrouth l'amiral Jehenne avec deux vaisseaux, et on me renvoie dans l'Archipel en me retirant deux de mes bâtiments, l'*Éclaireur* et la *Sentinelle*. Je comprends qu'on ait envoyé deux vaisseaux à Beyrouth en présence des événements qui se passaient ici. On eût pu se passer d'y envoyer un amiral, ce qui est très désagréable pour moi ; mais si on avait détaché ces deux vaisseaux de l'escadre sans y envoyer un amiral, les amiraux m'auraient lapidé ; de sorte qu'en fait. on ne pouvait guère faire autrement ; d'autant plus que l'amiral qui commande en chef l'escadre anglaise va venir aussi à Beyrouth. Néanmoins je crie comme un blaireau, et je me plains à Dieu et au diable. Je dois être drôle dans ce rôle-là. qui n'est pas dans mon caractère. J'ai quitté Beyrouth avant-hier dès que Jehenne est arrivé. Je suis venu à Saïda embarquer des sarcophages pour le Musée.

Les affaires sont d'ailleurs terminées ici. Fuad Pacha (1) est arrivé à Beyrouth muni de pouvoirs extraordinaires

chal de France en 1850. De son mariage avec Élisabeth Paterson il a eu un fils, Jérôme, né en 1805, qui a épousé en 1823 Miss Suzanne Gay, et est mort à Baltimore en 1870. De son mariage avec la princesse Catherine de Wurtemberg il a eu le prince Napoléon et la princesse Mathilde.

(1) Fuad Pacha (1814-1869), commissaire dans les principautés danubiennes (1848), envoyé extraordinaire en Russie (1849), ministre de l'Instruction publique (1852-1855). Ministre des Affaires étrangères, étouffe en 1854 l'insurrection grecque en Épire. Président du Tanzimat (1857), ministre des Affaires étrangères en 1858, assiste à la conférence de Paris (1860). Commissaire pour rétablir l'ordre en Syrie ; grand vizir (1860). Ministre des Finances (1862), des Affaires étrangères (1867-1868).

au moment même où Jehenne y arrivait. Il apporte de
l'argent pour payer les troupes. Tout s'apaisera vite ici.
Mais, sérieusement, il est bien fâcheux d'avoir passé ici
les mauvais jours et de n'être pas là pour la fin.

134

Zénobie, Smyrne, 7 août 1860.

CHÈRE ENFANT,

Je suis encore sous le coup de mon remplacement à
Beyrouth, et malgré l'agitation que je me donne, il me
faudra encore quelque temps pour m'en remettre. On
pouvait me grandir, on a préféré m'amoindrir. Enfin,
c'est un fait accompli.

Je viens d'arriver à Smyrne, ayant touché à Rhodes.
On m'avait dit à Alexandrie qu'une grande inquiétude
régnait sur divers points de l'Archipel; c'est ce qui
m'avait fait me hâter de venir ici. Par toutes les informations que je trouve ici, je vois que ces inquiétudes ne
sont guère sérieuses pour le moment, et je regrette de
m'être tant hâté. En passant à Rhodes, j'ai parlé très
sévèrement au Pacha, dont les consuls se plaignaient, et
j'ai invité le commandant d'une frégate autrichienne qui
passait là, allant à Beyrouth, à séjourner deux ou trois
jours, ne pouvant y rester moi-même. J'espère bien qu'il
n'y aura rien là.

Je ne suis plus au courant des affaires de Beyrouth.
Elles sont devenues faciles. Et ce qui me frappe le plus
dans mon remplacement, c'est que j'y ai passé les mauvais
jours, ceux où une grande responsabilité pesait sur moi,
et qu'ensuite, étant remplacé, le public ne voit là qu'un

blâme sur ma conduite. Et cependant, si j'avais à recommencer, je ne ferais que ce que j'ai fait.

Je sais que quelques personnes, et notamment en haut lieu, m'ont accusé de n'avoir pas de suite débarqué à Beyrouth, de n'avoir pas donné des armes aux chrétiens, de ne pas les avoir dirigés, etc. Or, en premier lieu, les instructions de M. de Lavalette me prescrivaient :

1º De m'entendre sur tous les points avec le consul général, lequel devait s'entendre avec ses collègues des grandes puissances ;

2º De m'abstenir soigneusement de tout acte qui pourrait porter ombrage aux autorités turques.

Ces instructions ne m'eussent point arrêté sans aucun doute cependant, si, d'une part, il y eût eu opportunité, et si, d'autre part, j'avais eu les moyens nécessaires. Voyons d'abord les moyens. Entre les quatre bâtiments que j'avais, c'est-à-dire la frégate et trois avisos, je pouvais mettre à terre 350 hommes, mais dont 250 seulement eussent eu des fusils. Pour les autres, je n'avais à leur donner que des sabres et des pistolets. En outre, malgré toutes mes instances, lors de mon armement à Rochefort, le ministre a refusé péremptoirement de me faire délivrer des armes de précision. En 1860, une frégate de commandant en chef n'ayant pas une seule arme de précision !

Qu'eussé-je pu faire à Beyrouth, avec 350 hommes, dans des rues tortueuses n'ayant pas deux mètres de large et une population de 60.000 hommes, dont les trois quarts hostiles ? Si j'avais subi le moindre échec, que devenait le prestige séculaire des armes européennes contre les Turcs, prestige qui fait qu'à Saïda, par exemple, j'ai contenu une population exaltée avec un bâtiment ayant 62 hommes d'équipage ?

Quant à l'opportunité, la ville même de Beyrouth ne

courait pas, dans mon appréciation, qui s'est trouvée juste, de danger assez immédiat pour justifier un débarquement. Le danger était dans la campagne, à plusieurs lieues dans l'intérieur. Fallait-il y aller avec mes 350 hommes ? C'est un non-sens. Et puis, en vertu de l'article 9 du traité du 30 mars 1856, toute intervention de cette nature m'était interdite et j'eusse pu ainsi, le Consul général de France étant opposé au débarquement, engager le gouvernement dans une affaire que je ne pouvais résoudre seul. Le débarquement était donc à la fois im_possible et inopportun.

Fallait-il donner mes 250 fusils aux chrétiens ? On en eût ri. Fallait-il leur donner des officiers ? Ils n'eussent pas été obéis. La population chrétienne est divisée à ce point qu'aucun chef n'a jamais pu réunir plus de 500 hommes. C'eût été risquer de faire tomber un autre prestige. M. de Lavalette a approuvé d'ailleurs mes déterminations au sujet de tout cela.

La ligne à suivre était celle que j'ai suivie : vivre de prestige. Il est incontestable que j'étais impuissant pour tout ce qui se passait à quelque distance du littoral : je n'avais donc à m'attacher principalement qu'à défendre le littoral depuis Tarsous jusqu'à Jaffa, une étendue de cent lieues environ. Il y a sur cette côte une douzaine de villes importantes dont les consuls réclamaient constamment l'envoi d'un bâtiment. J'ai suffi à cette protection, mais, eu égard aux faibles moyens dont je disposais, par l'assurance seule que je montrais et non pas par les forces que je pouvais déployer.

Pour te donner la mesure de l'assurance avec laquelle je parlais, je te copie ici entre autres les instructions que je donnais au capitaine de la *Sentinelle* en l'envoyant à Saïda. Je savais bien que, si les Turcs l'avaient osé, ils l'eussent pulvérisé, mais, par une contenance ferme, j'étais convaincu que les Turcs n'oseraient pas bouger. La première chose vis à-vis des Turcs, c'est de n'avoir pas l'air d'avoir peur, sinon on est perdu ; voilà vingt ans que je les connais.

Voici donc, comme exemple, ma lettre au capitaine de la *Sentinelle* :

« Monsieur le Capitaine, vous allez partir immédiatement pour Saïda, où je suis informé que notre agent consulaire conçoit des craintes sérieuses pour la sécurité du Khan français et celle des nombreux réfugiés qui s'y trouvent. A votre arrivée à Saïda, vous irez, après avoir communiqué avec M. Durighallo [l'agent consulaire], trouver le gouverneur de la ville et vous lui ferez part de mes craintes pour le Khan français. Vous lui demanderez s'il se croit en état de répondre de la sécurité de cet établissement. S'il n'en répond pas catégoriquement et que ses paroles justifient les soupçons que je conçois de sa conduite, vous l'informerez de ma détermination de défendre le Khan, puis d'intervenir dans ce qui se passera dans toute autre partie de la ville. Si donc le Khan est attaqué par qui que ce soit, je vous ordonne de le défendre par tous les moyens en votre pouvoir. Vous prendrez en même temps des mesures péremptoires pour me faire prévenir. Je ne pourrais souffrir que de malheureux réfugiés, la plupart femmes et enfants, qui ne sont pas des coupables, qui sont venus chercher un asile contre la mort à l'abri du pavillon français, dans une propriété du gouvernement français et dans l'habitation du représentant de l'Empereur des Français, soient exposés à des insultes, qui, dans la circonstance actuelle, ne seraient autres que des massacres. »

Je te donne cette lettre comme un échantillon de l'atti-

tude que j'avais prise là-bas. C'est en vertu de cette même
attitude, de l'apparence de tranquillité et de sécurité que je
devais emprunter quand je voyais tout le monde si démoralisé autour de moi, que j'ai refusé de recevoir à bord de
mes bâtiments les Européens qui voulaient s'y réfugier.
Les recevoir à bord était faire voir aux Turcs que j'avais
des inquiétudes ; et le jour où les Turcs m'auraient vu
inquiet pour les Européens, moi qui restais seul à n'avoir
pas peur et qui le montrais en me promenant seul en uniforme dans les bazars, ils eussent pris de leur côté une
assurance qu'ils n'avaient pas ; ils eussent alors donné
cours à leur profonde haine et à leur fanatisme. J'ai
même refusé de recevoir des caisses contenant des objets
précieux et les vases sacrés des églises. J'ai la conviction
que c'est à cette attitude qu'est due la sécurité relative
des villes du littoral. Si j'avais écouté tous les consuls,
qui voulaient toujours qu'on embarquât, je suis certain
que les Turcs eussent été bien autrement arrogants. Une
de mes difficultés était l'entente avec Bentivoglio. M. de
Lavalette me la recommandait spécialement et à ce point
qu'ayant cru comprendre dans une lettre que je lui écrivais que cette entente n'existait pas, il me répondait :
« Ce serait le plus grand malheur qui pourrait arriver. »
Mais cette entente a toujours été parfaite. Certainement,
je fais mes réserves pour divers actes ou abstentions de
Bentivoglio, mais ces actes ou ces abstentions avaient
lieu dans un ordre d'idées qui n'était que très subsidiai-
rement de mon ressort. Ainsi Bentivoglio, qui est bien un
peu, fort innocemment, un des fauteurs de la guerre et
qui le sentait, montrait vis-à-vis des Druses une trop
grande ardeur pour la paix et ne voulait pas admettre
qu'on en discutât les conditions. En même temps, il prétendait que les conditions d'une paix faite entre les

Druses et les Maronites étaient définitives et ne pouvaient
pas être changées à Constantinople. Il est impossible
d'admettre que des peuples ou plutôt des provinces d'un
Empire fassent entre elles des traités de paix sans que le
chef de l'Empire ait le droit de les modifier. Mais, au
résumé, Bentivoglio et moi, nous nous entendions d'autant
plus que, quand je voulais faire quelque chose que je
savais ne pas être de son avis, je ne lui en parlais pas,
comme par exemple de ma démonstration à Saïda. Il en
a été effaré. En somme, cependant, cela a réussi.

Les difficultés de Bentivoglio étaient surtout dans les
absurdes boutades du consul général d'Angleterre,
M. Moore. M. Moore, encore imbu des idées de 1840,
où les Anglais étaient les défenseurs des Druses, est
l'ami personnel de tous les chefs druses. Sa femme va
tous les étés passer plusieurs jours chez les femmes de
chacun de ces chefs.

Mme Moore, qui a aujourd'hui cinquante ans, est encore
belle et a été, en 1842, une des plus jolies femmes que
j'aie connues. C'est à elle que M. de Villèle, étant ministre, disait, lorsqu'un huissier annonçait chez lui :
« Mme Moore ! » : « Ce maladroit s'est trompé ; il eût dû
annoncer « la Moore ». Elle avait alors seize ans.

M. Moore donc, pour bien des raisons, est ami des
Druses. D'un autre côté, il doit être l'ami des Turcs
puisque son gouvernement proclamait assez haut jusqu'à
ces derniers jours l'intégrité de l'empire ottoman. Mais
il les déteste parce qu'il a eu maille à partir avec eux
pour des affaires de négociants. Enfin, il est profondément jaloux de l'influence de la France en Syrie, où, en
effet, toutes les réclamations et toutes les informations
concernant les chrétiens s'adressent au Consul de France.
L'esprit ainsi tiraillé, il est impossible à M. Moore de

garder son bon sens, et c'est ainsi qu'il a créé toutes sortes de difficultés à ce pauvre Bentivoglio et aux autres consuls.

De toutes manières, du reste, j'ai la conviction que dans tout cela Bentivoglio sera sacrifié. Son plus grand crime est d'être beau-frère de M. Waleski, que M. de Lavalette a en horreur et que M. Thouvenel (1) aime médiocrement On donnera des coups de bâton à M. Waleski sur le dos de M. Bentivoglio.

Je ne doute pas que moi-même je ne reçoive quelques éclaboussures. Chacun appréciera ce que j'ai fait à son point de vue, et le ministère des Affaires étrangères, que j'ai appris à connaître depuis longtemps dans ses relations avec la marine, ne manquera pas, selon son habitude, de rejeter sur la marine tout ce que ses agents auront pu faire de blâmable. De plus, selon son habitude également, le ministère de la Marine ne fera rien pour défendre ses agents ; bien au contraire, il les chargera encore plus. Peu m'importe d'ailleurs. je t'assure. J'ai fait ce que j'ai cru devoir faire. et j'aurais à recommencer, maintenant que je sais la suite des événements. je ferais la même chose que j'ai fait.

J'ai été informé de l'envoi des troupes par le *Héron*, qui portait d'Alexandrie à Beyrouth le colonel Osmont et que j'ai rencontré à la mer en venant de Jaffa. Dans ma modestie, je m'étais borné à demander à plusieurs reprises. à mon ministre deux avisos.

Cette détermination de l'Empereur me paraît des plus

(1) Edouard Thouvenel (1818-1866), directeur des affaires politiques au ministère des Affaires étrangères après le coup d'Etat. Ambassadeur à Constantinople (1855); sénateur (1856); ministre des Affaires étrangères (1860). Annexe Nice et la Savoie, fait l'expédition de Syrie et le traité de commerce avec l'Angleterre, tombe en 1862 sur la question romaine. Grand référendaire du Sénat (1855).

fécondes. Ce n'est pas qu'elle ne soit entourée de difficultés. Je ne sais pas assez ce qui s'est passé vis-à-vis des
autres puissances pour avoir une opinion définitive, mais
j'y vois de bien grands avantages à côté de mesquins
inconvénients. Les inconvénients résident tout d'abord
dans la jalousie des autres puissances ; mais il faut bien
qu'elles tiennent pour admis que la France a été de tout
temps la protectrice née et reconnue unique des chrétiens
d'Orient, que ce n'est qu'en elle que les chrétiens ont
confiance, que plusieurs siècles ont consolidé cette confiance malgré les vicissitudes de notre politique, qu'il
faudrait de même plusieurs siècles pour la déraciner,
qu'enfin le traité de 1856 n'a, à leurs yeux, aucunement
trait à leur situation.

Un autre inconvénient, qu'il faut que nous reconnais-
sions tout bas, c'est que nos protégés ne sont pas faciles
à protéger et qu'ils nous créeront de fréquents embarras.
Enfin une des difficultés consistera à déterminer le degré d'intervention que nous devrons exercer. Je ne parle
pas du moment de transition qui va avoir lieu avant
l'arrivée des troupes, moment qui sera difficile dans
quelques localités, parce qu'on saisira cette circonstance
pour exciter le fanatisme turc avant que la répression
n'arrive. Et, il faut bien le dire, ce ne sont pas toujours
les Turcs qui se fanatisent d'eux-mêmes. Bien des négociants européens ont des reproches à se faire dans les
affaires du Liban. Et si plusieurs d'entre eux ne voulaient
pas la paix, c'est qu'ils n'avaient pas eu le temps de
faire des coups de filet comme en avaient fait leurs collègues en achetant à vil prix aux chrétiens les cocons de
soie que ceux-ci avaient hâte d'échanger pour de l'argent avant d'être pillés par les Druses, ou en achetant à
vil prix aux Druses les cocons qu'ils avaient pillés aux

chrétiens. Mais ceci est incident. Comme avantage de notre intervention, je vois d'abord la France reprenant en Orient son rôle séculaire, prenant devant le monde entier son rôle non moins ancien de défenseur des opprimés, montrant à l'Europe que, si elle est en dissentiment avec le Pape pour des détails temporels, elle entreprend néanmoins une croisade pour défendre la religion attaquée. Enfin, dans l'état actuel des choses, je considère comme point capital d'avoir quelque mille hommes à portée d'Alexandrie. Et puis, c'est une entreprise hardie, spontanée, cela plaît toujours aux peuples.

Il paraît que les puissances ne font pas d'objection. On veut seulement que le sultan donne son consentement. Je ne sais s'il le donnera, les Anglais feront tout leur possible pour qu'il ne le donne pas ; mais qu'il le donne ou non, mon opinion bien arrêtée est qu'il faut que les troupes partent. Malheureusement, dans mes derniers journaux, qui vont jusqu'au 28, je remarque une hésitation qui m'inquiète. Ces choses-là doivent être faites d'emblée. Les Anglais peuvent d'ailleurs aussi faire débarquer les soldats de marine de leurs vaisseaux. Ce qu'il y a à craindre toutefois, c'est que les Anglais ne provoquent quelque massacre en Syrie et n'y débarquent aussi du monde. Dans ce cas-là nos troupes profiteraient du voisinage d'Alexandrie pour s'y établir provisoirement.

Comme solutions à la question de Syrie, il s'en présente deux : les chrétiens du pays voudraient revenir sous la domination de l'Égypte, comme en 1840. Il est certain que pendant le peu d'années que Méhémet-Ali et Ibrahim pacha ont été maîtres du pays, l'administration a très bien marché ; mais l'Égypte se résumait alors dans le chef de l'État, qui était un homme d'une grande valeur.

Le vice-roi d'Egypte actuel, Saïd pacha (1), a-t-il la même valeur ? Son gouvernement ne va pas mal. Mais c'est un sybarite, qui ne serait pas, je crois, à la hauteur de ce nouvel agrandissement. J'ai eu une longue conversation avec lui. Il se défend beaucoup de désirer l'annexion de la Syrie ; mais je suis convaincu qu'au fond, il la désire ; ce ne serait pas encore le démembrement de l'Empire ottoman, pour lequel nous ne sommes pas préparés ; mais une sorte de changement d'administration, très profitable sans contredit à la Syrie. Le pacha d'Egypte est d'ailleurs de nos bons amis, et nous ne pourrions qu'y gagner.

Mais il se présente une autre solution, que je crois d'autant plus sérieuse qu'elle m'a semblé préoccuper vivement Saïd pacha. J'en ai jugé du moins par la nature et le nombre de questions que Son Altesse m'a adressées à ce sujet. Ce serait la création d'un gouvernement de Syrie que l'on donnerait à Abd-el-Kader, et qui dépendrait de la Porte dans la même mesure que l'Egypte, ou bien que les Principautés danubiennes. Il est incontestable qu'Abd-el-Kader, tout musulman qu'il est, a tenu une conduite digne de l'approbation de l'Europe, et que ce serait être injuste que de ne pas lui en tenir compte. J'ai lu quelque part qu'on allait le faire grand-croix de la Légion d'honneur. Cela me semble véritablement médiocre : ses services valent mieux que toutes les croix du monde.

Selon moi, cette solution satisferait bien des intérêts et couperait court à bien des difficultés. Abd-el-Kader, Arabe gouvernant des Arabes, c'est tout d'abord logique, et, de toutes manières, il est cent fois préférable aux Turcs, dont l'autorité est désormais bien amoindrie.

(1) Quatrième fils de Méhémet Ali. — Khédive de 1844 à 1868.

Certainement ce pays-là est très difficile à gouverner.
Il y a là des antagonismes de religion très vivaces à con-
cilier, des hordes indisciplinées à contenir et des Européens avides à ménager. L'organisation elle-même des
Druses et des Maronites, telle que l'avait faite Bourée (1)
en 1845, est pitoyable. Le mal vient en partie de cette
organisation. Il a eu beau envoyer là dernièrement son
fils pour tout rejeter sur Bentivoglio, les faits ont été
trop éclatants. Il y a une réorganisation à opérer. Les
Turcs en sont incapables. Il faut l'intervention européenne
pour l'entreprendre. Les chrétiens, quoique presque tous
catholiques dans cette partie de la Syrie, sont extrêmement divisés entre eux. J'ai fait venir à plusieurs reprises
un certain Joseph Baik Karam, qui est le principal chef
militaire des Maronites. C'est un homme droit, intelligent, et surtout véridique, chose excessivement rare là-
bas. Il m'a fait connaître toutes les difficultés d'organisation que présente cette nation. Ils sont entre eux presque
à l'état de guerre civile ; ce sont les couvents qui entre-
tiennent cet état de choses. Les prêtres ne sont là prêtres
que de nom. La religion y est la nationalité. Voilà tout. Il
n'y a là que nos missionnaires, Lazaristes ou Jésuites, qui
y enseignent la vraie religion ; mais ils ont une ardeur qui
a besoin d'être contenue. Leur courage et leur abnégation
égalent d'ailleurs leur ardeur. Tu auras lu dans les journaux des articles adressés à l'*Union Franc-Comtoise* par
un Jésuite résidant à Saïda, le Père Rousseau. C'est celui
dont je t'ai déjà parlé, et qui connaît les Rochetaillée.
C'est un homme de l'intelligence la plus ordinaire, mais
un véritable illuminé. Il a montré un grand courage ;

<hr>

(1) Nicolas Bourée (1811-1886). Consul de France à Beyrouth (1846-1850);
ministre en Chine (1852); en Grèce (1860); ambassadeur à Constantinople
(1866); sénateur (1870).

mais j'ai dû l'arrêter dans ses entreprises et lui interdire de sortir encore de la ville pour enterrer les morts. Il eût très certainement été tué et cela nous eût causé de nouveaux embarras. Je crois qu'il n'a pas été très content de moi pour cela, mais nous avions chacun notre métier, et je n'ai pas manqué de vanter son courage comme celui de tous les prêtres français.

Les Sœurs en ont aussi montré beaucoup. Celles de Beyrouth, qui sont des Sœurs de Saint-Vincent de Paul, ont été pendant quelque temps fort inquiètes. Lors de l'affaire du chrétien, elles m'ont envoyé pendant deux nuits message sur message pour me demander du secours. Si les Turcs eussent vu entrer là des hommes armés, elles étaient perdues. Je leur avais donné dès mon arrivée six matelots sans armes pour les aider à faire la police des 2.000 ou 3.000 réfugiés qui venaient chercher du pain chez elles ; mais ces bons matelots, hommes de choix cependant, contrariés de ne pas avoir d'armes, avaient fini par avoir plus peur que les Sœurs. Pour les rassurer, j'y allais quelquefois moi-même la nuit ou j'y envoyais mon chef d'État Major.

Je ne sais si je t'ai raconté l'affaire du chrétien dont je te parle plus haut. On a appelé ainsi une bien triste affaire où, selon moi, les consuls, frappés de peur, il est vrai, hormis Bentivoglio, ont joué le plus triste rôle. Voici ce que c'est : l'un des jours où les inquiétudes ont été les plus grandes, vers 7 heures du matin, **un Turc** fut assassiné au milieu du bazar ; le meurtrier s'échappa. Si c'eût été un chrétien, il eût été de suite coupé par morceaux sans aucun doute. Néanmoins, les Turcs, très excités depuis plusieurs jours, colportèrent partout que l'assassin était un chrétien, qu'il fallait la tête d'un chrétien. Le pacha était à Deir-el-Kamar, à 5 heures de

Beyrouth. Le Kihaya, c'est-à-dire le fonctionnaire qui remplaçait le pacha. plus fanatique que le pacha lui-même, céda à la populace et on arrêta un chrétien quelconque dont le signalement s'accordait à peu près avec celui du meurtrier. Bentivoglio, informé, alla, seul des consuls, faire des objections au Kihaya. Celui-ci ne lui donna aucune satisfaction et un des Turcs présents leva son sabre sur Bentivoglio en l'injuriant en turc. Bentivoglio se retira. Le chrétien fut jugé et naturellement condamné séance tenante à être décapité. Le Kihaya fit demander alors aux consuls s'il avait le droit de faire procéder à l'exécution sans en référer au pacha à Deir-el-Kamar. Les consuls, toujours terrifiés, répondirent que oui en présence de l'effervescence de la population, et à 8 heures du soir l'exécution eut lieu en présence de la foule frémissante, avec des circonstances atroces. J'ai été tenu dans l'ignorance de la demande du Kihaya; je me serais interposé très certainement si j'en avais été informé à temps. J'ai dû à ce sujet écrire une lettre très sévère à Bentivoglio, qui avait fini par ne plus être très rassuré lui même. Jonquières, que j'avais envoyé savoir les nouvelles et de là chez les Sœurs pour les tranquilliser, est arrivé au palais du Gouverneur au moment où l'exécution allait avoir lieu à la lueur des torches, et au milieu des impatiences féroces de la foule. Il n'a eu que le temps de s'en aller. Mais il a fait bonne contenance et rien ne lui est arrivé. si ce n'est que probablement on l'aura beaucoup insulté en turc. Après l'exécution, le corps et la tête ont été portés au milieu de la grande place de Beyrouth et, à la honte des consuls, y sont restés toute la journée exposés aux outrages des Turcs. On a beaucoup attaqué Bentivoglio de ce qu'il n'avait pas immédiatement demandé raison du Turc

qui avait levé son sabre sur lui. Le cas est assez douteux.
Les instructions de M. de Lavalette recommandaient si
péremptoirement d'éviter toute affaire, de se tenir sur la
plus grande réserve, etc... que je comprends que Bentivoglio n'ait pas voulu, dans ce moment-là, où un rien
pouvait faire naître une explosion, faire un éclat dont
les suites eussent pu être des plus graves. Néanmoins,
pour le principe, vis-à vis des Turcs, auxquels il ne faut
rien passer, il eût dû prendre acte du fait. Il ne m'a
parlé de cela que le lendemain. Il était alors trop tard.
On n'eût plus retrouvé le Turc coupable

Enfin, tout cela est fini et je n'ai plus à m'en occuper ;
ce qui me console, c'est que je n'ai plus sous les yeux
ces affreuses misères dont j'étais journellement témoin,
et que j'étais impuissant à soulager. Quand je passais au
milieu de ces malheureuses mères, elles se frappaient la
poitrine, puis écartaient les bras, ce qui dans leur langage naïf veut dire : « Vous êtes notre sauveur. » Et puis
les enfants venaient me baiser les mains. C'était à fendre
le cœur. A Saïda, dans l'hôpital que les Sœurs avaient
improvisé, au Khan, j'ai vu d'affreuses blessures, entre
autres deux hommes qui avaient chacun le cou à moitié
coupé. Que deviendront ensuite toutes ces malheureuses
femmes et ces enfants ? Je sais bien que ces gens-là
n'ont pas les mêmes besoins que nous. Le climat est
excellent ; et dès leur enfance, ils sont préparés à l'idée
de ces malheurs. Mais, en les voyant, la compassion domine. J'ai laissé là beaucoup d'argent. Je ne le regrette
pas. Ce sera ma part de souscription. Je ne vois pas d'ailleurs que les souscriptions s'organisent beaucoup en
Europe. Je m'en étonne. Imagine-toi qu'on n'a pas pu
former à Beyrouth un comité de souscription qui eût été
le noyau de ceux d'Europe. Il eût été naturel que les

consuls formassent la base de ce comité. Ils n'ont même pas pu s'entendre pour cette œuvre qui n'était pas politique. Mais rien n'est possible avec la présidence de M. Moore. Je vois néanmoins que les journaux anglais en font le plus grand éloge.

A mon départ de Beyrouth, le commerce français m'a envoyé son député me faire des compliments de condoléance, et me témoigner ses regrets, et ses remerciements en même temps; les capitaines des bâtiments de guerre anglais et grecs, qui s'étaient rangés sous mes ordres pour toutes les mesures générales, sont venus également me témoigner les mêmes sentiments.

Paulin a dû te raconter notre itinéraire depuis Beyrouth, notre passage à Tyr, à Saint-Jean-d'Acre, à Caïffa, au Mont Carmel. Sur ce dernier point, rien ne m'a beaucoup frappé, si ce n'est la rareté des traces de saint Louis. Il n'y a qu'une petite chapelle obscure qui a l'air d'une ancienne petite sacristie, et un tableau médiocre qui est le don d'un Français. En échange, il y a de beaux portraits de l'Empereur et de l'Impératrice d'Autriche. Il est vrai que, vers 1850 et quelque, lorsque l'archiduc Maximilien d'Autriche (1), passant au Mont Carmel, voulut que les moines amenassent le pavillon français qu'ils ont exceptionnellement le droit d'arborer depuis deux siècles, ces bons moines s'y sont refusés très nettement, ce qui a fort indisposé le Prince.

Enfin Paulin a dû te raconter aussi notre voyage à Jérusalem et toutes ses péripéties. Ce qui frappe tout d'abord à Jérusalem, c'est de voir le Saint-Sépulcre appartenant aux Turcs. Lorsque, après un chemin difficile, on arrive au sommet d'une montagne, et que tout d'un coup, à un

______

(1) Le futur empereur du Mexique.

kilomètre, on découvre cette ville, *El Kods*, la Sainte,
comme l'appellent les Arabes, c'est le premier sentiment
qui vient à l'esprit. Puis, après avoir passé quelques
heures dans cette ville, un autre fait non moins déplorable vous tourmente l'esprit : c'est la rivalité des sectes.
Même un philosophe comme moi en est péniblement
frappé.

Les trois sectes dominantes sont les catholiques, les
Grecs et les Arméniens. Ces derniers sont en minorité,
mais l'antagonisme le plus violent règne entre les deux
premières. Les Saints Lieux se trouvent ainsi partagés
entre les deux religions, tant à Jérusalem qu'à Bethleem,
à peu près également, dit-on. On prétend même que ce
qu'ont les Latins est plus important que ce qu'ont les Grecs ;
je trouve le contraire, surtout en ce qui frappe les yeux.

L'empereur de Russie fait depuis quelques années des
dépenses énormes dans l'intérêt de sa religion, tandis
qu'aucune puissance catholique ne fait quoi que ce soit
pour la sienne. La rivalité des deux religions amène ce
singulier résultat que le toit de la grande coupole est
dans le plus pitoyable état depuis plusieurs années, que
les ardoises et les lattes n'existent plus dans une certaine
partie, qu'il pleut ainsi dans l'église, et qu'il a fallu établir au-dessus de la chapelle du Saint-Sépulcre, qui est
sous le milieu de la grande coupole, une sorte de para-
pluie en fer-blanc, le toit de la chapelle même étant aussi
en mauvais état. Ce sont les Latins, que la France représente à Jérusalem, qui s'opposent à la réparation, que
l'empereur de Russie voulait faire, parce que les Grecs
voulaient obtenir en échange de nouveaux privilèges au
détriment des Latins.

A Bethléem il y a dans la chapelle de la Nativité une
tapisserie en loques, à laquelle les Grecs et les Latins

s'interdisent mutuellement de toucher. Si toutes ces choses n'étaient si sérieuses, elles seraient comiques. Et ce qu'il y a de pitoyable, c'est que, dans toutes ces contestations, qui sont les arbitres ? les Turcs. De même que lors des fêtes de Pâques, époque où viennent les pèlerins, quand le plus grand désordre règne au moment où sort le feu sacré, ce sont les soldats turcs qui font la police de l'église.

Les pèlerins français sont bien rares. Ils ne s'élèvent pas en moyenne à cent par an. Tous les ans, un comité, réuni à Paris et correspondant avec Jérusalem, organise une caravane qui vient à Jérusalem en septembre. Cette caravane se compose de 40 à 80 personnes. Ce sont généralement des gens du monde et des prêtres. En dehors de la caravane il vient de bien rares touristes français. Cette année nous en avons augmenté le nombre, étant 18 de notre bande. Il y a un bien plus grand nombre de pèlerins russes et grecs, surtout des russes. Aussi, malgré la prépondérance bien marquée de la France à Jérusalem, nous y passons un peu pour des indifférents. Néanmoins, c'est la France qui domine sans conteste pour tout ce qui regarde la religion catholique, et nous avons là un consul, M. de Barrère, qui a bec et ongles et qui ne nous laissera enlever aucun de nos privilèges. Malheureusement, il est en querelle avec le patriarche latin, Valerga, pour des malentendus sans importance. Chacun d'eux m'a raconté ses griefs ; un rien les rapprocherait. Si j'étais resté plus longtemps, il m'eût été facile de le faire.

Ce dissentiment m'a doublement contrarié. Voici pourquoi : lorsque j'ai appris la mort du roi Jérôme, je voulais faire célébrer à Beyrouth, dans l'église, à terre, un service solennel. Mais j'apprenais en même temps les événements de Damas et le moment ne me sembla pas favorable. J'attendis que la situation s'améliorât. Je fus alors brusquement remplacé et je partis sans pouvoir exécuter mon projet. Je voulais ensuite faire célébrer ce service à Jérusalem même. Mais il eût fallu que la cérémonie se fît avec un certain éclat. La nature des relations entre le patriarche et le consul nécessitait certaines négociations ; mais le temps me manquait, d'autant plus que le patriarche résidait à son palais de Beth-Djalla, près de Bethléem, à trois lieues de Jérusalem. J'ai donc dû renoncer à mon projet.

J'ai visité à Jérusalem tout ce qu'on peut y visiter et même la mosquée d'Omar par une faveur toute spéciale que m'a faite le pacha, à condition que je n'amène que deux personnes avec moi.

Les Pères de Terre-Sainte, chez qui je logeais tant à Jérusalem qu'à Bethléem, ont été très empressés pour moi. Il est vrai que là-haut aussi les chrétiens sont inquiets et que ma venue et mes paroles au pacha ont un peu rassuré. Mais je ne crains rien pour Jérusalem, parce que les Turcs respectent autant les Lieux Saints que les chrétiens, et surtout tout ce qui se rapporte à la Vierge. Il ne pourrait y avoir de massacre que si les Arabes du désert venaient fondre sur la ville. En somme, mon voyage à Jérusalem m'a excessivement intéressé, mais m'a considérablement fatigué, ayant pris sur la rapidité de ma marche dans le trajet le temps que j'étais resté absent du bord au delà de mon programme.

Mgr Coquereau (1) avait un vif désir d'aller à Jérusasalem, et il était à peu près convenu qu'il y irait avec

(1) Prédicateur de talent, aumônier de la *Belle Poule* qui alla chercher à Sainte-Hélène les restes de Napoléon. Chanoine de Saint-Denis. Mort aumônier en chef de la flotte.

moi. Mais, d'une part, les événements du Liban avaient rendu mon voyage très douteux, et, d'autre part, par suite de mon brusque remplacement à Beyrouth, je n'avais pas d'autre moment pour faire ce voyage que celui que j'ai pris. J'ai été bien contrarié de cette réunion de circonstances qui m'a privé de la charmante compagnie de l'excellent Monseigneur.

Paulin t'aura raconté ou te racontera également notre rapide excursion à Suez. En arrivant à Alexandrie, il m'était revenu qu'il y avait une grande agitation dans plusieurs villes de l'Archipel, et notamment à Salonique. J'avais donc très grande hâte de revenir dans ces parages, mais il fallait trente-six heures de séjour à Alexandrie pour faire du charbon. Le vice-roi, sachant la brièveté de mon séjour, a mis à ma disposition un train spécial pour me conduire à Suez et au Caire. Je ne perdis pas un instant; j'allai voir M. de Lesseps, que je trouvai avec la jaunisse, et je trouvai là Chancel, qui a dû retourner depuis à Paris et que tu as dû voir. Nous sommes arrivés au Caire le soir à 10 heures et nous nous sommes promenés en voiture dans la ville par un clair de lune superbe. À une heure du matin, nous sommes partis pour Suez, où nous étions à 4 heures 1/2. C'est un abominable trou, qui est cependant appelé à jouer un grand rôle, et c'est un des noms géographiques les plus connus. Nous sommes revenus au Caire, que nous avons parcouru et où nous sommes montés à la citadelle, d'où nous avons eu le spectacle des Pyramides. Le soir nous étions de retour à Alexandrie, d'où je suis parti immédiatement pour venir ici.

L'affaire de l'isthme de Suez ne semble pas aller magnifiquement, quoi qu'en disent M. de Lesseps et Chancel. Ils disent toujours qu'ils vont commencer les travaux, et en somme on n'en a fait jusqu'à présent que d'insignifiants (1). Le Pacha, bien que très désireux que le canal se fasse, est tiraillé dans tous les sens contre cette entreprise. Les Anglais font tout ce qu'ils peuvent pour l'empêcher. Les Turcs, que les Anglais mènent, lui interdisent de laisser commencer les travaux ; enfin la plupart des membres de sa famille, poussés par les Anglais, sont anticanalistes. Il n'a pour lui que les Français, le bon sens, et le désir de tout le monde, sauf les Anglais et ce qui tient aux Anglais.

C'est un singulier homme que ce Pacha. Il est borgne, plus gros qu'Édouard de Blosseville (2), ayant de la finesse et de l'esprit naturel, parlant très bien français, mais le français faubourien. Il est le plus riche souverain du monde, son pays rapportant environ 100 millions de francs, et son budget de dépenses ne s'élevant pas au delà de 5o ou 6o millions. Il en a ainsi 4o bien net au moins à dépenser par an pour son usage personnel ; aussi, bien que n'ayant pas un grand train de maison, se passe-t-il toutes ses fantaisies et il est admirablement servi. Il ne reste jamais deux jours de suite à la même place et on ne sait jamais où il est ; il ne le dit pas d'avance. C'est à bord de son yacht qu'il m'a reçu. Ce yacht est immense et magnifique. Il a coûté je ne sais combien. Aussitôt après ma visite, le pacha est parti dessus, je ne sais pour où. Il est, en somme, très ami des Français, quoique ce soient des Français qui le grugent effroyablement. Mais, en somme, son administration marche bien ; il a une armée bien organisée ; il s'est arrangé pour que j'en visse un échantillon. Son peuple est bien discipliné, facile à gouverner, ses finances en bon état, et il serait à dé-

(1) L'inauguration ne devait avoir lieu qu'en novembre 1869.
(2) Voisin et ami de l'amiral de la Roncière.

sirer que la plupart des gouvernements d'Europe marchassent aussi bien que celui là, qui n'a rien de bien despotique. au point de vue des gouvernés.

Je suis bien ennuyé et tourmenté de la singulière détermination du Prince d'habiter l'avenue Montaigne (1). Cela ne me semble pas sérieux, bien que je le croie disposé à toutes sortes d'excentricités. Je persiste à croire qu'il se pose ainsi pour obtenir quelque chose. D'un autre côté, je ne me rends pas compte pourquoi l'Empereur tient tant à avoir l'aile Montpensier (2). Je ne doute pas que ce soit M. Fould qui veuille l'avoir pour lui ou pour de ses amis ; et en fait ce ne serait pas un voisinage agréable pour le Prince. Les choses sont disposées de telle sorte que les deux ailes du Palais-Royal se commandent ; on n'est pas chez soi. Ce qui sera singulier, c'est que le Prince fera comme son père ; il aura énormément de logements qu'il tiendra toujours fermés.

Un des plus grands défauts du Prince, c'est l'avarice, et l'avarice mal entendue. C'est le pire de tous les défauts chez un prince. Croit-il se faire par là des amis, une clientèle, parce qu'on dira que c'est un homme rangé ? Les princes prodigues ont toujours été et seront toujours les plus populaires ; ce n'est que par la générosité et les sentiments élevés qu'on s'attache les peuples. Ce qui a le plus dépopularisé Louis-Philippe dans les masses, c'était sa parcimonie, qui n'était cependant qu'apparente.

Je ne m'étonne pas que le Prince blâme l'envoi des troupes en Syrie. Il y a plusieurs raisons pour cela. D'abord, il blâme cet envoi par cela même qu'il se fait. Cette raison-là, me diras-tu, emporte toutes les autres. Il

(1) Hôtel Pompéien, reconstitution d'une maison latine que le Prince Napoléon venait de faire bâtir en 1860.
(2) Au Palais-Royal.

blâme ensuite l'expédition parce qu'elle a trait à la religion. Voilà deux motifs bien péremptoires. Mais ce qu'il y a de bon avec le Prince, c'est que toutes ses récriminations, ses plaintes, ses blâmes n'ont absolument rien de sérieux. Cela n'empêche rien. Il n'y a que sa maison qui en souffre. Il est mécontent de lui, ce qui le rend mécontent des autres, et il s'agite dans cette petite sphère comme un écureuil dans sa boîte, son action, bien par sa faute, ne s'étendant pas au delà. Est-il possible de gâcher à ce point la plus belle position du monde !

Je ne connais pas le fameux travail sur la défense de l'Angleterre dont tu me parles, et qui occupe tant le Prince. Les Anglais sont vraiment amusants. On parle d'envoyer des troupes françaises en Syrie. Voilà qu'ils se remettent à faire des discours sur l'invasion française en Angleterre. Est-ce qu'on y songe ? Dieu merci, non. J'en suis à croire que le ministère anglais, sachant que la question des défenses nationales est actuellement le dada du peuple anglais, lui sert de temps en temps de ce plat-là, pour détourner son attention. Mais, en résumé, cela mène l'Angleterre à avoir une force maritime des plus formidables, tandis que la nôtre reste à l'état ordinaire. Mon ami Clarence Paget (1) joue un grand rôle dans tout cela.

Je suis très ennuyé de ce refroidissement du Prince et de l'Empereur. Il peut arriver que j'aie diverses choses à faire savoir à l'Empereur et je n'en ai ainsi plus les moyens. Mais s'il se présentait quelque chose d'urgent, j'écrirais à Fleury, en qui j'ai beaucoup de confiance.

Je comprends que tu sois ennuyée des solliciteurs. Je sais ce que c'est. Il faut être poli avec tous, faire ce qu'on peut sans trop se donner de peine, et les évincer

(1) Officier de la marine distingué et membre de la Chambre des Communes; l'un des nombreux Paget qui servaient sur les flottes anglaises.

avec de bonnes paroles surtout. Voilà une longue lettre, chère enfant. Fais en l'usage que tu voudras.

Je vais rester quelques jours ici à me reposer. J'y célèbrerai la fête du 15 août. Il est possible que j'aille de ma personne à Constantinople ; je me ferai porter par un aviso aux Dardanelles, où l'*Ajaccio* viendra me prendre. J'irai ensuite très probablement à Athènes, je ferai une petite tournée dans les Iles et puis je prendrai mes quartiers d'hiver soit à Athènes, soit à Smyrne, si toutefois il n'arrive rien de nouveau d'ici-là. Adieu, je t'embrasse et Babé.

Je t'envoie ci-joint quelques feuilles des oliviers du jardin de Gethsemani ; la petite branche est pour la Princesse. J'ai volé tout cela, ainsi que des olives. Il est très défendu de rien prendre, sans quoi les huit oliviers qui restent seraient bientôt dépouillés. On les élague de manière à ce qu'on ne puisse pas y atteindre ; mais j'avais deux matelots avec moi ; j'ai monté sur leurs épaules, pendant que ces messieurs occupaient l'attention des Pères gardiens. Je m'en suis du reste accusé au supérieur de Terre-Sainte, qui m'a absous d'autant plus que je lui ai dit que c'était destiné à la princesse Marie-Clotilde. Adieu encore, chère enfant.

135

Constantinople. 4 septembre 1860.

Chère Enfant.   .

Je t'écris de Constantinople. J'y suis arrivé dimanche avec Montour sur le paquebot le *Cydnus*. J'ai fait venir le *Héron* aux Dardanelles sous la conduite du second et j'ai envoyé la *Zénobie* à Smyrne également sous la conduite de Le Bris. Le premier jour de mon arrivée ici, j'ai été très souffrant, je suis allé seulement un peu me promener avec Montour, voir les progrès qu'a faits la ville. Le lendemain lundi, je suis allé à Thérapia, car il n'y a personne à Constantinople. Je me suis installé sur l'*Ajaccio*, mais l'ambassadeur (1) a voulu nous loger absolument à l'ambassade. Nous avons néanmoins couché à bord de l'*Ajaccio*.

Toute la journée d'hier, sans une minute de perdue, s'est passée en conversation avec l'ambassadeur, Il a été très net avec moi, et m'a dit : « Je vous ai prié de venir pour me donner une solution sur la Syrie. Je n'en ai pas. Je n'en trouve pas qui paraissent acceptables ici et Thouvenel m'envoie dépêche sur dépêche pour que je lui en donne une telle que, dans deux mois, tout soit fini ; l'Empereur le veut ainsi. Ensuite je voulais vous voir parce que d'un moment à l'autre tout peut s'écrouler ici ; il faut que vous m'organisiez un système de sauvetage pour les Français et que vous donniez des instructions en conséquence à l'*Euménide* et à l'*Ajaccio*. »

Sur les deux sujets dont il veut m'entretenir je suis fort embarrassé. Une solution en Syrie ! du diable si j'en sais une, si ce n'est Abd-el-Kader, qui, dès le principe, a été mon idée, comme je crois te l'avoir écrit. Mais il paraît que les Anglais repoussent Abd-el-Kader à tout prix. Ce qui m'amuse, c'est qu'on paraît vouloir faire là quelque chose de stable, de définitif, quand tout l'Orient s'écroule. Ensuite, quoi que nous fassions, l'Angleterre voudra toujours le contraire ; c'est pourquoi je dis qu'il faut faire et laisser ensuite crier l'Angleterre.

(1) Le marquis de La Valette (1806-1881). Envoyé extraordinaire à Constantinople (1849-1853). Sénateur. Ambassadeur en Turquie (1860); à Rome, (1851-1862). Ministre des Affaires étrangères (1868-1869).

Quant à organiser un système de sauvetage, c'est plus facile, mais les moyens sont excessivement restreints. Ce n'est pas avec deux vapeurs de guerre, deux ou trois des Messageries et une dizaine de petits bricks de commerce que l'on peut sauver les 6.000 à 8.000 Français ou soi-disant Français qui sont ici, dans une bagarre comme celle qui se produira. D'ailleurs je suis très loin de partager les inquiétudes de M. de Lavalette. Il est certainement mille fois mieux informé que moi. Mais il m'est cependant impossible de croire à l'écroulement qu'il prévoit si prochain. Rien dans Constantinople, comme aspect extérieur, ne fait prévoir une telle catastrophe. Ces grandes révolutions s'annoncent toujours d'avance par une différence d'attitude de la population et rien n'a changé dans l'attitude de la population. Enfin nous allons voir.

136

Thérapia, 12 septembre 1860.

Chère Enfant,

C'est encore de Constantinople que je t'écris. L'ambassadeur me retient. La situation est en effet très grave ici ; et cependant je ne puis croire à un mouvement. Il y a, il est vrai, manque absolu d'argent et tout se désorganise officiellement ; mais rien d'extérieur n'annonce l'approche d'une catastrophe, et je ne puis me représenter comment elle surviendrait, dans un pays déshabitué des émeutes. Il n'y a de possible qu'une révolution de palais, l'assassinat du Sultan (1). Ce ne peut être qu'ainsi, selon

(1) Abdul Medjid (1835-1861) sultan, auteur du Tanzimat, ensemble de réformes libérales. Il était le fils aîné du sultan Mahmoud.

moi, que commencerait le bouleversement. Le frère du
Sultan (1) prendrait les rênes de l'État ; mais que ferait-
il de mieux sans argent ? On va émettre de nouveau du
papier-monnaie pour une cinquantaine de millions. Cela
pourra faire marcher encore quelque temps ; mais à condition que, comme l'exige M. de Lavalette, cet argent soit
tout d'abord employé à payer les troupes et les fonctionnaires et non pas ces avides et éhontés négociants européens, qui sont, il est vrai, créanciers de l'État pour des
sommes considérables et qui ont encore néanmoins gagné
à l'État des millions qui sont en sûreté. Tels sont les
Baltazzi, Flori, et *tutti quanti*, qui ont tous des fortunes
colossales et sont en outre créanciers du Sultan pour des
sommes qui, pour la maison Flori, ne sont pas moindres
de 15 millions de francs. On ne peut se représenter les
affaires usuraires qu'ont faites toutes ces maisons. C'est
là où a été tout le plus clair de la fortune de la Turquie.

M. de Lavalette a ici une situation admirable ; il domine tout le monde sans se mettre en avant. Son caractère, sa netteté, sa fermeté l'ont fait maître de la position,
sans qu'il cherche à s'en prévaloir. Il a un rude adversaire dans l'ambassadeur anglais, Sir Henry Bulwer (2).
Sir Henry, c'est un lord Strafford sans la tenue, et sans
conduite. Il n'est pas d'excentricités qu'il ne fasse, excentricités qui tournent toutes contre lui. C'est par conve-
nance d'ailleurs que j'appelle cela des excentricités.
Excessivement jaloux de l'attitude de M. de Lavalette, il
ne trouve à s'en consoler qu'en *conspirant*. Je ne puis

(1) Abdul Aziz (1830-1876), successeur d'Abdul Medjid le 25 juin 1861.
Contraint d'abdiquer le 30 mai 1876 et assassiné.
(2) Sir Henry Bulwer-Lytton, frère du romancier (1804-1872), secrétaire à
Constantinople (1837), à Madrid (1843); expulsé par Narvaès (1848) sur
accusation de complot ; ministre aux États-Unis (1849), au Vatican (1852);
ambassadeur à Constantinople (1858).

dire dans une lettre l'interprétation de ce mot; mais il est absolument exact; et, sans M. de Lavalette, on lui eût donné ici ses passeports, comme on les lui a déjà donnés une fois à Madrid, avec ordre de partir dans les vingt-quatre heures ; et il est parti sans mot dire. Mais, fort habilement, M. de Lavalette préfère qu'il reste ici déconsidéré comme il l'est actuellement. De plus, il a une conduite privée pitoyable. Croirais-tu qu'à son âge, il a, au vu et au su de tout le monde, outre sa femme, une maîtresse avouée et de plus une maison à Scutari où il reçoit des femmes turques ? Tu sais combien il est impossible à un ambassadeur à Constantinople de faire un pas sans que personne le sache. Il est d'ailleurs très poli dans les relations habituelles ; sa femme, sœur de lord Cowley, est très ennuyeuse, et, ce qui l'excuse, est peu heureuse certainement.

Le prince Lobanoff (1), ambassadeur de Russie, a trente-huit ans, et a l'air d'en avoir vingt-cinq. C'est une des belles fortunes diplomatiques de l'époque. C'est un homme très agréable, garçon, et qui a sur ses collègues l'éminent avantage d'avoir ici un but déterminé, celui de renverser la Turquie. Il poursuit d'ailleurs ce but avec toutes les formes possibles et de la meilleure grâce du monde. Il est en assez mauvais termes avec Sir Henry, qui prétend soutenir la Turquie ; mais, grâce au caractère de M. de Lavalette, il est en excellents termes avec ce dernier, quoique je parierais que le prince, en dernière analyse, l'emportera sur le marquis, parce que ceux qui veulent renverser réussissent toujours contre ceux qui

(1) Prince Lobanoff, né en 1825, ambassadeur de Russie à Constantinople (1859-1863), puis en 1879 à Londres et à Vienne, succède à M. de Giers comme ministre des Affaires étrangères (1895), devait être un des auteurs de l'alliance franco-russe.

veulent conserver, surtout quand on prétend conserver
une pitoyable chose comme la Turquie et les Turcs.

Le ministre de Prusse, le comte de Goltz, était l'année
dernière ministre à Athènes. Il était le conseiller préféré
de la Reine, qu'il voyait très souvent à sa ferme (1). Je
crains qu'il ne l'ait fort mal conseillée, et lorsque je suis
venu à mon tour occuper une certaine place dans les
sympathies de la Reine, le public d'Athènes a semblé
exprimer qu'il préférait que la Reine entendît mes paroles plutôt que celles du Prussien. Ce qui est resté au
comte de ses relations avec la Reine, c'est une haine irré-
fléchie contre les Turcs, que lui a inculquée l'ardente
Oldenbourgeoise, haine qui se traduit envers et contre
tous et le fait ainsi l'acolyte et le ballon d'essai du prince
Lobanoff.

L'Autriche a pour représentant un chargé d'affaires
que tu connais, le comte Ludolf, aimable garçon, que
j'ai revu avec plaisir, mais d'une portée médiocre, et ne
pouvant ainsi jouer qu'un rôle fort secondaire.

Si ces cinq personnages ou du moins trois d'entre eux
s'entendaient carrément, ils feraient ce qu'ils voudraient.
Mais voici la situation : la France, l'Angleterre et l'Autriche veulent en principe soutenir la Turquie, — la France,
parce qu'elle n'est pas prête à faire tête au bouleversement qu'entraînerait la chute de la Turquie, — l'Angleterre
par crainte que la France et la Russie n'y gagnent plus
qu'elle, — l'Autriche parce qu'elle est hors d'état de faire
quoi que ce soit.

La Prusse et la Russie veulent le renversement de la
Turquie, — la Prusse parce que M. de Goltz veut plaire à la
reine des Grecs et le lui a promis encore il y a un mois;

____

(1) Ferme de Tatoï, devenue résidence d'été des rois de Grèce.

et je doute qu'il soit en cela d'accord avec ses instructions ; — la Russie parce qu'elle a un plan arrêté de longue
main à ce sujet, et qu'elle comprend, ce qui eût peut-être
été sage, qu'il serait opportun de prévoir les événements
au lieu de se laisser surprendre par eux, ce qui nous
arrivera infailliblement.

Si maintenant on se figure que, parce que l'Angleterre et la France poursuivent ici le même but, leurs représentants doivent s'entendre, on se trompe énormément. Il y a une bien meilleure entente entre les représentants de Russie et de France, qui poursuivent des buts
différents, qu'entre ceux de France et d'Angleterre, qui
poursuivent le même but. Toute la faute en est à Sir
Henry Bulwer et il n'est personne ici, même parmi les
Anglais, qui ne reconnaisse ce fait. Il en résulte pour
M. de Lavalette une très grande supériorité sur son adversaire. Mais il est vraiment désolant de penser que les
destinées des empires sont entre les mains de gens tels
que Sir H. Bulwer. Et quand on voit de près toutes ces
choses, on trouve tout cela d'un mesquin qui modifie
bien les idées que l'on a du maniement des affaires publiques. Pour moi, qui depuis longtemps ai vu de près bien
des grands hommes et bien des grandes choses, je ne m'en
étonne pas. Mais si le public voyait tout cela de près !

Aussi, combien l'auréole qui entoure encore les hommes d'État est-elle nécessaire ! Malheureusement, elle
s'obscurcit tous les jours. Le véritable homme ici, c'est
notre ambassadeur. Il n'est pas possible de mener les
affaires avec plus de netteté qu'il ne les mène. Aussi rien
ne se fait sans lui. Les autres en enragent, l'Anglais surtout ; peu importe. De plus, il est de relations charmantes. L'ambassade est une famille. Quoi qu'il n'y ait pas
de femmes, on y passe très agréablement les soirées.

J'ai fait quelques visites d'abord aux ambassadeurs. Puis je suis allé voir Mme Baltazzi, Mme Spirideni Baltazzi, Mme Flori, Mme de Bourqueney, Mme de Souza ; je crois que c'est tout. Mme Baltazzi est toujours la même. J'aimerais à y aller beaucoup. Mais elle est mal avec l'ambassadeur parce que, quand Mme de Lavalette est venue ici, il y a dix ans, Mme Baltazzi lui a pris une de ses femmes de chambre qu'elle avait amenée de Paris. Mme Spirideni est très enlaidie, mais en échange l'esprit de son mari n'a pas augmenté. Mme Casimir Flori, qui est l'ancienne Nini Durand, est toujours très jolie, mais je viens d'apprendre que l'on jasait un peu sur son compte ; enfin, passons ! Cette pauvre Mme de Souza a une maladie très grave. C'est la seule femme à peu près chez qui l'ambassadeur aille. Elle est fort agréable.

La maison qu'occupaient les Sturmer à Buyuk-Déré est occupée maintenant par l'affreux Prussien Goltz. Cela m'a contrarié. Ce pauvre Bentivoglio est tout à fait démoli ici. Je trouve l'ambassadeur un peu sévère pour lui, et je le défends. Lavalette s'attendait à être fait grand'croix, et il a été, je crois, un peu irrité de ne pas l'avoir été. En somme, Bentivoglio aura de la peine à se tirer de là, je suis seul à le soutenir. Ils sont tous enragés contre lui ici. Il paie sa fraternité avec la femme d'un ministre (1) tombé qui s'était fait des ennemis de tous ses subordonnés.

Je ne sais pas encore exactement quand je partirai d'ici, Je pense que ce sera pour le mercredi 19. J'irai sur le *Héron* à Athènes voir la Reine et lui raconter ce que j'ai vu ici ; elle m'a supplié, c'est le mot, de revenir le lui dire, et puis je m'en irai enfin rejoindre la frégate à

____

(1) Le comte Walewski. Voir plus haut (lettre 134).

Smyrne. Je pense que j'y serai vers le 23. J'y resterai quelques jours et puis je ferai avec la frégate une excursion sur la côte d'Asie Mineure. Je retournerai à Smyrne, et je déciderai ce que je ferai ultérieurement selon les événements. Je m'imagine que, comme les vaisseaux ne voudront pas passer l'hiver sur la rade de Beyrouth, on m'y enverra peut-être, ce qui serait très désagréable.

J'ai interrompu cette lettre plusieurs fois, chère enfant, Lavalette me dérange à chaque instant. et puis les visites, les conversations des flâneurs. J'ai dîné hier chez Sir Henry Bulwer Quels drôles de gens, le mari et la femme! On est assez noir ici aujourd'hui, mais c'est comme le temps, c'est variable. Si on peut gagner l'hiver sans catastrophes, cela ira encore quelque temps.

Nous sommes sans nouvelles de Syrie. Nous savons bien qu'on a pendu cent cinquante ou deux cents subalternes, mais nous ne savons pas encore si on a atteint les chefs, les vrais coupables. Achmet Pacha, qui commandait à Damas lors des massacres, est ce même Achmet Pacha qui commandait les forts de l'entrée du Bosphore du côté de la mer Noire quand nous étions ici, et avec lequel nous avons visité ces forts avec le général Aupick en nous promenant un jour avec la *Vedette*. Il parlait allemand, et je le voyais assez souvent. C'est moi qui l'avais présenté la première fois au général, après l'avoir vu à Fanarami quand j'allais étudier les forts. C'est de là que date sa fortune, qui ne lui a guère réussi, car il doit être pendu à l'heure qu'il est. Adieu, je t'embrasse et Babé.

137

En mer, à bord du *Phase*, 20 septembre 1860.

CHÈRE ENFANT,

Me voici en route de Constantinople à Athènes, d'où j'irai à Smyrne par Syra. Je suis sur le paquebot le *Phase*. Nous sommes partis hier soir de Constantinople. Ce matin, aux Dardanelles, j'ai trouvé le *Héron* qui m'attendait ; je l'ai expédié directement à Smyrne au lieu de me faire conduire par lui à Athènes. Ce qui m'a déterminé à cela, c'est de pouvoir refuser de séjourner à Athènes. J'avais promis à la Reine de revenir de Constantinople par Athènes pour lui donner des nouvelles raisonnées sur les affaires de Turquie. Comme le paquebot pour Smyrne part le soir du jour où j'arriverai, je ne la verrai qu'une fois, et je serai bien obligé de partir : sans quoi elle m'eût fait rester indéfiniment.

J'ai fait en somme un assez agréable séjour à Constantinople, mais trop long. Lavalette a été charmant pour moi. Nous passions les journées et les soirées à causer ou à aller chez les ministres turcs. Il m'a mis au courant de toutes les affaires. Il ne voulait pas me lâcher et tous les autres ambassadeurs eussent voulu que je restasse. Ils ont au fond une peur terrible et ils n'ont là personne pour prendre le commandement militaire et organiser une défense ou une fuite en cas d'événement. Ce serait tout à fait dans mon rôle de prendre ce commandement puisque je suis le commandant en chef de la station du Levant, la première autorité militaire européenne du Levant, mais l'impossibilité d'avoir là ma frégate, la nécessité d'agir avec deux avisos que j'ai là, et les paquebots des

Messageries dont je m'emparerais, sans avoir un véritable bâtiment de guerre, ne me rend pas ce rôle fort en-
viable. Je n'accepterais d'ailleurs cette situation qu'à
condition d'être obéi par tous, et d'avoir tout droit sur
les Européns de n'importe quel pays. Or, je ne pourrais
prendre cette autorité qu'en en faisant pendre quelques-
uns, et tout cela pour un résultat nul. Si dans une révolution à Constantinople, dans un massacre qui en serait
la suite, je pensais qu'il fût possible de dominer cette
révolution, d'arrêter les massacres, de sauver les Européens, j'accepterais ce rôle avec empressement. Mais
quels que soient mes efforts, j'ai la conviction qu'ils n'auraient qu'un résultat nul. La seule chose à faire, ce serait
de s'occuper des fonctionnaires européens et de ne pas
chercher à combattre la révolution. Ce rôle-là ainsi restreint peut très bien être rempli par les deux bâtiments
que je laisse à Constantinople. Je vais donc rejoindre
ma frégate à Smyrne. Et je verrai là quels seront nos
mouvements ultérieurs. Ils seront réglés par les événe-
nements.

Quant à la situation de Constantinople, elle est incompréhensible. A l'apparence extérieure, le pays semble le
plus prospère du monde, et cependant, d'un moment à
l'autre, il va y avoir une explosion. C'est inévitable.
Comment se manifestera-t-elle? Nul ne peut le prévoir.
Pour durer quelques jours de plus, on vient de faire une
émission nouvelle de papier-monnaie. On a donné ainsi
en papier un mois à la troupe. Cela peut prolonger un
peu la situation. Mais le prix des denrées augmente à mesure que l'argent diminue. De plus, personne ne paie plus
rien. Comme tous les négociants sont à la fois créanciers
et débiteurs, en ne payant rien, cela se compense.

Le Sultan n'a plus d'autorité. Il ne se préoccupe que

de se garder contre un assassinat. Je t'ai raconté la conspiration qu'avait préparée l'ambassadeur anglais pour renverser le sultan et mettre Abdul-Aziz à sa place. Depuis ce temps, ce malheureux sultan ne dort qu'entouré de soldats, et fait surveiller étroitement son frère. Selon moi, il sera assassiné ou déposé au moins, et c'est ainsi que commencera la révolution. Autrement, je suis porté à croire que les choses dureront encore assez longtemps telles quelles. Ce qui est certain, c'est que personne ou presque personne n'émigre de Constantinople, quand il y a là tant de gens très riches dont la fortune est à l'abri, qui pouvaient s'en aller en Europe et fuir un pays où il y a de telles inquiétudes.

Si maintenant on considère l'ensemble des affaires publiques, je le trouve détestable. Avoir laissé Garibaldi envahir la Sicile (1) est, à mes yeux, tout simplement une chose odieuse et fatale, dont on verra sous peu les conséquences. Comment peut-on s'étonner après cela d'une coalition des puissances ? Et ne voit-on pas comment ce sera nous qui en serons les victimes, l'Angletere n'ayant rien à craindre de cette coalition ? Ose-t-on compter sur l'Angleterre dans l'état de l'opinion publique des deux côtés du détroit et quand elle est armée jusqu'aux dents, et que nous ne le sommes pas et que nous avons Hamelin pour ministre ? Tout cela touche un peu à l'aberration. Ah ! la guerre d'Italie, la guerre d'Italie ! Comme je sentais tout cela ! Et comme ensuite le prince Gortschakoff me l'a fait toucher du doigt (2) ! L'Empereur a tout vu, je ne lui ai pas supprimé une parole de tout ce qu'on m'avait si

(1) Allusion à l'expédition garibaldienne des Mille en Sicile.
(2) Allusion à la mission remplie en décembre 1858 par le commandant de La Roncière Le Noury auprès de l'empereur de Russie pour obtenir sa neutralité pendant la guerre d'Italie.

sagement dit en Russie. Les Russes eux-mêmes s'effrayaient de la pensée qu'on touchât au Pape. L'empereur Alexandre n'y voulait pas croire.

Un jour, et ce moment-là ne s'effacera jamais de ma mémoire, parlant à l'Empereur de ma mission de Russie, d'où j'arrivais, je me suis armé de courage, et je lui ai dit: « Je ne suis qu'un très infime personnage ; il ne m'appartient pas de juger les hauts desseins de Votre Majesté; mais qu'Elle me permette une observation. *Ne touchez pas au Pape.* Je ne suis pas un dévot, je ne suis pas même un pratiquant. Je suis Français et je sens la force du parti catholique ; c'est comme Français que j'ose parler ainsi à Votre Majesté *Je la supplie de toutes mes forces de ne pas toucher au Pape.* » Ma voix tremblait en parlant ainsi, en même temps que ma conviction devait la rendre pénétrante.

L'Empereur n'a rien répondu. Un silence assez long a régné ensuite, et il m'a parlé d'autre chose. De ce moment-là, j'ai été convaincu que le projet qu'il m'avait expliqué antérieurement, et que le Prince m'avait développé, serait mis à exécution. Ce projet n'est autre que celui que renferme la brochure : *Le Pape et le Congrès* (1), qui a paru en décembre dernier et ce que le Prince appelle laisser au Pape un *giardinetto*, un petit jardin autour de Rome.

Enfin, quoi que je fasse, j'ai toujours très grande confiance dans l'Empereur. dans ses prévisions toujours justes et dans son calme. Mais je ne vois pas trop comment nous nous tirerons d'une coalition contre nous. S'il n'y a pas de guerre, nous nous en tirerons toujours et nous pourrons même améliorer notre situation ; mais s'il

(1) Brochure publiée en décembre 1859 par La Guéronnière pour inviter le Pape à céder ses États à l'amiable.

y a la guerre, nous sommes perdus, la dynastie est encore
une fois renversée. Car si l'Angleterre est avec nous au
commencement, elle sera contre nous au bout de six mois,
au bout de trois mois peut-être, avant que nous ayons le
temps d'armer notre marine, qui ne l'est pas, quand
celle de l'Angleterre est sur le pied de guerre le plus
complet. Enfin nous verrons. Mais il faut s'attendre à de
gros événements.

Les affaires de Syrie ne sont pas non plus très claires.
Les Anglais, comme partout et toujours, nous suscitent
là des difficultés ; ils sont ouvertement pour les Druses ;
si bien *qu'on n'a pas encore arrêté un seul Druse.* C'est à
ne pas le croire. Je sais bien que l'on veut faire les choses
sans éclat ; mais encore faut-il de la justice, et si on est
sévère pour les Turcs, l'être également pour les Druses.
Peu importe que la femme du consul général d'Angleterre ait plusieurs chefs druses pour amants.

Il y a longtemps que je n'ai écrit au Prince. Ma dernière
lettre était assez dure, mais elle était l'expression de ma
conviction. Ce sont ses conseils qui entraînent le roi Victor-Emmanuel, et qui ont mis ce pauvre roi dans la mauvaise situation où il est. Le gouvernement français lui a
fait toutes les remontrances possibles dans les termes
les plus péremptoires. J'ai lu les dépêches ; mais en
même temps que M. Thouvenel lui dit de s'arrêter, le
Prince lui dit : Marchez. Et comme c'est dans sa nature
de marcher, il marche. Il ne suffit pas qu'un gouvernement soit détestable, comme l'était très certainement
celui de Naples, pour qu'on ait le droit de le faire envahir par un aventurier. Cela répugne aux gens honnêtes,
et on aurait fort à faire dans cette voie. C'est sanction-
ner un principe qui bouleverse le droit des gens reconnu
jusqu'à présent et on est généralement puni par où on a

péché. Le temps eût fait ce que le Roi veut faire trop vite. Il a forcé les choses ; il sera entraîné par les événements. Enfin attendons.

138

Smyrne, 26 septembre 1860.

CHÈRE ENFANT,

Ainsi que je te l'annonçais dans ma dernière lettre, je suis arrivé au Pirée vendredi matin. Je suis allé à Athènes et la Reine m'a fait dire de suite d'aller la trouver à la ferme à 6 heures et demie du soir. J'y suis resté trois heures et demie avec le Roi et elle. Le Roi devient tout à fait crétin et idiot. Il est comme un homme qui a eu une attaque. Il est évident qu'il baisse journellement. Auparavant la Reine le soutenait dans la conversation, le remettait au courant, expliquait sa pensée. Maintenant elle le laisse aller, et ne se donne plus la peine de le redresser. Elle trouve cela sans doute une tâche trop difficile. Je suis arrivé à Smyrne dimanche après avoir touché à Syra. J'ai trouvé une masse d'affaires arriérées. Je vais néanmoins partir pour une excursion sur les côtes de l'Asie Mineure et dans les îles de l'Archipel. Je veux profiter de ce qui reste de belle saison et de la lune. J'emmène avec moi le consul général de Smyrne, ses deux filles et son gendre, et les deux filles du premier drogman. Je ne les connais pas beaucoup, ni les unes ni les autres ; mais mon monde les connaît et ce sera une distraction. Je resterai une huitaine de jours absent.

J'ai au moins quarante lettres à écrire. J'en ai trouvé trente-deux ici en arrivant l'autre jour. Je les écrirai en mer. Il n'y a rien de nouveau dans la situation ; on s'ha-

bitue aux inquiétudes. Et d'ailleurs, malgré toutes celles
qui m'ont été manifestées à Constantinople, il m'est impossible de croire à une aussi prochaine explosion.

139

Zénobie, Pirée, 5 octobre 1860.

CHÈRE ENFANT,

Voici un bien grand ennui. J'ai fait une avarie très
grave dans l'hélice de la *Zénobie* et me voilà paralysé. Il
est impossible de faire de plus mauvaise besogne que
celle que font les ports. Cette avarie ne peut se réparer
qu'en mettant la frégate dans un bassin. Or, celui de
Constantinople m'est interdit à cause des traités interna-
tionaux ; et celui d'Alexandrie ne peut m'être utile parce
que je ne trouverai pas là les ouvriers nécessaires pour
ma réparation. Il faudra donc que la frégate aille à
Toulon, et que pendant ce temps-là je passe sur un autre
bâtiment de ma division. En temps ordinaire. il me serait
indifférent que la frégate ne puisse pas marcher à la
vapeur. Mais dans les circonstances politiques actuelles,
ce m'est excessivement désagréable parce que je suis
absolument désemparé. Les nouvelles que j'ai de Constantinople sont plus rassurantes, quoique Lavalette ait encore l'air bien inquiet. Mais c'est justement parce que je
suis désemparé qu'il arrivera quelque chose.

140

Athènes, 12 octobre 1860.

Chère Enfant,

Rien de nouveau ; j'attends avec impatience une dépêche du Ministre de la Marine qui me dise ce que va devenir la *Zénobie*. Il y a deux ou trois solutions très sim-
ples ; mais je suis sûr que ce ne sera aucune de celles-là
que l'on choisira, et l'on ira chercher midi à quatorze
heures. Ce que je crains, c'est qu'on me fasse rentrer de
ma personne en France avec la *Zénobie* : ce qui retarderait l'accomplissement de mes conditions. Je crains aussi
que l'on envoie l'escadre dans le Levant ; je ne sais pas
alors ce que l'on ferait de moi.

Les affaires ne deviennent pas plus inquiétantes ici.
Je ne puis parvenir à partager les craintes des diplo-
mates, qui me semblent exagérées. Mais ces gens-là ont
toujours peur pour leur peau, et puis il faut bien qu'ils
fassent quelques embarras.

Je viens de recevoir une charmante lettre de la Princesse, où elle veut bien me témoigner ses inquiétudes sur
les affaires publiques. Ce qui est bien malheureux pour
elle, c'est que ce soient son père et son mari qui sont la
principale cause de ces événements ; et certainement elle
n'est pas sans le savoir. Son père est un fou, un casse cou,
qui réussira peut-être, mais les principes qui auront fait
ses succès laisseront des racines profondes dont le résultat sera ou le bouleversement de l'ordre social ou la coalition des souverains contre la France. Nous voguons
aujourd'hui entre ces deux écueils. M. Thouvenel a beau
nous informer dans ses dépêches que la réunion projetée

à Varsovie (1) n'a rien d'hostile contre nous, il ne fera croire à personne qu'on ne va pas là y former la base d'une assurance mutuelle des trônes. Et je crains que notre gouvernement ne soit dans une grande erreur, s'il croit qu'en soufflant l'esprit révolutionnaire sur les peuples d'Allemagne, il aura les mêmes résultats qu'en Italie. C'était une de nos graves discussions, si tu te le rappelles, avec le général Aupick. Les peuples d'Allemagne ne s'entendront jamais pour une union en temps de paix ; mais ils s'entendront dans une coalition contre la France lorsque celle-ci les menacera sérieusement.

Il serait fort regrettable, au point de vue de la catholicité, que le Pape quittât Rome. Mais ce serait une bien grande simplification, car je ne pense pas qu'alors nous restions là. Si, par les temps d'indifférence qui courent, le Pape était obligé de se réfugier en Allemagne, la catholicité en éprouverait un rude échec. Un pape qui n'est pas à Rome n'est plus que la moitié d'un pape. Le seul moyen de conjurer un tel événement serait que Sa Sainteté vînt à Avignon. Un pape est encore un pape à Avignon, d'autant plus qu'il n'y a pas d'antipape à craindre. Et sans aucun doute, ce serait encore le meilleur parti à prendre ; mais les conseillers du Pape ne lui permettraient jamais de prendre une telle détermination. Remarque que tout cela ne serait que transitoire, car je parierais que dans dix ans le Pape serait rappelé à Rome.

Je comprends parfaitement les inquiétudes de la Princesse et je les partage. Tout ce qui se passe, je l'ai dit au Prince en novembre et décembre 1858, et tu dois te rappeler m'en avoir bien souvent entendu parler dans ce sens. Garibaldi ne m'inquiète aucunement. Le jour où il

<hr>

(1) Entrevue du roi de Prusse et du Tsar.

n'y aura pas à marcher en avant, il est obligé d'aller
planter ses choux. Et la cause du roi de Naples ne me
paraît pas encore perdue, si l'anarchie, que ne sait dominer Garibaldi, dure encore quelque temps, et si Victor-
Emmanuel ne se presse pas de paraître à Naples et d'y
proclamer l'annexion en balayant d'un trait de plume
toutes les scories venues à la suite de Garibaldi. Enfin,
nous verrons ! Dieu est grand et l'Angleterre est bien
hostile : là sont nos espoirs et nos craintes.

Par le prochain courrier, je vais avoir à envoyer les
notes sur les officiers de la division. C'est toujours une
chose extrêmement délicate qui me préoccupe longtemps
d'avance. Il s'agit d'être juste et de combiner la récompense à accorder aux services rendus avec l'encourage-
ment à donner à ceux que l'on rendra plus tard. Tel officier a rendu de grands services dans une position subalterne, qui ne fera rien de bon dans une position supérieure
et qui deviendra plus tard une non-valeur. L'inverse est
également vrai.

Je suis allé dimanche au Pentélique, faire une partie
avec le Roi et la Reine et toute la cour, à l'occasion de la
fête de la Reine. Il faisait un vent effroyable et je m'y suis
affreusement enrhumé dans la voiture. C'était un char à
bancs moitié couvert, où il n'y avait que le Roi et la
Reine, le ministre de Bavière et moi. J'avais le vent dans
les oreilles et mon manteau était dans une autre voiture.
Nous sommes partis à 2 heures et rentrés à 11 heures du
soir. On a causé, joué aux petits jeux et surtout beaucoup
mangé. Le Roi et la Reine paraissent m'adorer plus que
jamais, à l'exclusion de ce pauvre Bourée qu'ils paraissent détester. Et, en effet, il a fait bien des écoles. Il
n'avait précédemment été à aucune Cour, si ce n'est celle
du shah de Perse. Et puis les choses désagréables à dire

au gouvernement grec, c'est lui qui est chargé de les dire,
tandis que moi je ne suis chargé de dire que ce qui me
plaît. Il est vrai que je dis quelquefois bien des duretés à
ces pauvres petits souverains. Je crois que c'est ce qui
fait qu'ils m'aiment. Adieu, je t'embrasse et Babé. Je
répondrai vendredi à la Princesse.

141

Zénobie, le Pirée, 19 octobre 1860.

CHÈRE ENFANT,

Je ne suis pas allé à Athènes depuis le 8. Je suis encore
très enrhumé et je me soigne. Je ne quitte le bord que
pour aller de temps en temps voir Montour à bord du
Héron. Il a la goutte quoiqu'il n'en convienne pas et prétend que ce soit une entorse. Il ne peut pas marcher. Le
Ministre m'a télégraphié qu'il allait m'envoyer une frégate à roues pour remplacer momentanément la *Zénobie*,
qui ira se réparer à Toulon. Je n'en sais pas plus long.
Ce transbordement de tout mon bataclan va être bien ennuyeux. Mais il n'y a pas moyen de faire autrement et
cette solution me semble la bonne. Je pense que cette
frégate sera ici vers la fin du mois.

J'écrirai tout à l'heure à la Princesse. Le Prince m'écrit
une très longue lettre où il me parle de toi en très bons
termes. Il ne me dit pas un mot de l'accident que les journaux disaient être arrivé à son yacht ou à son canot. Je
lui répondrai par le prochain courrier.

Sais-tu ce qu'est devenue la sœur Julien que tu connaissais anciennement à Louviers, qui demeurait en face
l'église ? N'était-elle pas de l'ordre de Saint-Joseph de
l'Apparition ? La supérieure générale, qui réside à Rome,

s'appelle la sœur Julien et il me semble que celle que tu
connaissais était bien en état de devenir supérieure générale. Il y a ici et dans diverses villes du Levant des sœurs
de cet Ordre. Je leur viens partout en aide tant que je
peux, et j'ai eu maille à partir avec la reine de Grèce pour
celles d'ici. Cela me met en relation avec la supérieure
générale, je leur ai rendu d'assez grands services.

142

Asmodée, le Pirée, 2 novembre 1860.

CHÈRE ENFANT,

J'achève de m'installer. Mais quelle différence entre la
Zénobie et l'*Asmodée*! Comme je te l'ai dit : la grande
et la petite maison de Cracouville. Et puis, ce qui m'est
désagréable, c'est que j'ai déplacé l'officier qui commandait l'*Asmodée* et qui en est devenu le second, fort mal
logé après avoir logé dans l'appartement que j'occupe.
Ote-toi de là que je m'y mette. Mais c'est le Ministre qui
a décidé cela. La *Zénobie* est partie le 30, sous le commandement de Le Bris ; elle avait bon vent et ce même
bon vent dure depuis son départ, j'espère qu'elle aura
une courte traversée, ce qui est important pour moi ; car
j'ai hâte qu'elle revienne. L'*Asmodée* est le onzième bâtiment que je commande.

Si tu veux lire un historique exact des événements de
Syrie, achète chez Dentu, Palais-Royal, une brochure de
M. François Lenormand, intitulée : *Une persécution du
christianisme en 1860 ; les derniers événements de Syrie.*
C'est exact ; seulement on y exagère un peu ce que j'ai
fait. Mais tu penses bien que je n'écrirai pas une brochure
pour le contredire.

143

Asmodée, Pirée, 23 novembre 1860.

CHÈRE ENFANT,

Tu auras la visite à Paris d'une sœur de Saint-Joseph de l'Apparition, nommée sœur Véronique, de son nom Mlle Leeves. Elle est fille d'une Anglaise qui habite la Grèce. Elle était protestante et s'est faite catholique et sœur. L'ordre de Saint-Joseph a ici un établissement où les parents, de religion grecque même, envoyaient leurs filles se faire élever, et où, réellement, elles recevaient une excellente éducation. L'établissement prospérait et prenait une certaine importance malgré l'intolérance du clergé et du gouvernement grecs, intolérance pire que celle des Turcs. On fermait les yeux. Mais la conversion au catholicisme de Mme de Serre, née de religion grecque, et femme du ministre de France ici avant Bourée, conversion qui eut lieu peu de jours après la mort de son mari, et à laquelle la sœur Véronique n'a pas passé pour étrangère, avait mis en avant les passions fanatiques des Grecs, et, par ordre de la Reine, protestante absolue de religion et orthodoxe grecque par métier, on avait le même jour retiré toutes les élèves grecques. La légation russe n'avait pas été elle-même étrangère à cette violente détermination. L'établissement allait être ruiné. C'est alors que je t'ai demandé pour les sœurs un secours qui a fait ici un très bon effet et que j'ai obtenu en outre 3.000 francs du Ministère de l'Instruction publique et des Affaires étrangères.

J'avais pris leur cause en main, à défaut de Bourée qui n'osait pas l'entreprendre, et j'avais eu plusieurs fois des

altercations à ce sujet avec la Reine. Il me semblait qu'au
moment où les nécessités politiques, qu'il ne m'appartient
pas d'apprécier, nous faisaient porter une certaine atteinte
au pouvoir temporel du Pape, nous ne devions que mettre
plus d'ardeur à soutenir la catholicité dans ses droits
spirituels et surtout dans l'exercice de l'éducation des
enfants, puissant moyen d'expansion de l'influence française. J'ai donc travaillé à rétablir les choses sur l'ancien
pied et j'y ai à peu près réussi. On laisse aller les élèves
grecques chez les sœurs et le gouvernement ferme les
yeux. Mais pour arriver à ce résultat, l'éloignement de la
sœur Véronique était nécessaire. Les supérieures à Rome,
averties, l'ont bien compris. On l'a fait venir à Rome, il y
a cinq mois, avec une position supérieure. Elle me fait
savoir qu'elle va à Paris pour traiter diverses affaires
avec des ministres, etc. Elle est fort capable de traiter
tout cela et avec succès; mais je la trouve au fond, entre
nous, trop entrante et trop insistante; c'est un peu ce qui
constitue les intrigantes. Le but est très louable, sans
doute. Mais, au fond, c'est cet excès de zèle qui a amené
la situation que j'ai trouvée à mon arrivée ici. Elle va
vouloir remuer la Princesse, le ciel et la terre, etc. Il n'y
a pas de mal à ce que tu la présentes à la Princesse, bien
au contraire. Mais préviens-la qu'elle ne se laisse pas
enjôler, ni toi non plus. J'ai cru devoir te donner de longues explications à ce sujet, justement pour éviter les
enjôlements. Personne ne sait mieux les faire qu'elle. C'est
d'ailleurs une femme d'un très haut mérite et très remarquable sous tous les rapports.

144

Asmodée, Smyrne, 28 novembre 1860.

CHÈRE ENFANT,

Voici bien une autre affaire : Chasseloup (1) ministre de la Marine ! Le Bris a l'aimable attention de me le télégraphier.

Après t'avoir écrit vendredi 23, je devais partir le lendemain, mais j'ai reçu une invitation à dîner au palais. Il y avait eu le matin, à la Chambre des députés, un vote de confiance hostile au gouvernement du roi. C'est la première fois que l'opposition triomphe, et c'est grave dans un pays comme celui-ci. Ce vote devant entraîner la chute du ministère, j'ai persisté à m'en aller d'Athènes pour éviter les obsessions dont me feraient l'objet de la part des candidats mes relations bien connues avec la Cour. J'ai toujours décliné de m'occuper de questions de personnes et je m'en suis très bien trouvé. La Reine m'a considérablement questionné. Je lui ai donné le conseil (qu'elle me demandait) le plus sage, celui d'être reine réellement constitutionnelle. Mais je doute bien qu'elle s'y résigne. Petit peuple, petit gouvernement, petite Cour, petit souverain. Tout cela ne vaut pas la peine qu'on s'occupe d'eux, en vérité. Il n'y a de grand dans tout ce pays-là que la vanité. Relis la *Grèce contemporaine* d'Edmond About. Rien n'est plus vrai.

Je suis parti du Pirée dans la nuit du 24 au 25. J'emme-

(1) Le marquis de Chasseloup-Laubat (1805-1873), conseiller d'Etat, député à l'Assemblée législative ministre de la Marine en 1851, puis de 1860 à 1868, succédant à l'amiral Hamelin. Ministère marqué par de grandes réformes et la construction des premiers cuirassés. Sénateur en 1862, président du Conseil d'Etat en 1869, député à l'Assemblée nationale en 1871.

nais Bourée avec moi. Nous sommes allés sur deux points différents de l'île de Tyne (1) voir des colonnes de marbre vert que l'on extrait là pour l'église catholique en construction à Athènes. Puis nous sommes allés à Syra et au cap Sunium, et enfin j'ai ramené Bourée à l'entrée d'Athènes, d'où il est retourné chez lui, et j'ai pris à sa place le ministre de Prusse à Athènes, le baron de Werthern, que j'ai déjà eu à bord au printemps, un excellent compagnon. Nous avons fait route pour Smyrne et nous sommes arrivés ici hier soir à 9 heures, juste pour assister à une grande soirée que donnait notre consul général. J'ai l'intention de rester un mois ici et alors, si les passions sont un peu calmées à Athènes, j'y retournerai. Nous avons eu pour notre excursion, qui a duré trois jours, un des plus beaux temps qu'il soit possible d'avoir. Cette petite excursion m'a fait beaucoup de bien. Adieu, chère enfant, je t'embrasse et Babé.

Smyrne, 28 novembre 1860.

J'oublie de te dire que mon dîner du prince suédois s'est très bien passé. Nous étions douze seulement. Il était saoûl comme 30 000 hommes en quittant le bord; il voulait toujours m'embrasser. J'avais eu soin qu'on lui donnât très peu à boire; mais il parait qu'un rien le grise. C'est un excellent garçon, d'ailleurs. Il est actuellement dans les environs de Smyrne, à chasser. J'aime autant cela.

Il est bien entendu que je ne suis pas encore censé savoir la nomination de Chasseloup. Je t'embrasse.

(1) Ile de Tine (Tinos), une des îles orientales des Cyclades.

145

Roland (1), Ajaccio, 14 janvier 1861.

Chère Enfant,

J'ai dû relâcher à Ajaccio, à cause d'un accident bien fâcheux arrivé à Duperré. Dans un coup de roulis, un coffre est tombé sur sa jambe et lui a causé une contusion telle que nous craignons que le petit os de la jambe ne soit cassé. Il a beaucoup souffert pendant les premières heures ; l'enflure empêche de s'assurer au toucher si l'os est cassé ; ce qui est certain, c'est que le gros os, le tibia, ne l'est pas. C'est dans la nuit de notre départ que l'accident est arrivé. Il faisait très mauvais temps ; un homme est tombé à la mer ; malgré tous les efforts possibles, on n'a pas pu le sauver. Dans les manœuvres qui ont eu lieu dans ce but, il y a eu de très grands coups de roulis. Dans un de ces coups de roulis, l'anse d'un coffre s'est cassée, et le coffre est tombé sur la jambe de Duperré. Je voulais retourner de suite à Toulon. Il s'y est absolument opposé. Mais je suis venu relâcher à Ajaccio pour lui donner quelque repos. J'en repartirai ce soir ou demain, et je relâcherai dès que j'aurai mauvais temps. Tu comprends combien je suis ennuyé de ce contre-temps. Mais ce sont les chances de la navigation.

(1) Le commandant de La Roncière, qui s'est rendu en France, rejoint sa division du Levant, à bord de l'aviso le *Roland*, le même qu'il commandait devant Sébastopol.

146

Messine, 18 janvier 1861.

Chère Enfant,

J'ai été obligé de relâcher à Messine. Les chaudières du *Roland* sont détestables. Après l'affreux accident qui est arrivé il y a dix-huit mois et où dix-huit personnes ont été tuées, le génie maritime, par amour-propre, n'a pas voulu changer ces chaudières, et elles sont restées ainsi aussi dangereuses qu'avant. Je me suis donc arrêté ici pour leur faire quelques réparations. Cela m'ennuie beaucoup, mais c'est indispensable. J'espère pouvoir partir cette nuit pour Patras. Duperré va aussi bien qu'on peut aller ; mais nous ne pouvons pas encore savoir s'il a eu un os de la jambe fracturé ; de toutes manières, il aura à rester couché, ce qui ne va guère à son caractère très nerveux.

Les affaires publiques, ici, vont tant bien que mal. La démonstration faite en Sicile en faveur de François II (1) et dont on a parlé en France n'a absolument rien de sérieux. Il paraît certain que pour le moment on accepte ici Victor-Emmanuel. La garnison se compose de troupes piémontaises, et il n'y a pas trop de désaccord avec la population. On assassine bien un peu le soir, mais cela n'a rien d'insolite dans ces pays-ci. Ce qui est insolite, c'est un duel qui a eu lieu il y a trois ou quatre jours entre deux jeunes gens de la ville. C'est la première fois qu'une af-

---

(1) François, roi de Naples, succéda à son père en mai 1859; l'agitation révolutionnaire de la guerre d'Italie, entretenue par Garibaldi, protégée par l'armée piémontaise, l'obligea à se retirer à Gaëte, ou il soutint courageusement ses droits et adressa en vain ses protestations à toutes les Cours européennes.

faire d'honneur se termine autrement que par un coup de couteau donné par derrière.

Nous sommes allés au spectacle hier. La salle est très belle, les acteurs médiocres, et il y a eu un assez joli ballet.

Les troupes napolitaines occupent toujours la citadelle. Un officier de ces troupes est venu hier me complimenter et m'offrir ses services de la part du général Pergola. Cela m'a assez embarrassé. Mais je suis déterminé à ne pas envoyer d'officier dans la citadelle; ce serait trop éclatant, quoique je regrette de ne pouvoir rendre politesse pour politesse.

On m'a expliqué le motif pour lequel l'amiral de Tinan (1) était tellement partisan de François II, au point d'avoir constamment enfreint ses instructions. Il a eu pendant un mois, à bord, à Naples, comme réfugiée, la femme du ministre des Affaires étrangères de François II, Casella; et il paraît que, nouveau Nelson, il a été entièrement subjugué par elle. L'amiral est un homme très inflammable en matière d'amour, mais fort peu en état d'en user efficacement, étant atteint d'une maladie que l'on croit être de la moelle épinière. De plus, son chef d'état-major, Gicquel des Touches, est lancé dans la religion extrême à outrance. Avec cela, l'Empereur sera bien servi, et on s'étonne ensuite qu'il n'aime pas la marine ! Elle ne lui fait jamais que des sottises.

Il fait un temps très désagréable, de la pluie presque continuelle. Il ne faudrait voir les pays italiens qu'avec du beau temps. J'ai bien hâte de partir d'ici, d'autant plus que j'aurai juste le temps de faire dans le Levant ce que je veux y faire. Il faut que je me hâte de retourner à Paris.

(1) L'amiral Le Barbier de Tinan, chargé du commandement de l'escadre de la Méditerranée.

147

Asmodée, Athènes, 25 janvier 1861.

CHÈRE ENFANT,

Je suis arrivé ici mardi 22 avec mes deux compagnons de voyage. J'ai quitté Messine dans la nuit du 18 au 19, ai eu assez mauvais temps, suis arrivé à Patras le 20, à 9 heures du soir ; y apprenant qu'à cause des élections il devait y avoir des troubles, je me suis hâté de me sauver, et j'en suis parti le 21, à 6 heures du matin. Je suis entré dans le golfe de Lépante, j'ai été mouiller à Salona, d'où nous avons été visiter les ruines de Delphes et le mont Parnasse ; enfin, je suis arrivé à l'isthme de Corinthe le 22, matin. Je suis allé voir les ruines de Corinthe et, dans l'après-midi, j'ai trouvé l'*Asmodée* qui m'attendait de l'autre côté de l'isthme. Le soir j'étais au Pirée. Le *Roland* est reparti de suite pour faire le tour de la Morée, il a dû toucher à Milo, et je l'attends ici depuis hier, assez étonné qu'il ne soit pas encore arrivé, d'autant plus que, comme je te l'ai dit en partant, Duperré est un officier qui n'a pas de chance ; la preuve, c'est qu'il s'est déjà à moitié cassé la jambe. Quand je l'ai quitté, il était toujours couché et je crois qu'il en a encore pour longtemps. Je suis donc assez inquiet, le bâtiment étant parti de France dans un pitoyable état de réparation. Il a fallu que je fisse fonction de capitaine pendant toute la traversée, ce qui m'a assez fatigué.

Dès que le *Roland* sera arrivé, je partirai dessus pour Constantinople, je reviendrai ici par le paquebot, et le 3 ou le 4, s'il ne survient rien de nouveau, je ferai route pour la France, où je serai, j'espère, pour le mardi gras.

J'ai été accueilli ici avec enthousiasme. Le Roi et la
Reine m'ont déjà appelé deux fois en trois jours. Ils sont
fort empêtrés dans leurs élections. C'est leur faute. Pourquoi gouvernent-ils si mal ?

Je suis curieux de savoir ce qui adviendra de la gros-
sesse de la Princesse. Je n'y crois pas encore et n'en
parle pas. Ce sera comique de voir le Prince père. Je ne
suis pas très certain que cela plaise beaucoup à l'Empereur et à l'Impératrice. Cet enfant-là sera de fort bonne
maison, par les Wurtemberg et les Savoie, ce qui n'est
pas trop le cas pour le Prince Impérial.

J'ai eu à Messine, après t'avoir écrit, des scènes fort
pathétiques à propos de trois Français : de Noé, de la
Pierre et de Saint-Martin. A leur demande, je suis allé les
voir. Je les ai trouvés à leur hôtel, dont les corridors
étaient pleins de soldats. Ils ont voulu tout d'abord me
donner le change et réclamer mon intervention comme
Français opprimés. Je savais malheureusement tous les
détails de leur situation. Je leur ai donc parlé comme
sachant très bien qu'ils ne venaient pas à Messine pour
changer d'air (1). Après de très longues conversations et
discussions, ils m'ont avoué qu'ils étaient engagés dans
un complot qui devait soulever les Calabres, qu'ils devaient en être les chefs, etc. Je n'avais plus alors qu'à
leur donner le conseil de s'en tirer le plus tôt et le mieux
qu'ils pourraient. « Notre parole est donnée, malheureusement, m'ont-ils répondu, et nous voyons bien qu'on
nous avait mal représenté la situation. » Je leur ai répondu que, puisqu'il en était ainsi, ils devaient rester
fidèles à leur parole, mais qu'alors il était heureux qu'ils

____

(1) Ces gentilshommes français étaient venus en Sicile pour aider à la
cause du roi François II.

fussent arrêtés, ce qui les en dégageait. Je leur ai alors parlé presque paternellement, quoique deux d'entre eux fussent presque de mon âge, et, à ce qu'il paraît, très pathétiquement, car ils ont été touchés aux larmes, et, j'en suis certain, j'ai dû leur laisser une forte impression. Nous nous sommes séparés avec effusion, moi-même étant très profondément affecté de cette situation. Je suis allé de là retrouver mon monde au spectacle. Dès que le gouverneur me vit arriver, il me fit demander si je ne pouvais pas lui donner un moment d'entretien. Il savait d'où je venais. Il m'a alors raconté tous les fils du complot qu'il a entre ses mains avec les noms de tout le monde. J'ai obtenu de lui la seule chose que je pouvais demander, c'est que ces trois Français fussent traités avec les égards dus à des gentilshommes. J'ai été d'ailleurs très satisfait du gouverneur Natoli et du commandant militaire Cabreria. Cet épisode m'a fort préoccupé: l'agent consulaire de Messine a été pitoyable dans tout cela. Adieu, je t'embrasse bien tendrement en attendant le mardi gras.

FIN DU TOME PREMIER

TABLE DES CHAPITRES

DU TOME PREMIER

BESANÇON. — IMPRIMERIE JACQUES ET DEMONTROND

Ouvrages publiés par la Société d'Histoire Contemporaine

et devenus propriété de la Société de l'Histoire de France

Volumes in-8 en vente au Siège de la Société, 60, Rue des Francs-Bourgeois

(S'adresser à M. Paul Marichal, Trésorier)

Ouvrages épuisés

CAPTIVITÉ ET DERNIERS MOMENTS DE LOUIS XVI (2 vol.).

SOUVENIRS DU COMTE DE SÉMALLÉ (1 vol.).

MÉMOIRES DU COMTE DE MORÉ (1 vol.).

MÉMOIRES DE LANGERON (1 vol.).

MÉMOIRE DE P.-L. DE RÉMUSAT SUR SA DÉTENTION AU TEMPLE (1 vol.).

Ouvrages épuisés en partie

LETTRES DE MARIE-ANTOINETTE (2 vol.).

CORRESPONDANCE DU DUC D'ENGHIEN (4 vol.).

SOUVENIRS DU MARQUIS DE BOUILLÉ (3 vol.).

JOURNAL POLITIQUE DE CHARLES DE LACOMBE (2 vol.).

Ouvrages non épuisés

CORRESPONDANCE DE M. et Mme DE RAIGECOURT AVEC M. et Mme DE BOMBELLES (1 vol.).

MÉMOIRES DE MICHELOT MOULIN SUR LA CHOUANNERIE NORMANDE (1 vol.).

DOCUMENTS INÉDITS SUR LE 18 FRUCTIDOR (vol.).

MÉMOIRES DE FAMILLE DE L'ABBÉ LAMBERT (1 vol.).

JOURNAL D'ADRIEN DUQUESNOY, DÉPUTÉ A LA CONSTITUANTE (2 vol.).

L'INVASION AUSTRO-PRUSSIENNE (1792-1794) (1 vol.).

LA DÉPORTATION ECCLÉSIASTIQUE SOUS LE DIRECTOIRE (1 vol.).

MÉMOIRES DU COMTE FERRAND (1 vol.).

COLLECTES POUR LES PRÊTRES FRANÇAIS DÉPORTÉS EN SUISSE (1794-1797) (1 vol.).

MÉMOIRES DE L'ABBÉ BASTON (3 vol.).

LOUIS XVIII ET LES CENT-JOURS A GAND (2 vol.).

MÉMOIRE DE PONS DE L'HÉRAULT AUX PUISSANCES ALLIÉES (1 vol.).

CORRESPONDANCE DE LE COZ, ÉVÊQUE CONSTITUTIONNEL D'ILLE-ET-VILAINE (2 vol.).

SOUVENIRS POLITIQUES DU COMTE DE SALABERRY (2 vol.).

KLÉBER ET MENOU EN ÉGYPTE (1 vol.).

LETTRES DE Mme REINHARD A SA MÈRE (vol.).

SOUVENIRS DU CAPITAINE DESBŒUFS (1 vol.).

JOURNAL DE Mme DE CAZENOVE D'ARLENS (1 vol.).

CORRESPONDANCE DU COMTE DE LA FOREST, AMBASSADEUR EN ESPAGNE (7 vol.).

KLÉBER EN VENDÉE (1 vol.).

SOUVENIRS D'UNE MISSION A BERLIN EN 1878 PAR A. DE CIRCOURT (2 vol.).

LETTRES D'ALPHONSE D'HERBELOT A CHARLES DE MONTALEMBERT ET A LÉON CORNUDET (1 vol.).

SOUVENIRS DE MON DERNIER VOYAGE A PARIS (1795), par H. Meister (1 vol.).

LE CONGRÈS DE RASTATT (3 vol.).

JOURNAL D'UN VOYAGE A PARIS EN AOUT 1802, PAR SIR J. DEAN PAUL (1 vol.).

PARIS PENDANT LA TERREUR, t. I et II.

LE RÉGIME DE L'INDUSTRIE EN FRANCE DE 1814 A 1830, t. I et II.

LES ACTES DU GOUVERNEMENT RÉVOLUTIONNAIRE (1793-1794), t. I.

Sous presse :

Série antérieure à 1789

HISTORIA ALBIGENSIS, t. II.

GRANDES CHRONIQUES DE FRANCE, t. V.

MÉMOIRES DU CARDINAL DE RICHELIEU, t. IX.

CHRONIQUES DE J. FROISSART, t. XII.

Série postérieure à 1789

CORRESPONDANCE INTIME DE L'AMIRAL DE LA RONCIÈRE, t. II.

ANNUAIRES, BULLETINS et ANNUAIRES-BULLETINS (1834-1927), in-18 et in-8, à 2, 6, 8 et 12 francs.

www.ingramcontent.com/pod-product-compliance
Lightning Source LLC
LaVergne TN
LVHW021118050726
842519LV00002B/284

9782329195650